晚清政坛笔记系列

# 向生与求死

## ——晚清政坛的另类观察

王学斌◎著

中国出版集团
现代出版社

图书在版编目（CIP）数据

向生与求死：晚清政坛的另类观察 / 王学斌著．—北京：现代出版社，2016.9

ISBN 978-7-5143-5282-5

Ⅰ．①向…　Ⅱ．①王…　Ⅲ．①政治人物—人物研究—中国—清后期②清代历史事件—研究—中国—清后期　Ⅳ．①K827=52②K252.305

中国版本图书馆 CIP 数据核字（2016）第 192248 号

向生与求死：晚清政坛的另类观察

作　　者：王学斌
责任编辑：张　霆
出版发行：现代出版社
通讯地址：北京市安定门外安华里 504 号
邮政编码：100011
电　　话：010-64267325　64245264（传真）
网　　址：www.1980xd.com
电子邮箱：xiandai@vip.sina.com
印　　刷：三河市宏盛印务有限公司

开　　本：710mm×1000mm　1/16　　印　　张：18.5
版　　次：2016 年 9 月第 1 版　　印　　次：2016 年 9 月第 1 次印刷
书　　号：ISBN 978-7-5143-5282-5
定　　价：39.80元

# 目录

## 下　卷

# 楔子：一刀截断了一个时代

## ——清初“哭庙案”随想

1661 年 8 月 7 日，江宁府街头，一场酷烈的“砍头秀”即将上演。据无名氏所撰《哭庙纪略》记：

> 十案之人皆弃市矣。是日也，十案共一百二十一人，凌迟二十八人，斩八十九人，绞四人，分五处斩决。抗粮及无为二案，决于江宁之三山街。是时四面皆披甲围定，抚臣亲监斩。至辰刻，于狱出罪人，反接，背插招旗，口皆塞栗木，挟而趋走如飞。亲人观者稍近，则枪柄刀背乱下。俄而炮声一震，则众人之首皆损。披甲乱驰，众官骇散，法场之上，唯有血腥触鼻，身首异处而已。

涉案人员如此之众，执法架势如此之大，行刑手段如此之狠，血腥场面如此之惨，都不禁让人猜想临刑者不是反清复明的前朝余孽，就是打家劫舍的绿林暴徒，再不济也应该是蛊惑人心的邪教骨干吧？孰料，三者皆不是，这些血肉横飞、身首异处者，居然都是饱读圣贤书、终日弄笔墨的士子。而招致他们杀身之祸的由头，更加无厘头，竟是于苏州一带流传已久的哭庙习俗。

究系何因，酿成此果？

## 死亡名单里的亮点

在这份长长的死亡名单里，有一个人物，绝对堪称亮点：他，就是清初狂生金圣叹。

大凡懂点中国文学史尤其是古典文学评论的，没有不知道金圣叹威名的，甚至每个人都会忍不住对其人其事八卦几句。

金圣叹（1608—1661），名采，字若采，明亡后改名人瑞，字圣叹。一说本姓张，名喟，吴县人。清初文学家、文学批评家。其为人狂放不羁，倜傥高奇，俯视一切，能文善诗，好饮酒，善衡文评书，议论皆发前人所未发。“时有以讲学闻者，先生辄起而排之，于所居贯华堂设高座，召徒讲经，经名《圣自觉三昧》，稿本自携自阅，秘不示人。每升座开讲，声音宏亮，顾盼伟然。凡一切经史子集、笺疏训诂，与夫释道内外诸典，以及稗官野史、九彝八蛮之所记载，无不供其齿颊，纵横颠倒，一以贯之，毫无剩义。座下缁白四众，顶礼膜拜，叹未曾有，先生则抚掌自豪，虽向时讲学者闻之，攒眉浩叹，不顾也。”

明清鼎革后，金遂绝意仕进，以读书著述为乐。并更名人瑞，字圣叹，除朋从谈笑外，唯兀坐贯华堂中，读书著述为务。有人问他“圣叹”二字何义，其曰：“《论语》有两‘喟然叹曰’，在颜渊为叹圣，在与点为圣叹。予其为点之流亚欤！”（廖燕：《二十七松堂集》卷十四，康熙年刻本）他所评《离骚》《南华》《史记》、杜诗、《西厢记》

《水浒传》，以次序定为“六才子书”，俱别出手眼，独具一格。

当然，传世最广且话题最多的，莫过于金所点评的《水浒传》与《西厢记》。金圣叹好发议论，甚喜结合时事，每每才情淋漓展露。巧的是，他的议论及其评点大多被后人接纳，甚至是开一代先河，如清初之前，人们读《水浒传》只是将其当作史籍和散文来读，而金则将其划入小说范畴。他说：“《水浒传》只是写人粗鲁处，便有许多写法，如鲁达粗鲁是性急，史进粗鲁是少年任气，李逵粗鲁是蛮，武松粗鲁是豪杰不受羁勒，阮小七粗鲁是悲愤无说处，焦挺粗鲁是气质不好。”可见其视角有多独到。难怪自视甚高的胡适也不吝溢美之词：“最后得到17世纪文学怪杰金圣叹的大删削与细修改，方可得到那部三百年人人爱赏的七十一回本《水浒传》。”“（金圣叹）真是有绝顶高明的文学见地的天才批评家的大本领，真使那部伟大的小说格外显出精彩！”对其修改的细微之处，他感叹：“这真是‘点铁成金’的大本领！”“是《水浒传》的最大幸运。”而其点评《西厢记》，更是将己之人生领悟，融汇其中。如在序一里，他主张以“消遣”之法对待这暂有之“我”：“我亦于无法作消遣中随意自作消遣而已矣。得如诸葛公之躬耕南阳，苟全性命可也，此一消遣法也。既而又因感激三顾，许人驱驰，食少事烦，至死已，亦可也，亦一消遣法也。或如陶先生之不愿折腰，飘然归来可也，亦一消遣法也。既而又为三旬九食，饥寒所驱，叩门无辞，至图冥报，亦可也，又一消遣法也。天子约为婚姻，百官出其门下，堂下建牙吹角，堂后品竹弹丝可也，又一消遣法也。日中麻麦一餐，树下冰霜一宿，说经四万八千，度人恒河沙数可也，亦一消遣法也。”他将人的一切生命活动都视为“消遣”，它们所导向的不是厌世，而是对于愁苦烦闷的消解与排遣，即象征性地疏远和升华人生之苦境。用金自己的话说，“择世间之一物”的“消遣”，是“于极无滋味中寻出滋味来，于极苦中寻出好滋味来”。如此有滋有味有境界的评论，自然令众人为之陶醉。就连与金同时代的著名戏曲理论大家李渔都认为：“读金圣叹所评《西厢记》，能令千古才人心死。”

更牛的是，皇上都是金的“粉丝”。据史料载，顺治十七年正月，他的朋友邵点从北京归来，告诉他，顺治皇帝读了他批点的《西厢记》《水浒传》后，对大臣们说：“此是古文高手，莫以时文眼看他。”听到这番转述，金圣叹竟“一天欢喜泪无边”。他在《春感八首》中写道：

半夜虚传见贾生，同时谁会见长卿。卧龙只合躬耕死，老骥何由仰枥鸣。

岁晚须毛浑短尽，春朝志气忽峥嵘。何人窗下无佳作，几个曾经御笔评。

此诗虽说肉麻，却也说明金虽为人疏狂，著述另类，但仍是心向清廷的，否则何苦自诩“几个曾经御笔评”呢？

蒙受顺治青睐的文人，到头来怎么会被处以极刑呢？

## 群体事件中的军师

说起这事，跟顺治皇帝还真有点关系。

1661 年 2 月，年仅 24 岁的清世祖顺治帝福临殡天。依照礼制，全国上下都要为顺治帝致哀。3 月 1 日，世祖薨逝的哀诏传至苏州，江苏巡抚朱国治等于府衙设置灵堂。连续三天，地方军政要员及郡中士绅均须前往哭临。此外，地方政府还在苏州文庙设灵堂，供普通百姓祭悼。

这本是件很程序化甚至形式化的过场，却给当地士子们提供了一个宣泄愤懑的出口。事情还得从两年前谈起。顺治十六年（1659），朱国治出任江苏巡抚。下车伊始，恰逢苏州一带遭遇多年未遇之灾，荒地连绵，百姓生活举步维艰。然做官自是对上负责，朱巡抚不顾百姓死活，强行催逼钱粮，可谓于天灾之外再增人祸，故苏州百姓愤怒地称其为“朱白地”，这个绰号极形象，因为凡朱所到之处，万物灭绝，只留下白茫茫大地一片。

为逼征钱粮，朱国治还制造了骇人听闻的“奏销案”。他奏疏清廷，“苏、松、常、镇四府并溧阳县未完钱粮文武绅衿共一万三千五百一十七名，应照例议处。衙役人等二百五十四名，应严提究拟”。得旨，“绅衿抗粮殊为可恶，该部照例严加议处。”当时苏州、松江、常州、镇江四府士绅无论所欠钱粮多寡，“一概奏请褫革”其功名，降为庶人，发回地方枷责。江南四府被革黜者达万余人、捕者3000多人。“银铛桎梏，徒步赤日黄尘中。旋奉有‘免解来京’之旨，如汤火中一尺甘露雨。”一时“江南诸绅人人自危，往往以田为累，委契于路，伺行人拾取，速呼之曰：‘田已属尔，我无与矣。’”

1661年初，朱国治的得力爪牙任维初出任吴县知县，为了迎合朱的心意，他甚至以酷刑来催征钱粮。任氏派人“开大竹片数十，浸以溺，示人曰：‘功令森严，钱粮最急，考成殿最，皆系于此。凡国课不完者日日候比，不必以三六九为期也。’初二日晚间，即出堂比较，欠数金者责二十，欠三星者亦如之。责稍轻，反责隶。有痛而号呼者，则怒，令隶扼其首，必使无声。故受责者皆鲜血漓淋，俯伏而出，不能起立。自是以后，代杖者逡巡不敢上。”没几天，便真有人亡命于棍棒之下。一时间，恐怖气氛弥漫整个吴县上下。

更为过分的是，任维初还私自从常平官仓中扣除仓米数千石以中饱私囊，而后公然让仓总吴之行将所扣仓粮转卖给百姓。“当是时，即三尺童子皆怀不平，而朱抚正奏销案狱，于是诸生倪用宾等有哭庙之举矣。”可见，朱国治炮制的“奏销案”实乃“哭庙案”之诱因。

何为“哭庙”？此是苏州一带流传已久的习俗。当地经济发达，人文荟萃，家境殷实、饱读诗书的士子们已渐成为一股重要的社会监督力量，倘官府有不法违规之举，士子们每每聚集文庙，作《卷堂文》，向祖师爷孔圣人哭诉后，更召集民众向上级官府申告。在明朝，人多势众的“哭庙”申告往往能令官府不敢小视而采纳。

该年 3 月 4 日，倪用宾等百余名生员齐聚苏州文庙，哭奠刚刚去世的顺治帝。55 岁的金圣叹赫然在列。他草拟了一份哀悼顺治的哭庙祭文，并亲手敲响了文庙里的钟鼓，声震数里，邻近的许多居民闻声而至。接着，秀才们号召群众前往府衙请愿，要求罢免贪赃枉法的县令任维初。

此时，前来哭临的府县各级官员恰好均集于苏州府衙，其中就有江苏巡抚朱国治等高官。秀才们乘“抚按皆在时，跪进揭帖”。正当官员们准备接受秀才们提交的揭帖时，聚集在府衙外的千余名民众，“号呼而来，皆欲逐任知县也”。本来是“秀才上访”，陡然间化作“群体性事件”。朱国治害怕群众暴乱，惊慌之下，“叱左右擒获，众见上官怒，各鸟兽散，止获十一人：倪用宾、沈玥、顾伟业、来献琪、丁观生、朱时若、朱章培、周江、徐玠、叶琪。偕任维初发王道研审，唤吴之行诘问”。迫于社会各方面的压力，朱对任维初也予以暂时拘审。

拔出萝卜带出泥，任维初案件明显牵涉到巡抚朱国治。朱见对己不利，连夜派手下到道台王纪处索取口供，涂改审讯供词。他故意

“高抬年月”，使自己“与任立于无过之地”。同时，他还恶人先告状，肆意歪曲哭庙的事实真相，上纲上线，参奏哭庙生员三大罪状：一、鸣钟击鼓，号哭抗粮，震惊先帝之灵，罪大恶极；二、声言抗打朝廷命官，目无朝廷；三、擅写匿名揭帖，触犯大清律令。

当时，清政府于东南统治尚未稳固，郑成功、张煌言等抗清力量，仍不时深入江南内陆进行活动。同时，江南士绅对清王朝颇怀二心，世祖新丧，康熙年幼，正值“人神乏主，亿兆靡依”之际，清廷担心苏州发生民变，故定于5月1日，案子移至江宁会审。朱国治主场审案，其自然有恃无恐，甩开膀子收拾这批读书人。会审不久，朱又将同情和支持哭庙行动的顾予咸、程翼苍、朱嘉遇、薛尔张等9人株连入案。25日，丁子伟、金圣叹二人被押解至江宁审讯。其实“哭庙案”爆发当日，金圣叹在混乱中侥幸逃脱。当晚他还召集有关人员，准备于次日再次率众哭庙，抗议官府的镇压暴行，后被人劝阻而未行。后来，金曾到他处躲避多日，“以有司不公，哭文庙，构成狱，避匿僻所，卜满百日，可脱灾。及三月，仅欠一日，以为幸免矣。闷郁已久，暮稍出探巷口，旧门头过贺曰：‘相公幸甚，案定不追。但我拖累艰苦，须为压惊。’旋为访拿，抵案陷辟，正落百日之厄”。

就这样，“军师”金圣叹被定为“哭庙案”之首犯，受到严刑拷问。金圣叹被作为要犯审讯，不外三个原因：一是鸣钟击鼓，二是草拟哭庙文，三是为文得罪朱国治。金圣叹曾作“十弗见”之文，对朱巡抚含沙射影，故朱“必欲杀金等而后快”。再说金圣叹平日里一向蔑视权贵，“遇贵人，则嬉笑怒骂以为快，以是大吏颇感之！”在很多高官富贵眼里，金圣叹这“刺儿头”，该死！

那么，金圣叹之死，有何象征意义？

# 余 论

须知，“哭庙案”发生前，虽说清军铁骑踏遍江南各处，但击退了南明弱旅，却未扫尽晚明文人遗风。是故像金圣叹这般的狂生尚可以放荡不羁，甚至时不时冒出几句“不和谐”的雷语。

然而，“江南”这个词汇，却如同一根钢针扎在清统治者眼中，令其坐立不安（详见杨念群教授《何处是江南》一书）。于是乎，欲除“邪气”，必先“整人”。朱国治砍了金圣叹的脑袋，虽有替自己脱罪之嫌，但恐怕也有杀杀江南士子们锐气之意。

就这样，金圣叹和他的小伙伴们成为清廷拿来祭旗的刀下之鬼。一刀下去，晚明与清初断然割为两个时代。于是，清代的政治基调也由此谱成……

那位端坐在文庙里的孔圣人，其实，也救不了任何人……

# 上　卷

# “最后的一位满族大佬”：荣禄与清末政局

1903年的一个初春午后，大清国的掌门人慈禧罕见地离开颐和园，起驾来到交道口菊儿胡同一所中西合璧的老宅院。老佛爷之所以屈尊至此，原因很简单：她的宠臣荣禄病了，而且病得极重！

走近荣的病榻，慈禧不忘打趣道："尔常言尔是康党，尔曾得尔友之若何新闻？彼实奸臣，负尔好意，竟致反噬！"这话若是对着旁的大臣说，估计听者就要吓得尿裤子了。与乱党结盟，这绝对罪不可赦。然而荣禄淡然一笑，道："彼等既逃亡海外，何事不可为？些微清议，吾亦知其骂我。近支王公无意识之举动一至如此，得毋为康党庆幸乎？"如此自我解嘲的方式，既撇清了罪名，又起到讽谏之效果。

眼瞅着荣还能兴致盎然地开玩笑，慈禧心中的担忧算是暂时放下，愁云似乎将逐渐散去。

谁知这竟成了二人最后一面。三天后，4月11日，荣禄撒手人寰。不久，一家西方大报刊布了这样一则社评：

荣之为人，据中国士夫之见，实能尽人臣之职分，且颇有大臣风度，通达治理，可任大事。……综慈禧听政五十余年以观，有治世之能，而又赤心报国者，仅曾国藩一人。自此以往，则不得不推荣禄。当满洲皇族盲于大计，倒行逆施，既暴且弱之时，荣禄之先见及勇毅，实大有补救于国家也。由其柄国之日，以至辞世之年，吾等观其所为，实乃慈禧最忠之臣，亦为最有识解之参谋。……故中国事势现虽无定，而有一事则毫无疑义者，即吾人当永远纪念此明决勇敢之荣禄。

至此，继鳌拜、和珅、肃顺、奕訢之后，清代的最后一位满族大佬也与世长辞，一个时代结束了。

## 早年沉浮

能成为满族大佬，这与荣禄早年的不堪经历密切相关。

荣是个标准的“军二代”。荣禄祖上世代从军，为大清朝屡立功勋。远了不说，他祖父在镇压回疆时捐躯，老爹也不甘其后，在剿灭太平天国的战斗中阵亡。一门两代忠烈，朝廷特意赐修“双忠祠”，以示表彰。

好的出身，自然保证荣禄一进官场便春风得意，直接恩荫为工部主事。更牛的是，人家荣禄还有非常硬的关系。他有两个妹妹，一个嫁给晚清唯一的旗人状元崇绮，另一个嫁给宗室昆冈。崇绮的老爸是道光朝的大学士穆彰阿，昆冈后来成为大学士。一个妹夫是大学士之子，一个妹夫是未来的大学士，荣禄堪称左右逢源，“官系”无边。

当然人家荣禄也不是吃白饭的。上班不久，宫中发生大火，刚好荣禄当天值班，他率领众侍卫奋力灭火。恰在此时，咸丰皇帝在远处督察救火情况，他遥望一人身着绛色官袍，不顾个人安危，在火海中不断进出抢险。于是他询问身边御前大臣，这个年轻人是谁。下人告知此人叫荣禄。不久，咸丰便召见荣禄，了解到其家三世皆为国效劳，两代捐躯，禁不住心生钦佩，将户部银库郎中的肥差赐给了这位“救火队员”。

咸丰末年，肃顺一人专权，横行无忌，朝中大臣莫不惧他三分。肃顺有一癖好，喜欢收集西洋金花鼻烟壶。当时有位陈姓尚书，同荣禄家是故交，知道荣家有几个精品鼻烟壶，出于讨好权臣肃顺之意，于是上门求索。荣母念及多年交情，尽数送给陈尚书。这陈尚书得到后立马转赠肃顺，并告之此物来自荣家。

孰料这肃顺欲壑难填，居然仍派人上荣家继续索要。迫于无奈，荣禄只得据实告知，家里已无此物。索要不成，肃顺十分不爽，认定荣禄是厚于陈而薄于己，时常假公济私，给荣穿小鞋。又一次，肃听闻荣禄家有良驹一匹，乃新疆特产，中原罕见，于是命人来要。荣禄早就受够了肃顺的贪婪，一口回绝了对方要求。这让肃顺恼羞成怒，很快便在一次公务会议上假借事由，当面训斥荣禄，并扬言要对其重重惩治。当时荣禄还是个正义感很强的青年，既然你肃顺容不下我，那索性不伺候你了。荣禄立即交上辞呈，闲居避祸。

出来混，总是要还的。没几年，咸丰驾崩，肃顺气焰愈加嚣张。慈禧、奕䜣等人为了保住大清社稷，夺回重权，决定发动政变，处置肃顺等顾命大臣。考虑到荣禄与肃顺之间的恩怨，慈禧将其秘密收入麾下，作为奇兵。荣禄果然不负众望，与醇亲王奕譞联手，以迅雷不及掩耳之速擒获肃顺等人，并亲手将其送到菜市口问斩。

细数清代二百多年的历史，像荣禄这样出身好、“官系”硬的八旗子弟，实在是多如牛毛，不胜枚举。然而同时又像他这样忠心耿耿、办事干练的，则凤毛麟角，少得可怜。所以，慈禧将其列为重点培养对象。数年间，荣禄节节攀升，将工部尚书、步军统领和总管内务府大臣三大要职一并收入囊中。此时，他尚不到四十岁。

按照清制，内务府一差，同御前大臣、军机大臣在权力分配上呈三足鼎立之势。上朝时，御前位列最前，但尊而不要；军机位置次之，但权而要；内务最后，却亲而要。可见内务府大臣是个能够时常与太后接触的好差事。况且荣禄握有全国的工程审批与营造大权和一支精锐的京城卫戍部队，可谓集宫廷、朝堂及市井大权于一身，不知惹来多少同僚的羡慕嫉妒恨。

不出三年，荣禄便尝到了木秀于林风必摧的苦涩。光绪四年，贵州巡抚出缺，奕訢征求慈禧意见，应派谁去补缺。当时慈禧正为军机大臣们争权夺利的情形所困扰，于是决定杀鸡儆猴，脱口而出：“着沈桂芬去！”

此旨一出，内外一片哗然。群臣纷纷议论，认为巡抚乃二品官，沈桂芬现任兵部尚书，又是军机大臣，官居一品，宣力有年，不宜左迁边地。祖宗之法，朝廷旧制，不应随意更改。面对如潮的廷论，慈禧心知众议难违，只得收回懿旨，令沈照旧当差。

虽然躲过一劫，但沈桂芬依然心有余悸。他寻思：穴本无风，风何由入？此事肯定与一贯主张打压汉人官员的荣禄有关。于是，沈找来门生翁同龢，决心上演一出“反间计”。一天，翁来荣家造访，刚进门便狠狠数落沈桂芬一通，放言“沈经笙真不是人，不特对不起朋友，其家庭中亦有不可道者，我已与彼绝交。闻彼甚君甚，因外简黔抚事，谓出君谋，常思报复，不可不防。”话说荣禄跟李鸿藻是死党，而翁同龢与李都是名冠京师的清流骨干，故荣时常同翁饮酒酬答，交情匪浅。加上此刻翁神情愤怒，言语激昂，居然将沈的龌龊家事和盘托出，荣深深被翁的精湛演技所折服，认定其很够哥们，是来给自己通风报信的。于是他放松了警惕，将慈禧如何厌恶沈桂芬之事据实告知。

从荣禄口中侦知实情后，翁同龢这个“卧底”马上向沈汇报。沈深感不除掉荣禄，必有后患。思来想去，他心生一计。沈说服自己的另一门生宝廷，以满族大臣兼职太多，势必拖累本职为由，主动要求辞去自己的诸多职务，同时他还强烈建议卸去荣禄工部尚书与内务府大臣两职，以专心维护京师安全。慈禧觉得宝廷此言颇有道理，加之沈桂芬也煽风点火道：“荣禄宣力有年，明敏干练。年纪尚轻，将来必受重用。”于是，慈禧免去荣禄两大要职。宝廷的“苦肉计”大获成功。

树倒众人推，没多久，沈桂芬又联合众人力荐荣禄去外地磨炼。恰值当时西安将军空缺，慈禧不明底细，一声令下，将荣发配过去。好端端的一颗政坛新星，愣是被一群老练官僚，从京师中心忽悠到了边缘地区。

这一去便是整整十五载，昔日意气风发的荣大总管已成近天命之年的白头翁，他深深体味到“官场没有永远的朋友，唯有不变的利益”这句话的真谛。

## “两得主义”

甲午一战，清廷惨败，李鸿章下课赋闲，奕訢垂垂老矣，在苦无良臣辅佐之际，慈禧想起了自己的昔日心腹荣禄。

当年年底，荣禄再次出任步军统领，低调回归。经历了这么多年的风雨磨砺，荣禄收起了棱角，变得圆滑无比。因为他悟出了在官场既屹立不倒又大有作为的诀窍：“两得主义”。

“两得主义”的核心是得宠。顾名思义，就是要成为慈禧信赖有加的宠臣。若想博取慈禧的欢心，最讨巧的途径便是跟老佛爷身边的要人搞好关系。荣禄有两个女儿，一个嫁给了礼亲王世铎的儿子，一位嫁给了后来的醇亲王载沣。这个世铎是慈禧的心腹，长期担任领班军机大臣。荣跟他成了亲家，那世铎自然没少在慈禧耳边说荣禄的好话。而载沣更牛，是慈禧钦定的未来国家领导人，荣禄将女儿送进醇亲王府，一来是作为政治投资，二来自己闺女还时常向慈禧汇报载沣的最新动向，成为老佛爷的眼线。如此一来，荣禄跟慈禧的距离，又拉近了一大步。

当然，光靠裙带关系远远不够，成为慈禧宠臣的关键还在于要摸清她的脉，亦即想太后所想，急太后所急。这方面，荣禄的功力发挥到了极致。

戊戌年，帝后矛盾愈加激化，慈禧对康有为等人的变法举措很有看法。荣禄起初对改革还是抱着支持的态度。一次，荣禄在退朝时遇见康有为，问道：“以夫子这样的槃槃大才，也会有补救时局的办法吗？”康有为平日里就心高气傲，根本不把荣放在眼里，于是冷冷地回答：“救亡图存之道，非变法不可！”荣颇不依不饶，继续追问：“早就知道法应当变，但是一二百年的成法，是一早上就能变过来的吗？”康有为非常不耐烦地喊道：“杀几个一品大员，法即刻能变。”此话着实令荣大吃一惊，心想关系清王朝存亡兴衰的改革焉能由康这等狂悖之徒操作？他顿时深刻体会到慈禧为何对维新派人不满。于是立即进京觐见慈禧，提出借慈禧秋日赴津阅兵的名义，调集京畿重兵，围捕康梁等人的建议。这正中慈禧下怀，二人一拍即合。于是，维新运动百日而夭，大权再度落于慈禧手中。此间功劳最大者，非荣禄莫属。

庚子年，慈禧受端王载漪、大臣刚毅蛊惑，心生立即废黜光绪之意。荣禄深知此事关系重大，若是处理不当，既违祖制，又失人心，对太后非常不利。为了保住慈禧的威望，荣禄依违其间，暗中周全。经过冥思苦想，他终于想出一个两全之策。一日，他将这个计划向慈禧和盘托出：“上春秋已盛，无皇子，不如择宗室近支子，建为大阿哥，为上嗣，兼祧穆宗，育之宫中，徐篡大统，则此举为有名矣。”慈禧认可了这一建议。几天后，载漪之子溥儁被接进宫里。如此一来，慈禧、端王双方皆大欢喜。其实这只是荣禄的缓兵之计，所谓的“徐篡大统”，不过是画饼而已。由此，荣禄帮助慈禧避免了由于突然废掉光绪而导致的统治危机与政局动荡。

到了当年六月，慈禧以卵击石，向洋人宣战。荣禄心知此决定荒谬至极，但圣意难违，他只得私底下阳奉阴违，将争端尽量降到最小化。当时为了拿下外国使馆，朝廷命令荣禄麾下的武卫军开花炮队入都助攻。炮队进京后，荣禄嘱咐手下凡事谨慎，拿不准就汇报。总兵张怀芝奉命登城安置炮位。待一切收拾妥当，炮弹已上膛，张突然脑中闪过一念，立即命士兵暂勿开炮，自己赶紧赴荣府，请曰：“城垣距使馆仅尺咫地，炮一发，阖馆立成齑粉矣。不虑攻之不克，虑既克之后，别起交涉，怀芝将为祸首耳。请中堂速发一手谕，俾怀芝得据以行事。”荣禄缓缓道：“横竖炮声一出，里边总是听得见的。”张怀芝恍然大悟，立即回到城头，重新移动炮位，冲着使馆附近的空地一通乱轰，未损使馆分毫。也就没给洋人留下日后谈判时漫天喊价的把柄。

说白了，保太后就是保大清，保大清就必须保太后。此即荣禄得宠的基本逻辑。

得一人之宠尚易，得众人之心则难。若想稳坐政坛大佬之位，尚需扶植一批得力亲信，这便是“两得主义”的另一条：得人。甫一杀回京城，荣禄便大肆招兵买马。当时荣禄经常跟兵部主事陈夔龙一起赴四处查案。一来二往，荣觉得陈为人谨慎，办事老练，是不可多得的人才。一次闲暇，荣问陈多大岁数，补缺大概何时。陈答曰：“行年已四十，到部已十年，叙补名次第八。”按照兵部惯例，即使每年出缺一次，陈若想拿到实缺，至少需要八年。荣禄笑道：“观君骨相气色，五年内必有非常之遇。”相面之术，本属无稽之谈，陈以为这只是荣禄的一个玩笑而已。谁知到了八月份，自己居然名列京察第一，出任兵部郎中。后来更是一路飙升，外放巡抚。这都是荣禄暗暗力荐的结果。陈夔龙从而将荣视为自己的恩人，一生效忠。

败给了日本人，李鸿章的北洋水师没了，淮军垮了，朝廷急需编练一支西式军队。慈禧授权荣禄专办此事。通过多方物色，荣认定袁世凯是合适人选，于是力保袁赴小站练兵。谁知袁上任才半年，就被两度弹劾。尤其是第二次，由军机大臣李鸿藻授意御史胡景桂写折，参他“嗜杀擅权，诛戮无辜，徒尚虚文，克扣军饷，性情谬妄，扰害一方”。这一本令袁好不郁闷，用他自己的话讲即“心神恍忽，志气昏惰，所有夙志，竟至一冷如冰”。下有揭发，上需有回应。很快，朝廷便派下一支调查团赴小站彻查，团长即荣禄。袁是自己的亲信，荣自然力保。考察完毕，荣禄问随行的陈夔龙：“你观新军与旧军比较如何？”陈答：“但看表面，旧军的确不免有暮气，新军参用西法，独开生面。”荣点头曰：“你说对了，此人必须保全，以策后效。”回京后荣禄上折请求从宽处置袁，两宫果然恩准。

袁世凯不仅将荣视为靠山，还反向荣举荐人才。任职山东巡抚时，他的同僚学政荣庆清廉能干，于是袁将其引荐给荣禄。荣亦觉得其颇具才能，令其出任仓督，不出一年，荣庆“以剥船盗米，改由火车迳运，并仓廒，增经费，杜领米弊端，裁稽查仓务御史，（朝廷）皆如所请行”。1902 年，清廷破格提拔荣庆任刑部尚书。

庚子年慈禧、光绪逃往西安，各地官员纷纷前来报效。荣禄于众人中独独看上了江苏学政瞿鸿禨，认定他善于揣摩上意，且写得一手好公文。但是军机处尚有一个空缺，朝廷打算从瞿鸿禨和张百熙二人中选出一个。荣禄便上折子，认为“圣驾计日回銮，举行新政，可否令张百熙、瞿鸿禨各抒所见，缮具节略，恭呈御览，再求特旨派出一员，较为得力”。说白了，荣禄就是想搞个公开选拔干部的活动，以此决定用谁不用谁。这个办法看似公平，但荣禄其实暗地里已做了手脚。他偷偷派人给瞿鸿禨带话，嘱咐他“一定要文字通俗易懂，内容言简意赅，千万不要卖弄文采”。瞿鸿禨自然唯命是从，老老实实地写了一篇只要识字就能看个大体明白的文章，而张百熙蒙在鼓里，洋洋洒洒地写了一篇万言书，古今中外，旁征博引，文采奕奕，气势不凡。可惜到了慈禧和光绪那里，张的万言书却成了天书。慈禧看过后，跟荣禄讲："张百熙所言，剑拔弩张，连篇累牍。我看去不大明晰，还是瞿鸿禨所说切中利弊，平易近情，不如用他较妥。”于是，瞿便成为军机大臣。

就是按照唯才是举，是才必笼的思路，七八年间，荣禄在宫廷内外集结了一批心腹：袁世凯任直隶总督兼北洋大臣，陈夔龙巡抚河南，端方总督两江，瞿鸿禨任职军机处，荣庆出掌刑部，铁良负责户部与练兵事宜。如此格局，内有瞿、荣、铁诸辈把持中央要枢，外有袁、陈、端等人厉行地方改革。大清的重权，荣禄隐占半壁江山。

## 一切皆晚

如果按照这般情形发展下去，稳健且铁腕的荣禄作为清末新政的掌舵人，或许会让这艘千疮百孔的战舰有所修补，继续航行数十年的光阴。荣禄也当会由此成为官修正史中所谓扭转颓局的大人物。孰料天不假年，改革刚刚推行不久，尚未一展身手的荣禄，便病死家中。在晚清史上，他只落得个过渡性人物的角色。

荣氏身后，昔日的心腹群龙无首，分崩离析，政局因之动荡不堪。荣禄生前最担心的人是袁世凯。1901年底，袁接替故去的李鸿章暂理直隶总督，德国公使建议将山东划入直隶境内，由袁世凯监管，改称直东总督。一日在军机处，荣禄问军机章京郭曾炘：“慰亭欲以直督兼领山东，君意如何？于昔亦有例乎？”郭听后悚然道：“往昔鄂文端、年羹尧等虽有先例，然皆以用兵暂资节制，非今所宜援。”荣禄赞成他的话，既而叹息道：“此人有大志，吾在，尚可驾驭之，然异日终当出头。”其实为了预防袁一家坐大，荣禄早有布置。他将与袁有宿怨的瞿鸿禨放在军机处，对袁的日常奏令多加掣肘，令其不得妄为，又把忠于清廷的铁良安插在练兵处，时刻监督袁的军事行动，预防其拥兵自重。可惜袁世凯怕的不是瞿鸿禨和铁良，而是荣禄，靠山一倒，他便自立山头，将清末时局搅得天翻地覆。

陈夔龙在其《梦焦亭杂记》中曾记道：“国家大政有二，曰行政，曰治兵。综光绪一朝，荣文忠公实为此中枢纽。文忠没而国运亦沦夷。诗云：人之云亡，邦国殄瘁。斯言岂不谅哉！”虽说此话不免有为尊者讳之嫌，但倒也大体符合实情。

当大清的最后一位满族大佬离世后，这个高寿王朝也行将结束了……

# 善者：
# 王爷竟是“改革控”

有清一代，在京城旗人圈里，流传这么一句顺口溜：“恭王府的房，豫王府的墙，肃王府的银子拿斗量。”不难猜想，历代肃王爷都是爱财、有财、善敛财、懂理财的主儿，绝对“不差钱”。然而，不知是否基因突变的缘故，到了末代肃亲王善耆，却一反祖上的风格，不爱金银爱改革，天天一门心思盘算着如何让清朝转危为安，起死回生。

先举个有趣的例子。1909 年的寒冬，各省谘议局代表纷纷来京上访，强烈呼吁朝廷尽快实行立宪。面对日甚一日的请愿，中央各部门领导们一致“表示压力很大”，要么借机去外地考察，暂避风头，要么声称公务繁忙，无暇顾及，反正谁都不愿接这个烫手山芋。然而，唯有一人例外，这就是民政部尚书善耆。这位铁帽子王在民政部大堂亲切接见了请愿代表，认真听取他们的意见，介绍了民政部这几年的改革举措。聊到兴头上，这位部长级干部，突然把头上的红顶子扔到地上，唱了一句《空城计》中的戏词“先帝爷白帝城龙归天境”，举座愕然，险些被善耆的举动雷倒。善耆哈哈一笑：“诸君莫慌，咱们都是好朋友，你们也不说是代表，我也不说是王爷，横竖咱们乐一晌就得了。”其实善耆这看似无厘头的行为暗藏玄机。“先帝”乃指光绪，善耆之意即若光绪在世，立宪早已推行，绝不会像载沣那样犹犹豫豫，扭扭捏捏。只是碍于身份，善耆不便挑明罢了。可见善耆是一名十足的“改革控”。

## 性格决定命运

之所以成为“改革控”，与善耆的性格密不可分。

庚子年，八国联军入侵京城，慈禧携光绪等仓皇西逃。当时善耆正在家里守孝，听闻这一消息，他不顾守丧之礼，也来不及收拾家财细软，策马扬鞭，连夜追赶。三天后，善耆终于追上两宫。恰好这时候行至河北、山西交界处，眼前是一条河。过河时众人只顾慈禧，把光绪抛在一边。等慈禧过了河，居然也没人回来伺候光绪。于是，河的两畔，一边是大部队继续陪着老佛爷前行，一边则孤零零剩下两个人，光绪和善耆。光绪越想越来气，于是大动肝火，隔河怒斥这帮奴才。然而出人意料的是，善耆非但没有帮腔，居然反过来大胆教训光绪，说道：“您就是好急，当初的维新就毁在急上。车到山前必有路，船到桥头自然直，不就过河吗？用得着这么急吗？”

此时此刻，可以说是善耆一生最好的机会。如果他力劝或强拉光绪回京，挟天子以令诸侯，推行改革，不仅自己骤然位极人臣，兴许还能为晚清政局增添一抹亮色。可惜善耆不是曹操，顶撞完光绪后，他没有拉他往回走，而是到附近村里找了几个农民，把光绪抬过河去。如此绝佳的机缘就从善耆指缝间溜走，只能说他虽忠于清廷，但毕竟是愚忠，胆略不够。

开篇提到善耆不贪财，这在晚清诸多“太子党”中堪称异类，更叫绝的是，他还容不得别人捞钱。奕劻是清末有名的大贪官，要是他说自己贪污水平全国排第二，估计没人敢认为自己排第一。一次，善耆去庆王府公干，大老远地就吩咐停轿，不带随从，一个人走上前去。庆王府下人哪里认得善耆，于是就拦住询问，他只说自己找奕劻有事，既不报自己名号，也不给下人递“劳务费”。下人们自然不给他好脸看，让他在门外慢慢等。善耆也不发飙，大大咧咧地在门凳上一坐，极为淡定地跟看门的说：“今儿我就在这儿死等，看能把我怎样！”

说来也巧，不一会儿庆王回府，一眼瞅到善耆坐在门口，连忙下轿上前招呼。按照礼数，身为孙子辈的善耆应该识趣地起身施礼，这茬儿也就过去了。孰料善耆较起劲来，假装没看见庆王。直到人家拽他袖子，他才抬头瞟了奕劻一眼，冒出一句话：“我以为没有门包就见不到王爷您呢！”这句话，比硫酸水还冲，比冲天椒还辣，刺激得奕劻差点背过气去。

还有一回，军机处商议财政问题。当时奕劻主管户部，向众人诉苦，说国库空了，无处搞钱。众大臣听后无语。唯独善耆“嗖”地站起身来，指着奕劻的鼻子，又爆出一声“轰天雷”：“把你贪的钱拿出来足够用几年的！”顿时庆王的脸色大变，像猪肝一般难看。众人不敢出声，而善耆哈哈大笑，踱着方步离开军机处。自那之后，这二位算是彻底闹翻了。奕劻恨不能油煎了善耆，善耆则巴不得生吃了奕劻。

别看善耆有点愚忠，性子直、脾气暴，但却并不死板保守，特别赶时髦，是个不折不扣的“时尚潮男”。毫不夸张地讲，善耆的宅子是当时北京城最摩登的。他家的客厅是法式风格，卧室则走的日系路线。他是众多王府中第一家装电灯的、第一家用自来水的、第一家坐沙发的、第一家睡席梦思床的、第一家安发电机的……他好新潮不止于此，还积极送孩子出国留学。他共有 21 个儿子 17 个闺女，这 38 个孩子，没喝过洋墨水的仅有两人，其中 24 位留日，其余的留英、留德、留比利时……面对这么一位弄“潮”儿，亲贵们自然褒贬不一，善耆对此一笑了之，最多回应一句：“自乐自知，旁人爱说什么说什么吧。”

对朝廷忠贞不贰，不拒斥新鲜事物，这使得善耆具备了改革者所当有的基本素质。只是他那让一般人都消受不起的直率与暴躁，易招致众怒，为其喜忧参半的结局埋下了伏笔。

## 屁股决定脑袋

念及保驾有功，同时考虑到肃王府被洋人洗劫一空，于是慈禧赏赐善耆出任崇文门监督一职。这可是朝廷最著名的肥缺之一，其关税收入曾一度在全国各关卡中高居第四，不仅可收受贿赂，还能坐收部分税款，一年下来，少说也能捞他个几万两银子，想当年和珅就是靠这个职位成为乾隆朝先富起来的那一批人。然而善耆偏偏不识趣，一上任就大搞所谓“反贪风暴”，禁止勒索，查办贪墨，财政收入确实增加了数倍，然而官员们却终日清汤寡水，不能开荤，就连慈禧也犯愁，叹道：“若是都照肃王这样办，将来还有谁愿做崇文门监督啊！”果不其然，奕劻一纸参劾，朝廷立马将善耆撸了下来。

两年后，善耆出任工巡总局管理事务大臣，意气风发的他任职期间，锐意革新，其举措之一即是整修王府井大街。之前，王府井一带路面很窄，凹凸不平，常常是晴天一身灰，雨天两脚泥，街道两边的商铺很少。《辛丑条约》签订后，大使馆逐渐建立，来往的洋人也日益增多，头脑灵活的善耆很快意识到此地潜在的巨大商业价值。经他奏请，王府井大街路东建成了“东安市场”，鼓励商人在此开设店铺，而且街道也得到了拓展整修。如今，游人来北京，必去王府井，但却很少有人知道，王府井是一个叫善耆的满人扩建的。然而，善耆的改革举措又不受大佬们待见，不到两年，又被奕劻弹劾罢免。

常言道："吃一堑，长一智。"经诸多打击，善耆本该变得圆融一些，孰料他依然我行我素。几年后，善耆出任民政部尚书，主要负责社会管理与警务治安，抓赌禁赌是其分内之事。一次，善耆部下发现一家地下赌场，奕劻的两个贝勒爷是常客。善耆一听是庆王府的人犯事，两眼马上放光，连夜布置，率众抓赌。凌晨左右，正是赌徒们玩得最 high 最疯狂的时刻，善耆一声令下，警察们冲进赌场，奕劻的两个宝贝儿子夺门而逃，恰与善耆撞了个正着。

此时又冲出两个洋赌徒，亮出手枪对着善耆，一副破釜沉舟的架势。善耆处变不惊，缓步上前，突然间双手一扬，分别抓住两个洋人的手腕，使劲一拧，两支手枪全都落地，洋人们疼得直叫。收拾完洋人，善耆转过身来，微笑着对载振、载抟说："二位爷，该你们了！"

载振、载抟二人早就知道善耆武功了得，如今又亲眼见识，吓得瘫倒在地，连声求饶："但凭王爷发落，只是看在父王面上……"善耆顺势发话："好！看在庆老王爷面子上，送二位回府，警察走在前面开道，给你们留足面子。"

随后善耆耳语吩咐部下："慢点走，多耽误些时辰，在庆亲王上朝路上人多之处拦住他，拿我的帖子将人交给他。"这样招摇的方式，不仅满朝文武、就连市井百姓也都知道此事，天还没亮，"老庆王家两个不争气的贝勒爷赌博被抓"的消息已传遍了大半个北京城。奕劻气得牙根直疼，又不得不写帖子感谢善耆执法从宽，施恩放人。

而善耆拿到回帖，高兴得合不拢嘴，连呼："痛快！痛快！"此举既力挫了庆亲王的嚣张气焰，又表现了民政部彻底改革的决心。

当然，作为一名“改革控”，善耆不仅有其铁腕惩奸的一面，更有怀柔笼络的一面。清末政府，可以把它比作一位高龄老人，岁月销蚀令它百病缠身，其中最要命的症状是心脏病，而病源即全国各地的革命运动。进入 20 世纪以来，几乎年年都有数次革命起义，每次都搞得清廷气喘胸闷、心肌梗死。而对于革命党人，清廷的对策无非是镇压、逮捕、治罪、杀头，如同割韭菜一样，割了一茬又长一茬，简单粗暴，效果不佳。善耆经常反思政府的这些举措，认为应该改变对革命党人的态度，攻心为上，从堡垒内部搞垮对方。于是善耆暗地里经常同革命党来往，打成一片。例如，善耆曾将革命党人程家柽纳入幕府，待为上宾，借助他来与革命党结交，以达到“和平演变”的目的。然而，程家柽也不是傻子，他也利用这种特殊身份为革命事业做事。萍浏醴起义时，革命党人胡瑛等被同志出卖，身陷牢狱，程家柽乃“假借善耆之名，致电张之洞，陈狱之冤，为乞开释，冀以少缓其死”。最终胡瑛等人由斩决改为十年监禁，使这些革命党人免于一死。善的这一举动果真赢得了革命党人的好感，甚至章太炎曾写信给程家柽，请他转告善耆，希望他能加入同盟会，一起搞革命。本来策反革命党，差点儿“被策反”，善耆连忙回信，表示多谢章的好意，“不愿入会，愿相扶助”。

宣统二年（1910 年）二月二十三日，北京发生了一件震动清廷、轰动全国的大案，即汪精卫谋刺摄政王载沣一案。依照《大清律例》《大清现行刑律》，汪精卫理应因“谋反大逆罪”被判处极刑。审案过程中，善耆看到汪精卫的手稿《革命之决心》《告别同志书》之后，感慨万分，遂有了不杀之意。善耆对汪精卫等人十分关照，即“一切皆按照国事犯文明之法相待，审讯时，一立陈不用跪，二饮食皆不粗恶，三衣服衾枕皆准其素常所用之物”。在其力促之下，汪精卫得到从轻发落，仅以“误解朝廷政策”之罪名，被判处永远监禁。不久，又得以释放。

汪精卫入狱期间，善耆多次到狱中看望，借机做汪的思想工作，希望能为己所用。谁承想汪精卫革命意志极其坚定，两人的谈话每次都如一场辩论赛，“改革控”遇上“革命控”，旗鼓相当，难分伯仲，谁也说服不了谁。善耆私下里曾与人半开玩笑半认真地说：“如果不是出生在王族，我早就加入革命党反叛朝廷了。”而汪精卫见善谈吐不凡，见识卓越，非一般愚钝无能的官僚所能比，也生敬佩之心。后来，人们问起汪精卫对善耆的印象时，汪回忆道：“救我命的是肃亲王，肃亲王为使我抛弃革命的决心，用尽了种种的方法，曾经有一次，把我带到法场上，逼迫我变更革命的决心。他常常到监狱中来，与我谈论天下大事，谈论诗歌。我是能免死，也许是有一种政治的作用。”

现如今无论职场还是官场，都爱讲一句话：“屁股决定脑袋”，通俗讲就是坐在什么位置上说什么话，干什么事。善耆贵为皇族，且是部级领导，自然应当全力以赴推进清末各项改革。只不过彼时的官场气氛过于恶劣，“不怕潜规则，就怕没规则”，人情世故也是规则，怕只怕横竖不懂、软硬不吃、烟酒不沾、油盐不进的铁面官员。善耆恰恰就是这么一个异类，自然备受皇族排挤。载沣眼瞅善耆纵横捭阖的做派，生怕他有贰心，抢自己儿子溥仪的皇位，于是不委以重任；奕劻、袁世凯看着善耆雷厉风行的架势，担心多年积攒的家底被抄走，于是散布谣言，善耆“交友太杂，招纳流亡戢某实为党魁”，使得善的许多举措屡受掣肘。人心不齐，诸事自然不利，毕竟善耆的屁股只能决定自己的脑袋，管不了旁人哪！

## 时代决定结局

1912 年初，在革命军和袁世凯的双重夹击下，清朝已走到尽头。然而倔强的善耆依旧认为局势仍有转机，每次御前会议，他都力劝隆裕太后不能屈从于袁世凯。直到溥仪宣布退位，善耆也不愿接受这一事实，拒绝在退位诏上签字。

清帝逊位后，善耆逃往日本，妄图依靠日本天皇的扶持东山再起，不过大势已去，善耆的做法只不过是共和大幕下的一出闹剧而已。

1922 年 2 月，善耆病逝于旅顺。临死前，他还固执地对儿女讲：“无论生死不履民国寸土。”于是当他的遗体运回北京后，一路上棺材下面都铺满了纸钱。据说这是肃王府管家的主意。让人感到好笑的是，这样就能让躺在棺材里的善耆满意吗？估计真正满意的应该是纸钱店的老板吧。

假如将清末民初的变局比作一张破损不堪、来回摇晃的四角方桌，那善耆就是一个被摆放其上的与众不同的“杯具”，不知何时就随着桌子的崩坏而摔在地上，化作碎片。末代之际的“改革控”，结局大都如此吧？

# “一条困死在体制网罗里的鲨鱼”：干吏铁良的悲剧

1922年阴历二月十八日傍晚，天津英租界戈登街陈家大院内，灯火通明，人声鼎沸，一派热闹气象。原来，那日是前清重臣铁良的六十寿辰，寓居京津两地的遗老遗少们纷纷登门祝寿，赋诗著文，追忆铁大帅昔日的宦海生涯，慨叹世事变幻如浮云。其中，一位曾任邮传部右侍郎的老翁，事先写好《铁将军歌》诗一首，作为庆生之礼。铁良拿到这首诗作，当看到里面“无端阴谋发肘腋，自毁长城不知惜”一句，不禁眉头紧蹙，两眼泛起泪花，一时间从喧嚣的气氛中抽离出来，陷入沉思中，久久回不过神。之所以黯然神伤，是因为他想起了自己曾经春风得意、霸气外露的岁月。

## 锐气初现

铁良，字宝臣，穆尔察氏，满洲镶白旗人。虽说是旗人，铁良却是标准的“穷二代”，家里既无背景可夸，也无财富可炫。七岁的时候，他的祖父去世，没几年父亲也撒手人寰，于是家境每况愈下，渐渐无法供其读书科考。不过，穷人的孩子早当家，不到二十岁，铁良便参加工作，出任工部笔帖式，成为一名政府公务员。

什么是笔帖式呢？其实就是从事文书、档案的记录、翻译及整理的官吏，相当于现在政府的文件管理人员。乍听起来，这是个既没前途又没意思的差事。不过，清代毕竟不如现在，既没打印机，也无传真机，一切文件都需手工处理，加之晚清对外事务骤增，文件档案工作随之繁多，笔帖式的重要性自然也日渐凸显。铁良正是抓住这一机遇，眼疾、手快、心细、人精，不仅保质保量完成本职工作，而且经常帮上司出谋划策，充当幕僚。时间一长，这个聪明能干的年轻人进入了大佬们的视野。终于有一天，时任直隶总督的荣禄大笔一挥，推荐铁担任户部员外郎，同时将其招入自己府上。很快，铁良便青云直上，到1905年，朝廷任命他为户部尚书，而这一年，铁良才42岁。

除了靠山力挺，铁良能在短期内步步高升，跻身正部级领导行列，还在于他异于常人的办事能力与行事风格。首先，他为人勤恳谨慎，做事讲求效率。清朝大臣每天寅时（即凌晨3点至5点）上朝，8点左右退朝。之后，大部分人要么回家睡个回笼觉，要么三三两两相约去喝茶听戏，唯独铁良径直到部里办公。一到衙门，大大小小的官员都抱着一堆公文，围了上来，请其批阅。铁良不慌不忙，一件件看，一个个谈。一般性的文件，他当场就交给负责人。有问题的，他挑了出来说：“这件我们要谈谈。”最后剩下几个人，留在办公室逐一商议，直至做出较为满意的决定。因此，虽然每天公事繁忙，但他可以做到案无留牍。

之所以处理公务如此迅捷到位，铁良有其独到的诀窍。他曾对下属讲：“看公事要看头尾，头就是事由，尾就是公事的目的，头尾一看，这件公事的纲领已经了然于胸。至于中间所叙事实经过，大概一看，知道就得了。如果有问题，可以仔细看看，否则看过就是。如果每件公事都字字推敲起来，那要消耗多少时间呢？”可见铁深谙“抓大放小”之精髓。

其次，铁良做事又有雷厉风行、不讲人情的一面。一次，他奉朝廷之命赴江南考察军队建设，恰好经过上海江南制造总局下属的一家铁厂，负责人是铁良的老部下张士珩。遇见上司来访，张士珩自然极尽逢迎之事，好酒好曲，美女美食，一并送上。铁良不吃这一套，坚持要先去厂房看看。一进铁厂，发现厂内废铁堆积如山，铁良问道："如许废料，何不储于废料所？"张士珩以为他话中有话，暗有索贿之意，于是回答："此种废料，尚可复铸，则废铁化为新铁矣。节余款项，可用来孝敬大人。"铁良听后勃然大怒，指着他骂道："汝即废铁也。安得洪鑢而改铸之？"说罢，拂袖而去。不久，朝廷便一纸令状将张士珩从铁厂总办职务上撸了下来。

再次，铁良还是一位学习型领导，爱读书，会读书。有一回，铁良给下属做报告，谈到如何读历史书，他讲道："读史的目的，在于应世。所以我们读史的时候，每逢一件历史上的大事，都要在读完后，把书本放下想一想，如果我遇到这样的事，应当怎样办。有意见，就批在书上。这样一来，将来做事，就有了根了。无论多么重大的事，也可以不至于苟且从事了。"

更为重要的是，铁良身为满人，对朝廷极为忠诚。每次面圣，铁良都是直来直往，实话实说，不欺瞒，不敷衍，不谄媚，不邀功。难怪就连自视甚高的怪杰辜鸿铭都把他比作"霸王"，认为他"固执，却有强烈的廉耻感和责任感；刻板僵硬，但确实正直诚实；酷爱秩序，勇武有气节，又具有傲慢的抵抗力量；更为重要的是，他还沉着冷静"。

细数清末的满蒙权贵们，像铁良这般年富力强且具有多种优良素质的人，实在凤毛麟角。因此慈禧与光绪一致认定铁"文武有立，可当大事"，是又一个荣禄式的人物，决心好好加以栽培。备受太后和皇帝的恩宠，铁良于是大展拳脚，然而与此同时，"霸气"也禁不住外露了。

## 才气逼人

晚清朝廷，最头疼的一件事莫过于中央与地方之间的关系。自从镇压完太平天国起义，地方督抚权势上移，逐渐自为一体，掌控财权、军权，不再对朝廷唯命是从。尤其是庚子之变后，东南各省的张之洞、刘坤一等汉族大佬公然要求自保，拒绝北上勤王。如何把地方财政、军队大权收归中央，便成为摆在满族宗室面前的一个难题。

给出解题答案的不是满人，而是汉人袁世凯。1903 年，袁世凯上书建议成立练兵处，由昏聩无能的庆亲王奕劻领衔，以征收军费之名，淘汰各地绿营，集权于中央。袁世凯还极力拉拢铁良，推荐其出任兵部侍郎，欲为己用。然而，东南各省督抚却完全不理会老袁的"忽悠"，纷纷上折，声称要钱没有，裁兵没门。

头炮未打响，慈禧、光绪与群臣一番商议，认为必须动真格的，于是派人亲赴东南各省强行贯彻中央政策。然而，南下人选却让人颇费脑筋。这个人必须忠于朝廷、懂得军情，同时精明强悍、不徇私情。思来想去，大家将目标锁定在铁良身上。

1904 年，铁良领命南下，去啃那几块坚如顽石般的硬骨头。

铁良的到来的确将了各位督抚一军，令他们手足无措。第一站是江苏，查办江南制造总局诸多积弊，两江总督魏光焘还未等出手抵制，朝廷便一纸调令发来，命其出任闽浙总督。就这样，两江顿时成为"三不管"区域。趁着人员交接、群龙无首之际，铁良一鼓作气，将盘踞江南达四十年之久的湘军旧部完全收编。针对那些湘军高级将领，服从安排的，铁良给予平级调离，妥善安置后路；而部分拒绝合作的刺儿头，铁毫不客气，有劣迹的一律斥革治罪，无前科的则辞退还乡。如此一来，军权、财权均揽归中央。

魏光焘的失势，让湖广总督张之洞着实见识了一把铁良铁腕的厉害。不久，铁良赴武汉视察，继续践行朝廷的收权之举。张之洞深感自己独木难支，于是以退为进，要求商谈。铁良也知道硬吃张之洞并非易事，于是一口应允。几经讨价还价，张之洞部分答应了练兵处的要求，放出手中的一些军事、财政权力。

眼瞅着昔日威风八面的魏大帅、张香帅被铁良整得那么“尿”，其余各地的督抚纷纷表示服从中央安排，主动交权。铁良南下，可谓不辱使命，一战成名！

然而，回到京师的铁良却高兴不起来。原因很简单，自己辛辛苦苦拼来的各项利益并未给朝廷带来实惠，反而都被袁世凯当作军饷充实了北洋六镇。“汉人久握军事大权，甚非慎固根本之计也。”这是作为满人的铁良十分担心的。不过，铁良与袁世凯私交甚好，之前更是义结金兰，故他希望劝说老袁让出大部分权益。一次，铁良赴袁府拜访，略加寒暄，就直奔主题，劝袁识时务，顾大体，勿只咬着小团体利益不放。袁世凯向来圆滑，一边假装未听清铁的意思，一边又故意东拉西扯，岔开话题。铁良见老袁毫无诚意，只好起身告别，临走前还意味深长地提醒老袁：“慰亭，实不相瞒，我一生以年羹尧为戒！”这句话一来是他对自己谨小慎微、循规蹈矩的作风之归纳，二来更是警告袁世凯不要再好大喜功、气势凌人，否则定会重蹈年氏骄纵致罪的覆辙。可见铁良颇讲义气，虽对袁世凯甚为不满，但依然苦口婆心，冀其悔改。可是，权力欲极强的袁世凯哪里听得进铁的话，依旧我行我素，损公肥私。终于，铁良不再纠结于哥们情义，主动挺身而出，与老袁对决。

铁良首先从整顿财政入手。当时他身为户部尚书，自然是大清的“账房先生”。他着手从财务上对北洋军“钩稽精核”，清理各种假账呆账，使得北洋粮饷捉襟见肘，无法扩张。接着，他又在1906年召开的御前会议上就立宪问题向袁世凯开炮。会上，二人争论激烈，铁良无法反对已成众人共识的立宪潮流，但坚决反对袁世凯主张的迅速推行立宪。在他看来，袁世凯如此热衷于宪政改革，设立内阁，无非急于独揽大权，其狼子野心已昭然若揭。用铁良的话说，即：“如乃公所谓立宪，实与立宪本旨不合”，“宪非中央集权不可，实行中央集权非剥夺督抚兵权财权、收揽于中央政府则又不可。”这正中满蒙权贵的下怀，自然深得皇室默许。

袁世凯此时烦透了铁良，恨不能除之而后快。他联合奕劻，觐见慈禧，参了铁良一本：“若不去铁，新政必有阻挠。”孰料弄巧成拙，老佛爷本来已经拟旨，不许铁良等保守官吏参加第二轮的御前会议，但袁世凯的表现令她马上改变了主意，将此旨留中不发。铁良因之转危为安，而贴上了“年羹尧”标签的老袁却成了众矢之的。

当年年底，清廷举行了“彰德会操”，袁铁之争也由此进入了终极PK阶段。二人一同出任阅兵大臣，而各自的心腹良弼、冯国璋则分别担任北军和南军审判长。双方营垒分明，针锋相对。谙于世故的老袁发觉形势不妙，嗅出了慈禧隐有借铁良之手打压北洋军之意。于是，会操结束后，老袁主动交出北洋新军六镇的四镇。铁良也毫不客气，将这数万精兵统统收编。

次年，袁世凯被任命为军机大臣兼外务部尚书，明升暗降，失去军权，铁良则顺理成章地跃身为清军第一统帅，好不威风。不过，这一切都是由慈禧于幕后一手操作的结果。用铁良幕僚恽宝惠的话概括：“铁良敢于这样做，仍由于宫廷之主持。慈禧太后之为人，阴鸷而多智谋，对满汉大臣能恩威并用，权不旁落，绝非一般妇女所能及。”也就是说，铁良仅是慈禧手中的一颗卒子，一旦过河，便不能回头。

此时的铁良，却自我感觉良好，天下军队大半听我调令，自己实乃朝廷必不可少的火炮良驹。然而，在他人眼中，铁良所体现出来的卓越才气，却更近似于一股使人不安、让人窒息的“霸气”。谁也不愿意被这种气势所笼罩。所谓“月盈则缺，花盛而谢”，老袁暂时失势后，接下来要出局的便是铁良。他的好运似乎也快用完了。

## 霉气冲天

1908 年 11 月，光绪、慈禧相继归天，宣统登基。两个月后，摄政王载沣以“足疾”为由，将袁世凯撵回河南老家。最大政敌的离开，让铁良倍感清爽。然而，实际的情形却是隐患众多、危机四伏。

最高层对铁良的态度是担忧。载沣、载涛等皇室深感铁良风头太盛，霸气外露，一旦擅权，后患无穷，于是暗有贬抑之意。

下属的态度是不满。这以良弼为代表。良弼本是铁一手提拔的人才，在打击袁世凯的行动中出力尤多，然而他却不甘屈居铁良之后，希望早日上位。在良弼看来，论出身，自己是多尔衮之后，正儿八经的宗室黄带子，而铁良不过是一个普通的旗人子弟；论学历，自己是日本军校毕业，当时也算非常稀罕的海归一族了，而铁连个举人文凭都没有，太土鳖了；论年龄，自己是 70 后，铁良是 60 后，因此自认为更了解世界新趋势。正是这种羡慕嫉妒恨的情绪作祟，良弼经常离间载涛与铁良之间的关系，以期早日取而代之。

袁世凯的态度自然是愤恨，虽身在河南，却一直伺机报复。听说载沣与铁良不和，他更是派眼线在京城散播谣言，声称自己要与铁良联手，东山再起。

多方不利因素汇聚到一起，铁良悲催的遭遇便纷至沓来。1909年夏天，朝廷突然以“干部年轻化”为借口，将铁良的禁卫军训练大臣免去，由良弼继任。1910年2月，又将铁的陆军部尚书一职罢免。最后，铁良在军机处的职务也被取消。先是不再负责皇宫治安工作，接着失去军事指挥权，甚至连参与政务决策权也被剥夺。此时，铁良已没有实职，沦为偌大朝堂上的一个闲人。

从权力巅峰跌至谷底，仅仅不到半年，铁良自然满心委屈。一向以清廉标榜的他，也不禁决定放下架子，向袁世凯学习，去各王府跑关系，送厚礼。铁良一度将赌注押在庆亲王奕劻身上。然而，平时不怎么玩潜规则的铁良，哪里知道腐败也是一种事业，如果不长期经营，岂能与他人打成一片，形成滴水不漏、互相庇佑的小集团系统？铁下了血本，在庆王爷生日晚宴上出手阔绰地送以万金。不料收了袁世凯无数贿赂的奕劻，扎扎实实地给铁良上了一课。他颇为嘲讽地问道：“此不是来开玩笑乎？”送礼不成，还颜面尽失，铁良只得选择辞职。

向朝廷递上正式辞呈后，铁良还给昔日的老部下陆军部副大臣寿勋一封短信，结尾写道：“弟患口疾，不良于言。”可知铁良对最高层颇有意见，但实属难言之隐了。对于良弼等自己一手提拔的下属，铁则后悔万分。在一次告别晚宴上，有人抱怨良弼、哈日章等人过河拆桥、背后捅刀，铁良很是感慨地叹道：“他们都是华而不实，我后来也不敢听他们的话了。他们还尽说我的闲话，真是知人不易呀！”

辛亥前夕，朝廷开恩，任命铁良出任江宁将军，一个充其量只能打打酱油的闲差。10月10日，武昌一声枪响，革命终成洪流。不及两月，全国十多个省份相继独立。铁良闻讯“惊骇跳号，泪尽血出”，悲叹：“夫何济哉！夫何济哉！”他觉得如果在陆军部尚书位上的仍是自己，而不是毫无军事经验的现任荫昌，或许形势不会如此急转直下。然而很快铁良便发现自己也不是革命军的对手。年底，徐绍祯率领革命军攻打南京，铁良虽负隅顽抗，但终被击溃。他只得躲入天津租界，开启了其长达 27 年的遗老生涯。

体制如同一张大网，每个官员都好比网中之鱼。所以，若想在体制内游刃有余、不受窒碍，就得善于塑造个人形象，既不能锋芒毕露招人忌，亦不能埋头苦干无人问。说白了，其诀窍就在于保持中庸，搞好人脉。否则要么出力甚多却得不到相应回报，要么树敌太多终有被人搞垮之日。铁良就属于后者，鱼死而网却完好。这也映照出一个朴实的道理：“霸气不是你想露，想露就能露！”

# “朝廷亡了，与我何干？”：一品大员那桐的致富路

当下中国，每逢应酬聚会，人们时常借讲段子以助酒兴、添谈资。段子之妙，大致有三：一来段子种类多样，有荤有素，如同菜单，适合各类人群之需；二来段子皆言他人之事，与在座诸位无关，博君一笑，不伤感情；三来有些段子涉及高层，既能满足人们某种好奇心，又能“借他人之酒，浇自己之块垒”，自然引来众人口耳相传，乐此不疲。其实，讲段子之风自古有之，并非仅兴于今日。晚清以降，掌故之学盛极一时，政治类段子可谓占得近代掌故之半壁江山。其中不少的戏谑对象即清廷高层。有这么两则，专言清末重臣那桐饭量之巨：

那体肥硕，面团团而白皙，都人戏呼为天官脸儿。其一日三餐，每餐例食馒头十枚、红炖猪肉或牛羊肉一碗，自谓食量宏为永年之征。

那桐善饭，非佳肴不适口，每食必具参翅等数簋，啖之立尽。其庖人月领菜费至六七百金之多。

如此形象之描述，给人感觉，那桐不啻为“饭桶”。不过，段子毕竟非信史，且经与众手，传于众口，自然烙上浓厚的娱乐色彩。身为清末中枢要员，那桐究系何等人物？笔者细阅近百万字的《那桐日记》，得以略窥其端倪之一二。

## 官运亨通

说起那桐（1856—1925），想必不少人感到既熟悉又陌生，都知道他是清末政坛显赫一时的要角，但对其生平事略尤其是发迹史却知之甚少。那桐是如何步步升迁、位极人臣的呢？此中颇有玄机。

那桐是叶赫那拉氏，内务府镶黄旗人。于是不少人就猜测其能在清末火速上位，定是依靠慈禧的特殊关照。然而事实并非如此。虽与太后老佛爷同族，但那桐却是从基层做起，于户部郎曹蹭蹬浮沉长达二十余年。

仕途并不如意，但那桐依然勤勉工作，终于盼来了人生的伯乐——翁同龢。翁当时既是帝师，又是军机大臣，最为关键的在于他还兼任户部尚书，是那桐的顶头上司。那平日里经常赴翁府“回事”、“画稿”，其工作能力，翁自然尽收眼底。故那日后与端方、荣庆并称“旗下三才子”，绝非浪得虚名。

光绪二十二年（1896），朝廷拟定银库郎中人选，那排名第二，本无希望。此时翁力荐那桐，甚至不惜与军机首辅李鸿藻闹僵，终于让那获得银库郎中这个肥缺。可见那深得翁之青睐。那亦对翁终生感激，“凡此逾格恩施，皆翁、张两堂素昔之拔植也”。戊戌维新前夕，翁因内部矛盾横遭罢黜，遣送回籍。那听闻此事，犹如晴空霹雳，日记里写满了不舍之情：

> 申初归，今日上谕：翁中堂开缺回籍，朝廷去此柱石之臣，可叹，可忧。

四月卅日，到翁师处长谈时许，别泪纵横，不可道矣。

五月初二日，未刻到翁师处送程仪千金，辞不收，谈许久。

五月十二日，卯刻到翁师宅送行，明日南旋也。

五月十三日，卯刻，到永定门外马家堡火车站送翁师南旋也，送者数十人。卯正一刻，翁师揖拜登车，同有别离之感。

感慨翁、那师生情谊绵厚之余，笔者不禁好奇那桐出手之阔绰。此时仅为银库郎中的他，若按常规官薪，岂能“送程仪千金”？所以其收入有来源不明之嫌。据《清宫遗闻》载，“户部各差，以银库郎中为最优。三年一任，任满贪者可余二十万，至廉者亦能余十万”。可见那氏于此岗位上下手颇勤，获利甚丰。

恩师虽已返乡，但仕途还要继续。要想于宦海屹立不倒，背后须有大树庇佑。那桐自然深谙此道，开始物色新的靠山。经过一番选择，那发现荣禄最靠谱。

清末之官场，官员能否迅速升迁，无非两个原因：一是出身是否高贵，二是跑官能力是否一流。前已言及，那桐虽与慈禧同族，却很不受待见，所以他只能靠自己。恰逢戊戌之后，荣禄深得慈禧垂青，出任军机大臣，成为满人权贵之翘楚。荣虽为人极为精明，城府甚深，但却有致命缺陷——贪财。那桐正是瞅准其嗜好，每逢荣禄生日，必定登门送礼。有一回，那升任京堂，向原来的上司行感谢礼，“以千金拜荣仲华相国（前户部）受，四十金拜崇文山尚书（前户部）受，四十金拜徐荫轩相国受……”按照常规，京堂送礼，四十两为准，而那唯独下血本塞给荣禄一千两，可见其明显乃有意讨好。一来二往，荣便把那视为亲信，重点栽培，不久便将其扶上礼部右侍郎的位置。1899年，那桐极力逢迎朝廷已亥建储之举，颇得慈禧、荣禄欢心。次年五月十四日，那从“四品京堂候补”被破格擢升为总理各国事务衙门大臣，便是由荣禄一手操办。当日获悉任命后，那立即“谒荣相”，表示“桐受恩深重，感激弥甚，惟心竭尽血，诚力图报称而已”。

孰料荣禄于1903年便一命呜呼。那桐此时虽已为副部级干部，但仍需寻找政治后盾。转了一圈，他找到了庆亲王奕劻。奕劻是清末最著名的贪官，其“自当国以来，政以贿行，官以私进”。此等货色，但凡略有良知之人都唯恐避之不及，而那桐却甘愿与之同流合污。一次，清政府发行公债，号召全国大小官吏，必须先行声明认购若干，其标准同其家产挂钩，多买有赏，少买必罚，实际上是变相的征收财产税。奕劻、那桐二人身为重臣，且富可敌国，自然成为众人关注的焦点。让他们二人花钱买一堆废纸，无疑是剜其心头之肉。于是二人私下商议，想出了一个规避之策，以出卖各自财物来掩人耳目。于是奕劻卖掉自己的车马，那桐则更狠，卖掉自己的房屋，并且二人在报纸上大肆登广告，做宣传，表示自己为了替国家分忧，宁愿变卖家产，以博取世人同情。有一天，二人一同上朝，那桐埋怨奕劻不应该拿一批不值钱的车马出售，致使他人怀疑，自诩卖屋既能显示出自己的爱国之心，又可获得圣上的怜悯与信任，实在是万全之谋。奕劻竟恬不知耻地讲：“上若强迫承认，虽宣言卖身，亦复无益也。”说罢，二人击掌狂笑，真可谓臭味相投！

当然，在那桐看来，无论荣禄，还是奕劻，虽堪称大树参天，但皆不能庇荫自己一生平安。唯有博得老佛爷慈禧之信任，才至为关键。庚子之变后，那桐奉命留京处理善后事宜，不辞辛劳，格外卖力。其精明能干终引起了远在西安的慈禧之关注。光绪二十七年六月十七日，那桐收到好友桂月亭密函，“云皇太后因桐在京办事得力，特颁赏银六百两”。并要求那桐“不必具折谢恩，不令宣露”。果不其然，三个月后，那氏收到慈禧的六百两“私房钱”，“祇领心感无似”。慈禧偷偷赏钱给大臣，这在晚清堪称异数。显然，慈禧已将那桐视为心腹，但碍于同为叶赫那拉氏，故不便公开赏赐。待两宫返京，那桐迅即获得要位，出掌外务部。

此后，慈禧对那更是恩宠有加。1905 年的六月初一，那桐照例赴仁寿殿汇报工作。此时垂垂老矣的慈禧，对于政事已颇显倦怠，十分反常地对那桐说道：“尔近来办事甚历练，将来朝廷大事全依仗你了。”这句“全依仗你了”，对于那桐而言，既是条托孤令，更是颗定心丸，意味着自己在清廷的地位已无可撼动。

经过多年摸爬滚打、苦心经营，那桐内有慈禧当靠山，外有奕劻为同党，可谓打通了天地线，迎来了其官宦生涯的“美好时代”。

## 敛财有道

官运亨通，那桐并不满足，他的目标是一手抓权，一手捞钱，两手都要硬。检阅其日记，里面大量篇幅记述了其敛财细节，颇令人触目惊心。要而言之，那氏聚敛之道，无外乎两条：卖官鬻爵与开设当铺。

前已述及，那桐从底层爬上高层，除却能力过人，更多的是凭借财神开路。等到那桐位居中枢，一切仿佛又进入了新的轮回，重复着他年轻时的故事。一茬又一茬的下层官员登门拜师，求取官位，银两自是络绎不绝。那每日接见访客，都将来者背景、谈吐写于日记中，以作备忘，如：

光绪二十九年十月十九日　早特用吉林直隶州程德全来拜，号雪楼，四川人，在黑龙江有年，人能干有吏才。

光绪三十年十一月初六日　早南非洲总领事官刘玉麟来拜门，汪伯堂介绍也。刘为广东香山人，美国学生，在外洋廿年，现年四十岁上下，号宝森，人极明白能干，办交涉上等人物也。

光绪三十一年四月二十三日　今早江苏补用道虞和德，号洽卿，浙江宁波府镇海县人，年三十九岁，上海荷兰行买办，梅尔思、子言介绍持贽来拜门，人精明，甚明商情，惜有市井气也。

至于具体索贿过程，那桐并不参与，而是交与下人操办。一次，清末民初著名学者冒鹤亭以候补道待分发。经人引介谒见那桐。几句寒暄后，那便吩咐门下书办做东，邀冒前往一僻静处吃饭。席间，书办道：“冒大人蒙中堂赏识，不久外放道台实缺，可是个美差！”当时政以贿成，每个官职价码不同，谙于此道者除写立字据按时报效外，还答应酌予那府书办们若干好处。冒鹤亭一介书生，懵然不知书办做东，意在交易，只是连连举杯称谢“那中堂恩典”而已。书办见话不投机，撞了木钟，懊丧地说一声“怠慢”，即掉首而去。过了几日，冒鹤亭经友人点拨，弄清其中底细，再度赴那府请谒，竟被拒之门外。

那桐积聚财富的另一手段便是开设当铺。那桐任职户部多年，深知当铺一本万利，乃快速致富之捷径。自从掌管银库，那赚得人生第一桶金，从而正式进军当铺业。《那桐日记》光绪二十三年八月廿四日记道：

余托孟丽堂价买北新桥北大街路东增裕当铺作为己产。丽堂为总管；田诗园为掌柜，于八月初一日接替，开市大吉。计占项一万二千余金，架本三万金，存项一万金，统计领去五万三千余金。余于今日约孟总管到铺，上香祭神，书立合同。

之后，那先后收购了灯市口等繁华地段的当铺，生意蒸蒸日上。比如“天佑斋田二送来翠搬（扳）指一个，压京松银一千两，每月六厘行息，四个月归还取赎。如到期不还，银物两冲”。按那所记，一个小小的玉扳指，当存四个月，即可净赚二百四十两。当铺收益之丰着实令人咋舌。

那桐既做官又经商，在官不光言官，在商不忘揽权，最终弄得官场如商场，商场似官场，鼓了自己的腰包，亏了朝廷的国库。“自古召乱之道，莫甚于罔利”，信夫！

## 深相结纳

除去攀缘上级领导，聚敛巨额财富，那桐还不忘在同僚中开发资源，寻找盟友，他与袁世凯结盟便是典型案例。

那、袁之相识，始于小站练兵时期。当时袁主动登门拜见那桐，“直隶臬司袁慰亭世凯来拜，年甫三十九岁，局面扩大，谈吐朴直，诚大器也。”那时任职户部，掌管银库印钥。袁之目的，明显同审批练兵军饷有关，自然给了那不少好处。通过接触，袁发觉那桐富有学识，且行事谨慎，更重要的是其深受帝师翁同龢倚重，不啻为一只升值空间极大的“政坛潜力股”。故袁千方百计地腐蚀这位国家干部，与之深相结纳。翻看《那桐日记》，我们不禁惊叹袁世凯用心之巧，出手之大，手段之高，花样之多。为了“搞定”那桐，袁但逢节庆便派人送上厚礼，力求用金钱将其喂饱，不过这仅是常规手段。一次，那桐赴日本参加完博览会，归国之际，袁世凯不惜高接远迎，破格接待，“舟行平稳，未正抵大沽，慰亭制军遣小火轮来迎，易乘进口。酉初抵塘沽，换火车，戌初抵天津车站，袁宫保及阖郡文武来迎”。这哪里还是接待朝廷中层领导，完全是遵照迎送外国贵宾或元首时的标准。

那桐好听戏，亦喜唱戏，是个十足的票友。早在发迹前，便时常出没于京城各大梨园。比如一回那赴庆和堂给同僚志小岩做寿，“呼林桂生、小金弹琵琶唱玉堂春，苏曲绝佳。小金复唱教子，老生亦好”。可知那对于戏剧，颇为内行。袁世凯于是投其所好，施以猛药，不时做东邀请那桐听名角名戏。另外，每逢那桐之母亲生日，袁就一掷千金，出资将京城有名的戏班子请到那府演出，如：

光绪三十一年十二月初二日，袁宫保送洪奎班戏一天以为祝寿，请客二桌。

光绪三十三年十一月廿七日，袁宫保送同庆班戏一天，请客一百余人，夜寅初散。

同时，袁还从那身边亲属下手，对他们倍加关照。如袁曾授意徐世昌，让其接近那桐之弟那晋，并与之换帖，结拜为异姓兄弟。然后袁顺水推舟，提拔那晋，“锡侯弟经袁制台、铁侍郎奏充襄理京旗常备军营务”。如此细致周到的“关怀”，自然使那桐感激不尽，从而甘心与袁互为奥援，形成政治联盟。光绪三十三年四月初八，那桐“与徐菊人制军订兰谱”。自此，袁世凯、徐世昌与那桐三人，同坐一条船，同吃一碗饭。

# 亡国无痛

清末朝局，一大痼疾便是干部年龄结构的严重失调及官员任免的极不合理。像李鸿章、张之洞、鹿传霖、刘坤一这样的20后、30后官员已大半凋零。彼时，50后老当益壮尚能饭，60后精力充沛是骨干，70后锐气十足需磨炼，这本是属于他们干事业的年代。然而，袁世凯蛰伏洹上，端方蒙冤革职，善耆难获重用，铁良屈就闲差……朝堂之上，满眼望去，净是昏聩的30后、稚嫩的80后与尸位素餐的庸臣们，亲贵见用，贤才见弃。一旦有变，朝廷自然遭遇无人能信、无人可用之尴尬。

那桐身处此危局中，除却做一天和尚撞一天钟外，便是与徐世昌谋划袁世凯出山事宜。1911年5月8日，清廷颁布内阁官制，徐、那二人同被授为协理大臣。二人接旨后，皆上书请辞。徐于日记写道："蒙恩授为内阁协理大臣，时艰任重，拟具疏恳辞。"那亦然，"具折恳辞内阁协理大臣差事"。二人步调如此一致，岂是偶然？关于其中内幕，民国掌故大家费行简曾有披露：

> （辛亥四月）世昌告桐曰：此席予居不称，唯慰亭才足胜任。而以朋党嫌疑，不便论列，奈何？桐曰：是何难！我言之可耳。乃具疏以疎庸辞职，荐袁世凯、端方自代。当世凯罢后，有称颂其人者，载沣皆严斥之，其时褫逐之赵秉钧、陈璧，胥袁党也。自世昌再赞密勿世凯谋起用甚力，亲贵咸赖为疏通，至是桐疏虽未报可，而亦不加以申斥。

费氏之论虽未必俱符史实，但确也说明在起用袁世凯这一点上，那、徐二人已形成高度共识。

10 月 10 日晚，武昌首义爆发。次日中午，那桐“接到各处来电，知武昌新军变乱，据城戕官，鄂都避往汉口，提督张彪被害”。其第一时间的反应是“当访菊人”，而不是向载沣或者奕劻汇报。午后，那桐、盛宣怀来拜访徐。接着徐、那二人又去庆王府同奕劻密议。三人“久谈”，至于内容，那、徐二人在日记中皆只字未提。他们身居高位，心机重重，安全起见，自然不留痕迹。不过当时掌管军咨府的载涛因接近核心层，洞悉内情，认为“革命爆发，那、徐协谋，推动奕劻，趁着载沣仓皇失措之时，极力主张起用袁世凯。袁在彰德，包藏祸心，待时而动……载沣本不愿意将这个大对头请出，以威胁自己的政治生命，但是他素性懦弱，没有独作主张的能力，亦没有对抗他们的勇气，只有任听摆布，忍泪屈从”。可见那桐于此事件中不遗余力，广造舆论，终于左右了载沣之决断。不久，那桐又请辞协理大臣一职，为袁氏入主内阁铺路。11 月 13 日，朝廷降旨，批准那桐辞职，并委任其为弼德院顾问大臣。那氏于当天日记中居然写道：“邀此天命，感激涕零”，实在假得让人忍俊不禁。

待袁世凯甫一回京，那桐当天便迫不及待前往拜见，“袁总理今日酉刻到京，寓锡拉胡同，戌刻往拜，稍谈即归”。此后，袁、徐二人与那桐之来往便愈加密切，这在《那桐日记》中颇有体现：

九月廿六日　袁总理组织内阁成立，由袁总理召见，署名矣。

十月初四日　午后徐相来谈。

初五日　午后未出门，翰卿、菊人，鑫吾来谈。

初六日（11 月 26 日）因昨日感寒，手足麻木作烧舌痛，宣誓太庙典礼未能恭往陪祀……夜袁慰廷、徐菊人来谈。

三人私下里过从如此频繁，定当有要事相商，恐多半与清帝逊位一事有关。更堪玩味的是，自从 11 月 26 日夜里与袁、徐二人密谈后，那桐便称病不出。起初只是请假十日、十五日，后来干脆续假二十日，化身“宅男”，闭户谢客，直到清廷覆亡。同时，其间袁世凯“派卫兵二十六人来家常川守护”。可知那桐此举实乃与袁、徐密议之结果，其告病养疴是假，免责避祸是真。

1912 年 2 月 12 日（辛亥年腊月二十五日），清帝退位，宣布共和。面对这一旷古巨变，那桐于日记里写道：“昨日呈进皇太后、皇上如意二柄，今日蒙恩赏还。风定天晴，气象甚好。此后遵照临时大总统袁通告，改书阳历。”江山鼎革，王朝倾覆，那桐非但没有痛心疾首，愤恨萦怀，反而满怀喜悦，相机而变。可见在那氏心中，唯有个人利益最为重要，所谓江山社稷，犹如天边浮云耳。

《那桐日记》之卷首，撰有这么一段话：

尝见吾叔父逐日书写笔记，垂三十年不辍，身心功夫与年俱进，历历可考；且偶遇往事，随意披阅，如在目前。吾甚羡之。自今伊始愿效所为，既承家法兼可自励。

光绪十六年庚寅元旦琴轩氏自记

时年三十有四

或许当年之那桐，曾真心打算以日记自省，励志做一个国家栋梁。可惜岁月催人变，笔者通览这百万余言，体会到的却是一部鲜活而惊心的“庸臣成长史”。读罢整部日记，再翻至开篇，回看这一段，我顿觉啼笑皆非，好似被这个叶赫那拉氏“黑色幽默”了一把……

# “末代文人，有什么用？”：学者型高官荣庆的遭遇

1887年的一个暮春午后，天色晴和，山青无翳，一位二十来岁的年轻书生行至京城西直门外蓝靛厂北岛附近的养水湖，此地乃其表弟寓所。只见“湖阔顷许，南面上山，北种柳树，湖中宜莲与稻。湖北筑室三楹，窗轩面湖，后进为土洞，有陶渊明遗风。洞上平坦，可远眺，尽观本湖境；洞后为土山，过山，西为玉泉山，东望罗绮桥；北则昆明湖并草湖、西湖环焉。一望水乡，烟波浩渺，令人有出世之想”。美景助雅兴，主人不禁赋诗一首：

我有鸡足山，山下百重泉，
泉甘而土肥，宜隐且宜仙，
不如早归去，毅然绝世缘。

不过，这两位翩翩少年的归隐之志皆未能如愿。主人后来成为清末改革急先锋，先后出任两江、直隶总督，最后殒命蜀中，他便是端方。客人亦非泛泛，从小小京曹一路飘红，升至军机大臣，曾掌管刑、礼、户诸部。此君不是旁人，正是清末重臣荣庆。

想必大家对于端方之事迹已是耳熟能详。但若是提及其表兄荣庆，估计绝大多数人会有雾里看花之感。这也难怪，荣庆此人一生“持躬谨慎”，故时人对其记述甚少，加之无文集函牍留世，《清史稿》虽为其立传，然仅有寥寥六百余字，令后人乏实据可考。因之荣庆虽位列中枢，其形象却长期模糊不清。

好在史学前辈谢兴尧先生于20世纪80年代曾整理出版《荣庆日记》一部，对我们了解荣庆大有裨益。笔者通读该日记，另结合相关资料，试对其人其事略作勾勒。

## 京官惨淡

荣庆（1859—1917），字华卿，号实夫，蒙古正黄旗人，与那桐、端方并称“旗下三才子”。与那、端不同，荣庆进入官场，并非靠祖上恩荫，实凭个人过硬的应试能力。他于光绪九年（1883）会试中式，三年后又中进士，时年27岁，可谓少年得志。这在清末满蒙权贵中堪数凤毛麟角。也正因饱读诗书，荣庆具有一身的文人习气，嗜好风雅之事，这在其日记中比比皆是：

光绪二十四年七月二十一日　枕上得句：“卅年两度挂朝冠，万事浮云眼底宽。稚于无知仍课学，高堂幸健强为欢。无官梦觉心原泰，解事人稀语却难。松柏后凋曾自砺，莫教零落在初寒。”

光绪三十二年十一月初二日　画贾到，购洪北江铁线篆一联十元，祁文端联二十二金、张诗舲联一四元，陈希祖联一四元，翟文泉隶书联一三元，题赵次珊夫人书面帧。

光绪三十四年四月十一日　晴朗，休息日，招抱冰老人，范孙、瑞臣两侍郎，……向咸东园雅集。或围坐清淡，或倚栏闲话，或临水，或据石。主宾直率，形迹不拘，极终日之乐。他日当倩林琴南图之，以志鸿雪，六钟客散。

宣统二年六月初六日　五钟起，步至护国寺口，策车至万生园，步至咖啡馆，负柳阴，对荷花久坐。登旷然亭观秧田，折东行自如庄一带，路旁均有荷。

爱吟诗，好古玩，喜交游，乐山水，荣庆全然一副名士做派。然而极具文人范儿的荣庆，却既不出自显宦门下，更非富贾之后，他七岁丧父，家境凄凉，“陋巷逼迫，非复阀阅矣”。供职翰林后，荣庆之生活似乎未见任何起色。有清一代，京曹官最为清苦，他们时常入不敷出，只得借贷度日。彼时之荣庆，便是这般境况，于是便成为京城当铺和钱庄的常客。如光绪二十四年（1898）三月初八日，他“以马馆百五并贽银百五还大德通。已丑（1889）八月初一借款，其余二百，另为立据付息。负债累累，今始清二十分之一也”。

同时，由于出身寒素，无背景无后台，荣庆之仕途亦颇艰涩。据《清史稿》载，自高中后，他“迁转迟滞。荣庆当引见之时，或讽以乞假。谢曰：‘穷达命也，欺君可乎’”。

要钱没钱，要权无权，十余载京官，荣庆堪称惨淡。

## 发迹之谜

既然荣庆难入诸位势利上司之法眼，那他究系凭何发迹？透过其日记，大致有如下三方面。

首先，办事认真。供职翰林院期间，荣庆多从事杂务，虽颇琐碎，但他却能做到一丝不苟，胜任愉快。一次，他负责监督发放薪俸事宜。援照先例，荣发现每年分发薪俸之数目，都存在或大或小的漏洞。于是他加以变通，“将应分名单，与银封外名签，有重复者两张，且均无承办者愔记，始知其弊之所在也”。后调至詹事府，光绪口谕整理清秘堂藏书。荣庆不辞劳苦，亲力亲为，妥善安排下属分工办理，“从此旧书可保无遗……将来归入不全、虫蚀、残缺各书，另簿存储，以免遗失。数年心愿今日始了”。不久，荣庆因整理之功蒙皇上召见，从而给光绪留下较好印象。

其次，清廉自律。按理说，京官清苦，倘有他人孝敬，自应笑纳以解燃眉。荣庆则不然。终其一生，他洁身自好，殊为难得。但凡他人之礼，荣都一律拒收：

光绪三十年十二月十一日　平阴进学生张际华到，璧其贽，拒其请。

光绪三十二年三月二十九日　门人到六十余人，均璧其仪。

最典型的一次乃清末巨贪周荣曜以厚礼向荣庆行贿，荣不为所动，坚决璧还。事后回忆此事，荣还颇为得意，自认“当年不为所误，并非有先见之明，不过义利一关早觑破耳”。荣庆坚拒贿赂，或许尚有防授人以把柄的考虑，不过此种作风确为他在官场换来极好的口碑。

再次，善结人脉。朝中有人好做官，此话无论放在何年何月，似皆适用。1899年春，朝廷外放荣庆为山东学政，恰好不久袁世凯出任东抚，二人遂结识并来往密切：

十一月二十三日　出西关，袁署抚前旌已至，即同毓中丞跪请圣安。袁抚小坐行，毓抚亦即行，与司道稍谈入阁。

十二月十八日　慰亭中丞到，谒慈见子女。荐医李少庚，未服其药，少鲁入诊。

十二月二十日　治公牍，午初封印……中丞馈慈人参鲜花，儿女辈服物。

母亲病重，袁世凯推荐医生、馈赠物品，实令荣庆感激不尽。不久，荣母去世，袁世凯先是“送经并焰口”，后待荣庆扶柩抵津，令“部下刘直牧永庆来吊，并代办火车一切”。如此殷勤周至的举动，怎能不让荣庆将袁视作至交。

并且，荣庆还通过袁之关系，投靠荣禄门下。荣赴鲁之前，遍览日记，未有一处提及荣禄，而返京后，“略相”、“仲相”便频繁出现在日记中。1900 年夏，义和团与列强之间已是剑拔弩张，开战在即。荣庆此时力主解散义和团，与列强议和。五月二十三日，荣“闻郎岱（廊房）已开仗，陈仲相条陈以散拳民事，并以无与各国一齐开衅之理，仲相答以‘予之言，我之心也。若再分辩，视为叛逆矣。’洒泪而散。”短短数句，可知二人政见一致，且荣禄已将荣庆引为心腹，有意保护，以待重用。

果不其然，不到一年，荣庆便“奉旨署理仓督”。荣庆深知获此“不次之擢”，荣禄定于幕后出力尤多，于是致函坦露心迹，表示不负栽培，“惟一点血诚，不愿让前人独步，而识力魄力，究不知撑到几分”。

至此，荣禄已俨然成为荣庆身后牢不可撼的靠山。

荣庆确也能干，任职仓督一年多，“以剥船盗米，改由火车迳运，并仓廒，增经费，杜领米弊端，裁稽查仓务御史，（朝廷）皆如所请行。”1902 年，清廷破格提拔荣庆任刑部尚书，旋即又调礼部尚书，复调户部，拜军机大臣、政务大臣。至 1905 年，荣庆晋协办大学士。仅仅六七年工夫，荣庆完成了普通京官需要数十年甚至一辈子都遥不可及的升迁之路。这在晚清，实不多见。此时的他，才四十来岁，正值壮年，自然被人们寄予厚望。

## 唯上而已

然而，自从进入中枢，荣庆之政绩便乏善可陈，甚至令人侧目。

1903 年 10 月，陕西道监察御史王乃徵曾上书弹劾军机处诸位大佬，之于荣庆，写道：

> 至如荣庆者，外貌轩昂，极似有才，胸中实毫无经纬。自上年充管学大臣，即以骄矜疏忽，为执事人讪议，本年充会试总裁，臣亦蒙恩派充同考官，偕赴汴梁。其衡文一切，本无学识。而自满自足，凌厉同官，无不怨愤。尤日与张英麟构隙，广众之前，互相嘲诟，无复大臣体统。
>
> 又八月丁旬，在刑部尚书任内，以无礼之语，当堂斥辱司员，致秋审十数员，同日告假辞差。经侍郎沈家本遍诣代为谢过，其事乃解。旋即转升礼部，众谓其自求迁避耳。乃未久忽拜枢臣之命。

王氏之言辞虽不免激烈，倒也有理有据，绝非捕风捉影。“胸中实毫无经纬”，可谓一语道尽荣庆之本质。不妨再举一例，看看这位清廷重臣的作为如何。

1906 年夏，围绕是否预备立宪之问题，京城内新旧两派针锋相对，势若水火。一派以袁世凯、端方为头领，力主学习西方，推行立宪；一派则以铁良、荣庆为魁首，极力抵制立宪，横加阻挠。然而极富讽刺意味的是，慈禧最终却将草拟立宪懿旨的重任交与荣庆。一时间，各派势力频频与之往来：

七月初八日，未正至外部公所，醇邸、孙、世、那三相、冶秋尚书、慰亭直督同本处公阅出洋大臣折件。申后归，慰廷来访，夜有所拟。

七月初十日，入值，邸已到……巳归，饭后眠起，所拟脱稿。

七月十一日，未初至外部公所，同阅拟谕，庆邸决定。

七月十二日，卯初见，与庆邸再谈……饭后与宝臣访慰亭夜话。

至于懿旨具体文字，看后实在令人大失所望：

各国之所以富强者，实由于实行宪法，取决公论，君民一体，呼吸相通……时处今日，惟有及时详晰甄核，仿行宪政，大权统于朝廷，庶政公诸舆论，以立国家万年有道之基。但目前规制未备，民智未开，若操切从事，涂饰空文，何以对国民而昭大信。……著内外臣工，切实振兴，力求成效，俟数年后规模粗具，查看情形，参用各国成法，妥议立宪实行期限，再行宣布天下，视进步之迟速，定期限之远近。

既然要“详晰甄核，仿行宪政”，却强调必须“大权统于朝廷”，那“庶政公诸舆论”岂非空谈？又以“规制未备，民智未开”为由，堂而皇之地将立宪步伐无限期顺延。想必荣庆费尽心机、搜肠刮肚所草拟的懿旨，既没有体恤天下民意，也未考虑同袁、端间的哥们情意，完全是揣摩老佛爷圣意。根据“最高指示”办事，此即荣庆的为官之道。

## 坐等清亡

1908 年 11 月 14、15 日，光绪、慈禧相继殡天，这对身为满蒙权贵的荣庆而言，不啻天雷轰顶。他曾一度“神志昏迷”，疏于日记撰写。此后，政局急转直下，几位顾命老臣相继离世，更使其萌生大势已去、力不从心的感慨：

宣统元年八月二十二日　闻冰（张之洞）耗殊耿结，……为冰老痛，为吾道忧也。

十月十七日　闻孙燮老（孙家鼐）仙逝，老成凋零，又弱一个！

十二月十五日　入署，三大臣定分数，与范孙商课本。乔、林来酌，瑞臣亦到，严又陵又来商酌。暮前归，兹事重要心力为瘁。

自宣统二年十月十二日，至是年底，《荣庆日记》几乎通篇俱为追述早年蜀中生活及诸位故友情谊的诗文，丝毫不见其对时局政务的关注。一个刚过知天命年纪的清廷大臣，终日沉浸于往日回忆之中，不思振作，其心态之消极颓唐可见一斑。

辛亥革命爆发后，清王朝进入覆亡倒计时。面对这一巨变，荣庆既无良方挽狂澜于既倒，又无认同共和之觉悟，只得“心如枯井”，坐观时局。1912 年 2 月 10 日凌晨，荣庆夜不成寐，颇为感伤地“和泪”写下七律一首：“枨触前情血泪涟，攀号有愿愧迟延。委裘幼主名空拥，大赉慈皇德可传。倾厦幸能支一木，偷生无补已三年。每逢人处都无语，惟有心中百感煎。”抬望眼，天色渐亮，“与三年前相似（光绪、慈禧去世之时)”。两日后，清帝宣布退位。他自然沦为前朝遗老。

1913年二月初八，当听闻隆裕太后去世的消息，寓居津门的荣庆不禁撰诗志哀：

阳九厄中厄更多，舰棱北望感如何。我年未老心先死，不尽哀欢梦里过。

前清之所以厄运连连，终致倾覆，恐怕与荣庆在朝时的庸碌无为亦有关联吧？正值当打之年的荣庆，也唯有在梦中追忆曾经无限风光的前尘往事了……

# 王闿运：
# 怀才不遇的“郁闷哥”

某年的一个冬夜，笔者在广播中听到这么一则有趣的新闻：某媒体通过调查，统计出 2010 年国人最爱说的十大口头禅，其中“郁闷”一词高居第五位。说到“郁闷”，似乎成了目前社会的流行病，50 后临近退休，就不甘心地说“郁闷”; 60 后家庭不和谐，夫妻只好无奈地大喊“郁闷”; 70 后事业不顺心、不受重用，心底里暗暗自叹“郁闷”; 80 后好不容易找个工作却又沦为房奴，这不是明摆着的“郁闷”吗；90 后在家里被父母管，在学校被老师训，自然很不爽，也就“郁闷”了……总而言之十二个字：“穿小鞋、戴绿帽、写报告、蹲小号”。其实以上这些“郁闷”都是小菜一碟。晚清有位名士叫王闿运，人家身怀绝学，平生之宏愿，便是能成为帝王师，传帝王术，助帝王业，于是他不放过任何一次与理想碰面的机会。然而命运却总同他开玩笑，机会每次都是貌似近在眼前，唾手可得，但又擦身而过，失之交臂。一句话，王闿运的“郁闷”，堪称独此一家，无法复制。

## 官运曾经那么近

王闿运的第一次选择还算靠谱，也是他距离梦想最近的一次。

咸丰癸未那年秋天，王闿运参加科考，遇到了湖南督学张金镛，张阅其卷，大吃一惊：“此奇才也！”那年，王秀才一举夺魁，加之张氏的造势渲染，迅即名满天下，因之被肃顺延请家中，做了西席。

肃顺，爱新觉罗氏，字雨亭，满洲镶蓝旗人，郑亲王乌尔恭阿第六子，跟恭王一样排行老六。其祖上便是清初太宗皇太极所封八个“铁帽子王”之一的郑亲王济尔哈朗，是个很了不起的“红带子”。在道光爷掌权时，肃顺运气颇背，总是担任一些有名无实的闲差。咸丰皇帝即位以后，短短数年的时间内，肃顺时来运转，迅速上位，跃身为皇帝面前说一不二的人物。正因为此时的肃顺很拉风，在这样的大户做家教兼当幕僚，可谓是当官的终南捷径，似乎只需眨眨眼的工夫。比如有一天，王闿运“为草封事”，就是替肃顺起草了一个材料。肃顺带到皇宫给咸丰阅读，“文宗阅之叹赏，问属稿者何人”，肃顺对曰：“湖南举人王闿运。”咸丰纳闷，这人为何不当官，只当门客？肃顺答：“此人非衣貂不肯仕。”——此人还很讲价钱哪，开价低了，不干！搁别人，皇上也许发火了，但对肃顺推荐的人，皇上想都没想，现场解决问题：“赏貂！”所谓衣貂者，非衣饰，翰林是也。

王闿运想要什么，皇上二话不说，就给他什么，他若是当翰林当烦了，想当个封疆大吏干干，想来也是很顺理成章吧。只是不久，咸丰便大病不起，一命归西。不过，咸丰之死，对王闿运当官来说，不算坏事，反而是机遇。怎么讲？咸丰死时，他的儿子同治只有五岁，还穿着开裆裤呢，娃娃接班，老爹自然不放心，所以咸丰就叫肃顺来帮忙，名义是帮忙的，实际上是代理，还不是肃顺说了算？原先要用个把人，还要经过皇帝同意这个法定程序，现在好了，都是肃顺一句话的事儿。

王闿运跟对了人，按说迎来了千载难逢的好机遇，不过他倒真是个明白人，深知肃顺刚勇多权，却好谋无断，难成大事，自己若死心塌地投靠他，很可能会沦为鼎鱼幕燕，惨遭灭顶之灾。于是，他听从好友规劝，托故去了山东。

果然，世事不出王闿运所料，没多久，肃顺被更加狠辣的慈禧一个宫廷政变整得官职没了，身家性命也搭上了。

## 都是张狂惹的祸

初战失利，王闿运并未气馁，继续努力。经过观察，他发觉以曾国藩为首的湘军很有朝气，值得政治投资。于是他毛遂自荐，表示愿辅佐湘军。可惜他那张狂的个性坏了大事，断送了大好时机。

王闿运之“狂”，其一在于他恃才傲物，睥睨群伦。同治三年（1864），湘军拿下金陵，重开江南乡试，一时间江南学子们纷至沓来。战后之六朝古都，一片萧索残破，加之湘军军纪不佳，招致不少士人的不满，他们甚至迁怒于湖湘子弟，笑他们粗俗无才。此话传至王闿运耳中，令他颇感不平，遂写下一副对联：“吾道南来，原是濂溪一脉；大江东去，无非湘水余波。”濂溪指湖南理学先贤周敦颐，王尊其为儒学正统，自然将那一班江南士子归为“湘学”余支。该联写得诙谐、大气，王闿运那股子“狂劲”可见一斑。

王闿运之“狂”，其二在于他自诩霸才，语出惊人。同治元年，湘军统帅曾国藩已手握苏、皖、赣三省军政大权，成为清廷倚重的“红人”。王闿运风尘仆仆，来到湘军帐下，欲图向曾兜售其帝王学。

初次见面，王闿运暗示曾国藩道：“公之文，从韩愈以追西汉，逆而难；若自诸葛忠武、魏武帝以入东汉，则顺而易。”在王看来，曾国藩之道德文章，若想超越“文宗”韩愈而直追西汉诸贤，难上加难，尚需数十年沉潜修炼；但要是效仿蜀之孔明，魏之曹操，独揽大权，翻云覆雨，改朝易代，则仅用三五载即可。而曾国藩却故作木讷，毫无反应。

之后，王闿运又与曾国藩长谈达 13 次之多。一日，王将话挑明：“大帅功高望重，将士听命，何不乘机夺取江山，自己做皇帝，何苦白白替别人出力？”话音刚落，曾将脸色一沉，借故出去。于是王走到曾的书案前，发现其在所批公文上写满“妄”、“谬”二字。至此，王顿觉自己的帝王术无用武之地，徒叹“贤豪尽无命，天意悲难凭”。

其实，曾国藩对王之游说并非无动于衷。他曾在日记中记道：“傍夕与王壬秋（王闿运字壬秋）久谈，夜不成寐。”想必王之狂言也令他一度大脑充血、心潮澎湃。只可惜，曾“国藩”毕竟不是曾“反国”。

王闿运之“狂”，其三在于他不屑世故，直言不讳。同治三年，湘军攻陷江宁，镇压了太平天国。那些以千万人鲜血染红顶戴的湘军高级将领，尽数得到高官厚禄，被清廷擢拔为总督、巡抚之类的封疆大吏，十余年的出生入死算是得到了满意的补偿。然而好日子过起来太快，他们恍然明白，自家的“盖世功勋”理应流芳千古，若不认真记录，恐怕就化作天边浮云。于是大伙儿决定找人来修撰湘军史。当时还有谁比王闿运更有资格接这份工作呢？他是公认的硕学之士，又与曾国藩以及大多数湘军将领有或多或少的交往，文才在晚清更是独步一时。经郭嵩焘推荐，曾国藩的大公子曾纪泽做主，奉上了丰厚的润笔费（据说是六千两银子）给王闿运。事情就这样敲定下来。

王闿运自然不敢怠慢，花了整整六年时间，耐得寒冬，熬过酷暑，白天抄来夜里写，终于使大著《湘军志》杀青。既然有此烛照幽微的智慧，若换了势利之徒，念头一闪，笔头一转，满纸化为歌功颂德之词汇，就能结欢于衮衮诸公，今后好处还不大大的？可王闿运耿硬又狂傲的性情再次决定了他的做事风格——仗义执言。

在他义不容情的快笔下，清廷官吏多数昏庸无能，绿营兵和湘勇则贪残成性，湘军将领的形象又能好到哪儿去呢？王闿运这样子大胆爆料，湘军大佬们自然恼羞成怒，再也坐不住了，指斥《湘军志》虚诬不实，纯属谤书，绝非良史。事情越闹越离谱了，那些原本狂妄跋扈的老干部串通一气，要狠狠地给王闿运一点颜色瞧瞧。甚至有人撸起袖子要动粗，大有暴打王先生一顿而后快的意思。

因为《湘军志》一书，王闿运名满天下谤亦随，连他的老朋友郭嵩焘也不同情他了："王壬秋《湘军志》，均取当时官场谣谤诋讪之辞，著为实录，以相印证，尽取湘人有功绩者诬蔑之，取快悠悠之口，而伤忠臣烈士之心，竟莫测其用意之所在。其颠倒功过是非，任意低昂，则犹文人习气。"王闿运不胜其烦，终于做出妥协，将《湘军志》的雕版全部交给郭嵩焘，任其毁弃。可是他的蜀中弟子却不畏强权，硬是把这部书刻印出来，使它流播广远，存公道于人间。

## 帝师之梦终成空

晚清政界，丁宝桢以清廉果敢而著称。在山东巡抚任上时，他冒着脑袋搬家的极大风险，依照大清律例，一举扑杀了出宫远游、作威作福的太监安德海。安德海是当时慈禧太后面前的头号大红人，丁宝桢竟敢太后头上动土，可见此人胆魄之壮。跟这样的猛男级官员交往，王闿运感到十分快意过瘾。

王闿运曾在写给丁宝桢的信中说："公与闿运皆一时不可多得之人才。"这样推许和自许毫无攀附与炫耀之意，实为惺惺相惜。有一次，他们同游峨眉，夜宿合江，水波漾漾，波光粼粼。眼前美景催人一抒胸臆，说到人各有志，丁宝桢问王闿运：“您的志向如何？”王闿运稍稍沉吟了一下，说：“少年时代仰慕鲁仲连义不帝秦的为人，如今年齿渐老，志在做申屠蟠那样隐居田园的学问家。”反过来，王闿运问丁宝桢：“您呢？”丁宝桢捋须笑道：“我生平颇以诸葛孔明自期，但愿能做到张居正那样，也就心满意足了。”张居正是明朝万历年间勇于兴利除弊的铁血宰相，从气质性格而言，丁宝桢确实与张居正有相似之处。当时丁宝桢已洞悉了英国人窥伺西藏的阴谋，他请王闿运入川办学，就是想多储备人才。对于这一点，王洞若观火，心底有数，他那冷却了将近二十年的纵横之志又再度被撩拨起来。

他向丁宝桢献了一道妙计：印度与英、荷有宿世之仇，现在我们可以趁着西藏无事，多补充兵员，作为印度的坚强后盾。印度既已结援于中国，就会拼死抵抗英、荷的侵凌，成为西藏牢不可破的屏藩。丁宝桢欣然接受了他的建议，并立刻付诸实施。可惜天不假年，没多久，丁宝桢就病逝了。而那个宏伟的计划自然而然也随之泡汤。

丁宝桢去世时，王闿运已 55 岁，深感命运偃蹇，知己零落。他在《祭丁文诚诔》中便大发感怆之语：“每对食而忘餐，思环海之受兵……时冉冉而多留，老骎骎其欺人。谓圣贤之无如何，增志士之悲辛！”

民国肇造，袁世凯就迫不及待地欲复辟称帝。他想借重王闿运之名望，故聘其担任总统顾问。王早已识破袁之把戏，于是撰联一首加以讽刺：“顾我则笑，问道于盲。”后袁一再催逼，不得已，王闿运出任国史馆长。

有个逸事曾流传一时。王初抵京城，袁世凯即施以高规格的恩宠，不仅陪王闿运游览三海（中南海、团城和北海的合称），而且大集百官，设宴为这位文坛耆宿洗尘。吃饱了，喝足了，在返回客栈的路上，马车经过新华门，王闿运抬头喟叹道："为何要题此不祥之名？"同行的人大吃一惊，赶紧问他何故有此一叹。王说："我人老了，眼睛也昏花了，那门额上题的不是'新莽门'吗？"王闿运真够机智戏谑，"莽"字与繁体的"华"字的确有点形似。西汉末年，"一代影帝"王莽发动宫廷政变，改国号为"新"，总算过了一把皇帝瘾。可他惨淡经营了15年短命王朝旋即土崩瓦解，他本人也被绿林、赤眉军一举掀翻，死于非命。王翁话中藏话，暗示袁世凯若蓄意称帝，其下场很难好过"演技超群"的王莽。

后来，王闿运对袁世凯之反感有增无减，甚至在国史馆门上手书对联一副："民犹是也，国犹是也，何分南北；总而言之，统而言之，不是东西。"横批"旁观者清"。嬉笑怒骂，皆寓于联中，实乃近代对联经典之作。

晚年之王闿运一直对其帝王之术无处施展之事耿耿于怀，他在自撰挽联中写道："春秋表仅成，剩有佳儿传诗礼；纵横计不就，空留高咏满江山。"好一个"空"字，诉出了多少无奈与沮丧。归结起来，王老夫子之所以"郁闷"，可谓"天灾人祸"。一来他选择的靠山要么霸气外露，被人搞垮；要么心机重重，难以交心；要么天不假年，壮志未酬，加上时至封建末世，帝王之术已是明日黄花，沦为背时之学，此乃上天不助也。二来王闿运自视甚高，张狂颇甚，不是满嘴跑火车，就是四处得罪人，知己寥寥，冤家一堆，典型的人品没攒够。于是乎，王闿运肚子里面装满了浓郁的烦闷。更可悲的是他无处诉说。

各位曾经自认很"郁闷"的读者，当你看完王闿运的经历，估计内心也就释然了吧？

# 徐世昌：

# “利国无能，但能利身”

“民国四公子”之一的张伯驹在其《续洪宪记事诗补注》中有这么一首诗：

利国无能但利身，虚名开济两朝臣。
笑他药性如甘草，却负黄花号菊人。

此诗所揶揄对象不是别人，正是曾任民国大总统的徐世昌。张氏之意，徐身为清末显宦，一味利己，利国不足，徒具两朝重臣之虚誉。更为可笑的是，徐之性情本似中药之甘草，“其圆滑机变，当过于长乐老”，偏偏却给自己起个“菊残犹有傲霜枝”的“菊人”雅号，实在是沽名钓誉，自作清高，“有负黄花矣”。考虑到张氏家族与袁氏家族的姻亲关系（其父张镇芳乃袁世凯表弟，徐世昌同袁、张二人关系均甚密切），故诗写得虽不免有些刻薄，但距离实情似也八九不离十。笔者有幸读到徐世昌未刊的《韬养斋日记》，阅罢这长达150余万字的私人记录，更使我深感张伯驹之言不虚。

## 曾经的“垃圾股”

徐世昌（1855—1939），字卜五，号菊人，又号弢斋、东海、涛斋、水竹邨人，祖籍浙江鄞县，落籍直隶天津卫，出生于河南卫辉府。据其家谱记载，徐世昌呱呱坠地之际，"其状貌端秀，头角峥嵘，长老皆许为大器"。然而，徐的脑子却并不灵光，尤其是应试能力较差，科考每每积极参与，成绩次次名落孙山。白驹过隙，一转眼徐世昌已近而立之年，往日的那股锐气消磨大半，他也感到入阁拜相的理想似已距自己渐行渐远。一次，徐乡试结束，几位挚友相邀聚于相国寺。酒过三巡，菜过五味，有人问徐世昌将来有何志向，徐醉眼迷离，举杯苦笑道："他日或大祧，或议叙，或幸成进士为即用令，若分省得河南，除杞县、太康，必师孟尝君广纳食客。"河南旧有"金杞县、银太康"之称，堪为各州县中之上等肥缺。可见徐世昌此时颇为务实，在他看来，能管辖一县、衣食无忧已实属难得，什么声名显赫、位极人臣之类是绝对不敢奢望的。

就在徐混沌潦倒之际，生命中的贵人袁世凯不期而至。为了生计，徐四处奔波，为人充当幕宾。一次，徐赴陈州谋职，恰袁世凯亦居此地。袁本一纨绔子弟，终日呼朋引伴，骑马喝酒，临到考试之际，便请人捉刀代笔。此行径颇招致当地士绅之微词。袁于是有所收敛，"纠集同志立丽泽山房及勿欺山房两文社，分门讲习，公主其事，捐资供给食用"，从而"寒士多依为生，士绅推戴，负一郡望"。徐世昌自然慕名而来，他与袁世凯的终生交谊也由此开始。至于二人初次见面之情形，在陈灨一的《睇向斋秘录》中，被描写得极具戏剧效果：

一日，（徐）往游袁氏别墅，阍者阻之，若弗闻也者，昂然径入，至仰山堂。是为项城读书所居，时方执卷朗诵。徐进室，向之一揖。项城起立还揖，延之上座，讶问："客从何处来？"徐详告之。坐谈良久，慷慨论天下事，互相倾服，遂订交。徐返署，对令曰："吾今识一人，他日必成伟业丰功。”令询何人？徐大声曰：“项城袁世凯也。”

从此，富家公子与穷酸书生一见如故，惺惺相惜，联手将清末政局搅了个天翻地覆。

相识不久，徐又要赴京赶考，但苦无川资。身为“富二代”，袁世凯自然不能坐视不理，遂慷慨解囊，替徐埋单。二人也不得不依依惜别，这一别竟是整整十六年！此后二人天各一方，情形迥异。袁投笔从戎，于行伍中崭露头角，渐成朝廷新宠，徐一再落第，屡败屡战终金榜题名，选为翰林院庶吉士。

十年寒窗苦读终有回报，徐世昌自然百感交集。在接到朝廷任命上谕当天，徐于日记中写道：“君恩高厚，受宠若惊，益当努力有为，以期报国承家也。”大概彼时的徐世昌还是想为清廷做点实事。不过残酷的现实很快便让徐明白所谓的抱负仅是一厢情愿而已。按照清制，每三年都要对庶吉士进行甄别考试，成绩优等者授编修，次等者授检讨，合格者改任各部主事或知县。如果成绩不及格，不好意思，那就请您继续学习，再等三年。当时掌院学士为翁同龢，他博雅好学，特别喜欢提携江浙一带的人才。而徐世昌不通古学，文笔一般，自然不受翁老爷子待见。徐在这个清水衙门一待就是六年，竟未曾获得过一次外出主持地方乡试的差事，甚至连当副手的机会都没有。一次，好友严修外放贵州学政，这令徐颇为慨叹，“览镜见鬓已有白发，不禁感慨人生如驹阴过隙，何必日事劳劳。”其内心之失落跃然纸上。

好不容易结识了天津老乡王文锦侍郎，徐请他帮忙介绍新差事。王为人倒也通融，打算将徐推荐至南书房，孰料大学士潘祖荫认为徐不学无术，难堪此任，不予接纳，又将他撵回翰林院。当时翰林院有所谓“八红八黑”之称，“红翰林”自然是官运亨通的那一类，而“黑翰林”则是指仕途坎坷的官员们。徐即位列“八黑”之一，其文采之平庸，运气之不佳可想而知。最令徐无奈的是，熬到第八个年头，他终于可以外放河南，谁承想还未等朝廷颁发委任状，母亲突然病逝，徐只得暂弃升官念头，回家奔丧去了。

如果将徐世昌喻作一只股票，据其前半生宦海只跌不涨的表现，可将他视为“垃圾股”。至 1895 年，这只股票已经基本跌停。不过，跌停见底未必是件坏事，只要有经验丰富、手法老练的操盘手跟进，全部买入建仓，一番运作后，其股值定会强势反弹，大幅上扬。徐世昌恰恰就是这只濒临谷底的股票，而逢低买进的庄家也刚好到位，此人又是袁世凯。徐世昌即将否极泰来！

## 不可思议的“反弹”

1895 年 9 月 3 日，徐、袁二人于阔别十六年后重逢。两人此时身份已是判若霄壤，一个仍是可有可无的七品闲差，一个则为朝廷新晋的练兵大臣，不过彼此间那份手足情谊却如同藏于地窖中的陈年佳酿经久弥香，愈加醇厚。眼见老大哥（徐年长袁世凯四岁）处境尴尬，袁世凯自然心有不忍，决定好好拉兄弟一把。袁世凯做的第一件事便是带徐世昌广交朋友：

晚赴嵩云草堂巽之之约，议开书局。同座陈次亮、陈养园、康长素、叔衡、子培、子封、慰廷。席罢又谈至三更后始归。

午后同其（袁世凯）赴强学会宴集，巽之承办，座有于惠若（式枚）、文芸阁、梁卓如、汪伯唐、沈子培、英人李提摩太（字菩岳）、美人李佳白（字启东）、毕德格（字子明）。二李皆能读中国经史，启东作山东滨海语，菩岳仿佛中国官话。言及立志向学，万国会通同享升平，令人有无限河山之感。

晚赴鹤泉之约，座有叔衡、子培昆仲、张君立、杨叔翘、巽之。饭后同叔衡、子培访郑苏龛司马（孝胥），夜谈。三更后归，写定兴信。郑通知时事，议论明决，当时之俊才也。

正是凭袁之引介，徐世昌与陈炽、康有为、文廷式、梁启超、沈增植兄弟、李提摩太、李佳白、杨锐、郑孝胥等人交往，很快融入当时主流社交圈中。

之后的故事似乎大家都耳熟能详，袁举荐徐入自己幕府，助其小站练兵。经过几番锤炼，徐终成大器，一跃成为清末政坛炙手可热的大人物。应当说，若无袁之倾力提携，绝对不可能有日后之徐世昌。但假使徐是个"扶不起的阿斗"，那就算袁再关照，他也难以于官场上爬得如此之快，短短数年间便完成了由七品小吏到一品大员的飞跃。故徐本人的综合素质也至为关键，尤其是他卓越的人际交往能力，让人不禁啧啧称奇，这在其日记中多有体现。

中国的官场，向来有"以乡谊结朋党"的不良风气。如果一个人能在上层官僚中找到自己的老乡，那就如同傍上了靠山，只要对他毕恭毕敬、百般殷勤，高官自然会时刻罩着你，保你官运亨通。徐世昌同鹿传霖之间的交往即典型案例。鹿传霖（1836—1910），字滋轩，号迂叟，直隶定兴人。《清史稿》记载，"传霖起外吏，知民疾苦。所至廉约率下，尤恶贪吏，虽贵势不稍贳。其在军机，凡事不苟同，喜扶持善类"。徐世昌与鹿传霖的侄子鹿瀛理乃进士同年，又是直隶同乡，于是经常来往，私交甚笃。刚好 1888 年鹿传霖因病暂辞陕西巡抚一职，返乡疗养。于是徐世昌得以有机会见到这位直隶老乡。据《韬养斋日记》载，9 月 16 日那天：

（徐世昌）到乔笙（鹿瀛理）处，代其写屏对，适鹿芝轩世叔自定兴来，因拜谒焉。曩见季和宗叔祖谏铁路奏章，甚向慕焉。今日拜谒，其言论风采果有超乎流俗者，良可敬也。

此后，徐便成为鹿府的座上常客，并代鹿传霖拟志书序和信稿，两人关系因之越走越近。应该说鹿传霖还算是清末为数不多的良吏，但也有马虎大意的时候，他完全被徐老实巴交的表面形象所蒙蔽，认为其是个可造之才。日后徐世昌能够进入军机处，与鹿的力挺密不可分。故沈云龙先生认为"传霖亦以乡谊，遇之（徐世昌）甚亲，机要辄引与共谋，非荣（庆）、铁（良）所能及"，殆非虚言。

协助袁世凯小站练兵，徐世昌自然少不了四处奔走，联络军务，这也为其结识各地显宦提供了极大便利。比如 1897 年 9 月底，徐赴湖北出差。按日程安排，徐本不必经过武汉，但为了结识湖广总督张之洞，他还是找个由头不请自来。出于礼貌，张之洞派人接待甚周。张本以为徐小住几日便回津复命，谁承想他居然待了足足一个月。更不可思议的是，就在这一个月内，徐、张二人来往频密，打得火热。熟悉晚清史的人大概都了解，张之洞这人怪癖颇多，不易相处。胡思敬在其《国闻备乘》中曾总结："闻其性情怪僻，或终夕不寐；或累月不薙发；或夜半呼庖人具馔，稍不惬，即呼行杖；或白昼坐内廷宣淫；或出门谢客，客肃衣冠出迎，偃卧舆中不起。"这种怪异的日常习惯，想必一般人是吃不消的。不过，徐世昌却丝毫不受张之怪癖影响，反而如鱼得水，极其适应，一个月内几乎天天同香帅彻夜畅谈。有一日二人夜饮，张“论中西学术，论西政、西学之分，论时人之愚暗，太息痛恨”，然后问徐有何学术志向。徐早已提前做足了功课，对张之喜好摸得一清二楚，答曰：

目前新学中年通籍，以后之人以讲求西政为先，西学随其性之所近而涉猎之，仍以中学为主。因论中学甚晰，立身以必有守然后有为。

这恰恰与张“中体西用”之主张甚为吻合。故张之谈兴更浓，与徐推杯换盏，执手言欢，一直侃到凌晨四点多。经过此番交往，徐世昌给张留下了极佳印象，甚至张一度想聘徐做他的幕宾。1901 年，张之洞响应朝廷保荐人才之谕令，上书推荐了九名官员，其中就有徐世昌。其推荐词如下：

翰林院编修徐世昌　该员志趣端正，持躬谨饬，明达时务，办事精细。前在山东巡抚袁世凯军营有年，于兵事甚能考究，实为今日有用之才。拟恳恩交部带领引见，优予录用。

正是受益于张之推荐，当然还有袁老弟的暗中运作，徐世昌得以于次年入宫面见慈禧太后。入对时，慈禧发现徐世昌“体貌英挺，音吐清扬”，是位不折不扣的老帅哥，自然满心欢喜。第二天，慈禧便对荣禄讲：“徐世昌或足继李鸿章后乎？”可见其对徐期许之高。而这一年，徐世昌已 48 岁。

清末官场，有两条所谓仕途之终南捷径：一是商部，载振把持；一是北洋，袁世凯掌控。载振乃庆亲王奕劻之子，袁世凯同奕劻早已沆瀣一气，与振贝子也是拜把子兄弟。作为袁的好哥们，徐世昌也尽享近水楼台之便利，有机会染指这两条捷径，成为潜规则的受益者。1903 年，载振出任商部尚书，开始招兵买马。他屡次听袁世凯讲徐如何贤能，怎样高明，于是特保授徐为商部左丞，这在当时政界可谓轰动性事件。徐之前仅是六品撰修，一跃破格升为三品商部大吏，这在整个清代也堪称异数。虽获此殊遇，但对于徐而言似是意料中事，并未显现受宠若惊之态，反倒于日记里流露出些许遗憾："擢进升阶，悲我母未之见也，怆恻于怀。"可见徐也算是位孝子。

此后徐之仕途可谓一片光明，其为官之道也愈发纯熟老练。宣统元年，以载沣为首的那一批年轻皇室贵胄上台，他们对西方的武器、建筑、工艺、科技等颇为推崇。当时徐恰恰担任东三省总督，于是揣摩皇室心思，大搞形象工程。据曾在东北任职的丁士源爆料，"徐世昌赴东三省总督任时，携中央款二千万两，两年以来铺张颇甚"。单单建造奉天公署大楼一项，就消耗白银三十余万两，所盖"西式楼数十楹，缭以复廊，其中薕幔几榻，灯屏皆用舶来品"。同时采购各种西式物品又花费十余万两，因而其办公场所之华丽宏伟，其他省份无能出其右者。此外，公署出行则必须乘坐双马之车，宴请客人采用全套西餐器具，并伴奏西乐。一次载涛自欧洲考察归来，途经奉天，"见马路电灯军警无不备具，及驻宿公署，俨然欧式"，使他"直把沈阳作巴黎"，于是对徐世昌的市政工作大加赞赏。等他回京后，更是在五哥摄政王载沣面前表扬这位"市政建设标兵"。当然，徐如此大张旗鼓地透支财政搞城建，自然有人看不下去。当时载泽掌管度支部，曾派人细察徐世昌的账目，发现其财政收支上存在巨大漏洞。于是几次上书载沣，请求彻查。此时载沣已把徐世昌树为全国学习的典型，加上像载振、载洵、那桐等皇亲国戚早已被徐的贿赂喂饱，天天在载沣耳边说徐的好话。于是载沣始终相信“徐世昌是个好同志”，就象征性地派赵尔巽前去查办。赵与徐私交甚笃，自然帮徐极力洗脱嫌疑，强调东三省“建设官制复杂，必须改革”，故而开销巨大。徐手腕之高明，于此可见一斑。

正是依靠诸多手段，徐世昌于短短几年内神奇地完成了由一名默默无闻的潦倒翰林向天下皆知的国之重臣的华丽转身。这只垃圾股一路狂飙，俨然已是行家眼中纷纷看好的绩优股。而徐取得这一切的代价却是让本已风雨飘摇的清廷距离灭亡更近了一步。

## 兄弟义气大过天

来自基层，熟悉社会各种势力的运作机制；位极人臣，洞察朝中皇亲国戚的实际情形；工于心计，深谙政治斗争的游戏规则；深藏不露，终日一副老成持重的忠臣形象。具备如此出众的综合素质，袁世凯自然将徐世昌引为心腹，让其参与北洋诸项大计。

自从被载沣罢免后，袁世凯便蛰伏彰德，垂钓洹上，静观时局，伺机复出。而为他暗地里运作此事者正是徐世昌，他实乃袁安插于清廷内的线人。1911年5月8日，清廷颁布内阁官制，徐被授为协理大臣，该职务相当于今天的国务院副总理，地位仅次于总理大臣奕劻。按理说，换了别人，受此殊荣早就感激涕零，入朝谢恩了。徐则不然，他在日记中写道：“蒙恩授为内阁协理大臣，时艰任重，拟具疏恳辞。”第二天，他便上折请朝廷收回成命，并同另一位协理大臣那桐一道上书请起用袁世凯。对此举动，明眼人一看便洞悉个中缘由，如载涛便认为“徐世昌本是袁一手提拔的私党”，此举是欲逼迫载沣召回袁世凯。不过徐的过人之处在于，即使被人怀疑，却不留下一丝与袁来往的痕迹。载沣虽心中不悦，也奈何不了徐世昌，只得退回他的请辞奏折，命其留任。

不过袁世凯又岂是池中之物，终有卷土重来的一天。武昌首义爆发后，举国响应，清廷顿时方寸大乱。徐与袁心中早有默契，听闻风声有变，立即活跃起来，他联合奕劻、那桐，四处散播"收拾残局，非袁不可"的论调。载沣出于无奈，只得授袁为内阁总理大臣，让他主持大局。孰知袁世凯奉诏后，却故意徘徊观望，以"步履维艰"为借口迟迟不上任。

经徐世昌极力运作，为老弟重归中枢做好铺垫，袁心知时机已到，遂接受任命，独揽大权。而徐世昌这边，则继续充当"内鬼"。可笑的是，清皇室居然依旧蒙在鼓里，先是破例赏赐徐世昌入值用膳之特权，后又授予他太子太保之殊荣，大有托孤之意。孰料徐并非妙手神医，实为催命郎中。正是他忙前忙后，打通关节，袁世凯逼清室退位的计划才得以进展顺利。甚至在溥仪的退位诏书上，徐也做了手脚。诏书末尾，有这么一句：

袁世凯前经资政院选举为总理大臣，当兹新旧代谢之际，宜有南北统一之方，即由袁世凯以全权组织临时共和政府，与民军协商统一办法，总期人民安堵，海宇乂安，仍合满汉蒙回藏五族完全领土，为一大中华民国。予与皇帝得以远处宽闲，优游岁月，长受国民之游礼，亲见郅治之告成，岂不懿欤！

据《三水梁燕孙先生年谱》云：

此诏实为有清一代之最后结束。原文系由南中将稿电来，该稿乃张季直手笔，后经袁左右增加授彼全权一笔而发表，其插入诸语，于后发生不少影响，亦言民国掌故者所宜知也。又末三语为天津某巨公所拟，末一语尤为所称道，盖分际轻重，恰到好处，欲易以他语，实至不易也。

环顾袁氏左右，籍贯天津且号称“巨公”者，似不过严修与徐世昌二人。严修虽与袁为至交，但其“公私分明，贞不绝俗，所谓束身自爱，抱道循义者，庶几近之”，堪称一代完人。故袁世凯对严实尊而不亲，非能与之共商大事。徐世昌则不然，他与袁患难之交，祸福与共。且身为太子太保，徐自然得以对退位诏书事先寓目，并有权提出增改意见。偷偷加入一句“私货”，绝非难事。通览此句，徐意在强调袁之政权乃取之于清廷，并非得之于民军。万一革命党人中途反悔，不兑现让袁世凯出任民国临时大总统的承诺，那么这诏书即为其食言之明证。也就意味着如果真到了那一步，袁世凯就可以“名正言顺”地撇开革命党，单独组织新政府。徐世昌实在是老谋深算，棋高一着！

1912 年 2 月 12 日，清帝退位，宣布共和。面对这一旷古巨变，徐世昌在日记中仅淡淡地留下这么一笔：

今日奉旨宣布共和政体，组织临时政府。

清廷在他心中之分量，可想而知。

或许不少人还在纳闷：身为堂堂的大清相国，荣华富贵、权名钱色皆已紧握在手，徐世昌何苦要助袁世凯搞垮清廷呢？此举于己于人有何益处？若是真的详加权衡，恐怕民初的徐世昌较之清末，似乎失去的更多。这当如何解释？对此民国掌故名家费行简的剖析堪称精到：

> 世昌，官僚也，其不欲改帝制为共和，情也；以疎逖小臣数年即跻宰辅，其不欲清室之亡，亦情也。而清室之亡，不亡于他人，实亡于其总角论交、同膺显贵之袁世凯，以清较袁，觉袁为亲，于是不得不割其向清之心以向袁。且世昌固知袁最深者也，以其跋扈贪恣，断断无实行共和的思想，特藉之为假面目以酬其代清之宿愿，事成则面具脱而共和取消矣。是临时之假共和于官僚党亦无所害，以是二者，故清室之亡，帝制之终，世昌皆不甚措意，唯壹志以助袁氏之成功……袁氏攫得此席，其愿餍，而徐氏之愿亦餍。

兄弟义气大过天，帮袁世凯就是帮自己，这便是徐世昌的行事逻辑！

## 何必当初呢？

待到江山易手、袁氏当国之际，徐世昌这位功勋卓著的幕后卧底却没有走向台前，与老弟一同享受胜利果实，而是独自远赴青岛，俨然以清室遗老自居。当然，徐氏此举多有掩人耳目之意，以消弭世人对他助袁篡权行径之怀疑。实际上，在泡海澡、吹海风、赏海景、尝海鲜之余，徐无时不忘出山一事。一次，徐已故好友贺涛之子贺葆真前来拜见，曾提及出山一事。贺问："此时公可在政界有所施为？"徐答曰："现在政界诸公方事竞争，内容甚乱，宜少避之。"贺又问：

“国事方棘，我公正宜有所尽力。今新进之士多无经验，国事将谁属乎？”话至此处，徐世昌借故转移话题，避而不谈。可见徐虽自称遗民，但仍对权力充满渴望。1914 年，徐终于耐不住寂寞，就任袁政府的国务卿。

虽然深知袁世凯并不真心倾服共和，但一向自信对老弟知根知底的徐世昌，竟未发觉袁心怀称帝之意。1915 年底，当得知袁世凯意欲复辟时，徐曾力劝他打消此念头。孰料这位老弟充耳不闻，一意孤行，徐只得辞去国务卿一职，暂隐田园。1916 年 1 月 26 日，徐世昌在日记中写下这样一段话，很耐人玩味：

世界上有三种有志之人：一为有志仙佛之人，一为有志圣贤之人，一为有志帝王之人。求为仙佛之人多则国弱，求为圣贤之人多则国治，求为帝王之人多则国乱，世之操治化教育之权者盍审诸。

想必此刻徐之内心当是万流奔涌，又恨又怕。恨的是袁世凯不听劝告，帝制自为；怕的是小老弟众叛亲离，不得善终。毕竟当初是自己甘作推手，亲手把袁世凯一步步送到了这万丈深渊的边缘。

孰料一语竟成谶。6 月 6 日，当袁世凯于惊恐郁愤中撒手人寰的消息传来，徐写道：

数十年老友一旦怛化，为之痛哭！

大概此时徐世昌的肠子都悔青了吧？呜呼！早知如此，又何必当初呢？

# 陈夔龙：

# “官运满了，国运尽了”

有清一代，直隶屏蔽京师，拱卫皇城，形势较他省为要，体制亦较他省为肃，直隶总督因之堪称八大疆臣之首。晚清以降，清廷特设北洋大臣，由直督兼之，其地位愈加显赫。故一旦出任直督要缺，便意味着距离进入中枢、登阁拜相已不远矣。然历数清末这几届直督，似皆非能孚众望之选。恰如彼时清流翘楚胡思敬所评，“内地六总督缺愈要者才愈下，品愈污”，前后两任直督杨士骧、端方，“皆佥人也”。而继任者陈夔龙，亦非善类。近来翻检陈氏《庸庵居士四种》（《庸庵尚书奏议》《梦蕉亭杂记》《松寿堂诗抄》《花近楼诗存》），观其宦途，迹其平生，此末代直督实在是捞足了官运，耗尽了国运。

## “飘零书剑老风尘”

陈夔龙，字筱石，一作小石，号庸庵、庸叟、花近楼主，贵州贵阳人。据陈归纳，其一生可分为四个阶段：孤苦时代、沉滞时代、忧患时代与衰病时代。所谓孤苦，即指陈夔龙出身贫寒，并无特殊背景。八岁那年，陈父病逝，“龙兄弟三人，迭丁不造，露立茕茕。先母姜太夫人辞甘茹苦，伤亡念存，特延师课读于家，虽饔飧不给，而馔食必丰。”有人劝三兄弟弃学经商，其母应曰：“一息尚存，不忍使廉吏之子沦于驵侩也！”于是陈母夫人以“纺绩得赀，藉供馆谷，往往机杼之声，与余兄弟诵读之声彻于达旦，虽陶称截发，欧美画荻，曷以逾焉？”虽生活艰辛，陈夔龙倒也安之若素，日复一日挑灯勤读，希冀通过科考改变处境。起初陈之文运颇旺，连战连捷，19岁便高中举人。孰料好运却忽而戛然而止，“南宫累次报罢”，屡屡名落孙山，其人生陷入沉滞时代。

帝制年代，读书人若想求得荣华富贵，科举无疑乃正途。但对陈而言，此路看似遥遥无期。当然并非唯有知识可以改变命运，倘能依傍高官巨贾，穷小子照样可以翻身。陈夔龙虽饱读诗书，但心思极为灵活，善于联络人脉、疏通关系。加之其自身条件突出，“美风仪，能文词”，是一名仪表堂堂、文采奕奕的美男子，自然深受黔地大户小姐之青睐。陈遂决定攀援权贵，走裙带关系上位。功夫不负有心人，22岁那年，陈拜见贵州知府周继煦，周“一见许为大器”，赞赏有加，并将次女许配给陈。陈顺理成章入赘周府，成为其乘龙快婿。怎奈何佳期如梦，不及两年，周夫人便一病呜呼。而此时长兄夔麟科场折桂，喜登二甲，这让陈夔龙心中不免既喜又急，他只得一边备考，一边寻觅更大的码头停靠。四载后，陈进入川督丁宝桢幕府，为其掌管文书。很快，陈博得丁之赏识，再度入赘，与丁之养女结为连理。谁料丁夫人亦是一枝病秧，婚后甫至两年即亡。而接连丧偶的陈夔龙，似乎并未因此消沉，反倒愈挫愈勇，32岁之际，他再度抱得美人归。这第三任许夫人，来头更响。其兄是许庚身，历掌几部尚书，曾任军机大臣，可谓当朝一品（仁和许氏乃武林望族，科第传家，一时乡里有“五凤齐飞入翰林”之誉）。同时连襟廖寿恒官居刑部左侍郎，政途一片光明。陈与之“重重姻娅，交谊弥敦”。由此，陈夔龙终于借助联姻跻身晚清高官家庭生活当中。他俨然欲把“夫人路线”进行到底。

然而对于个人仕途而言，这“夫人路线”之效并不明显。众所周知，丁宝桢在晚清以刚直不阿著名政坛，自不会昧着良心替女婿打通关节、谋取肥缺。而许庚身、廖寿恒身居要职，似也不甘为妹夫的前程走后门、冒风险。于是乎，陈氏沉滞时代的另一窘境便是“埋首郎潜又十余载”。1886年，而立之年的陈夔龙终获科名，但以一字之误，竟置三甲，以主事用，签分兵部。按“京师习惯，以吏、户二部为优选，刑部虽瘠，补缺尚易，工部亦有大婚、陵工保案，以冀捷获，惟礼、兵二部为最苦。礼部尚无他途杂进，依然书生本色，最次莫如兵部员司，以常年测之，非二十年不能补缺”。一同中式的贵州老乡赵以炯、李端棨等，均入翰苑，平台高，声誉佳，职责轻，补缺速，这令陈夔龙情何以堪！

## “一生知己两文忠”

在兵部一待便是十个春秋。陈主事终盼到了否极泰来之日。

甲午之后，久蛰西安数年的荣禄，在恭亲王力荐下，重回中枢，出掌兵部。而恰在此时，连襟廖寿恒接替故去的许庚身，进入军机。陈夔龙于是恳请廖代为向荣禄举荐自己。此刻位高权重的廖，一改往日做派，欣然允做说客，在荣面前一番美言（廖此举或许亦含有向荣禄示好之意味）。不久，荣禄便亲点陈同其赴津查办小站军民纠纷一事。

小站是荣亲自指定的练兵试点，袁世凯乃荣一手提携的军事将领，虽“津门官绅啧有烦言，谓袁君办事操切，嗜杀擅权，不受北洋大臣节制”，但丝毫动摇不了荣回护之意。说白了，这次赴津办案，纯属走过场。不过这对于陈夔龙而言，不啻是一次展示自己、博取荣禄好感的机会。途中，荣问陈年岁几何，补缺约计何时。陈对曰：“行年已四十，到部亦十年，叙补名次第八。即每年出缺一次，亦须八年始能叙补。恐此生以冯唐老矣。"荣云："观君骨相气色，五年内必有非常之遇。而部中补缺例须计俸，未可躁进。"所谓"骨相气色"，恐怕是三分经验七分忽悠，并不靠谱。然其弦外之音则至为明显：陈若听命行事，不节外生枝，保你补缺升官。陈自然参透荣之暗示，一路察言观色，唯唯诺诺。当检阅操练时，荣问陈："君观新军与旧军比较何如？"陈答："素不知兵，何能妄参末议。但观表面，旧军诚不免暮气，新军参用西法，生面独开。"荣曰："君言是也。此人必须保全，以策后效。"其实若按兵部条例，仅新军擅杀营门外卖菜佣一条，袁世凯便可遭到严惩。但陈曲意迎合荣禄，在撰写奏稿时笔下留情，淡化过程，抹去罪证，终至此案不了了之。待此事办妥，"事竣还京，司吏来告，余名已列第三。迨至七月杪，竟列第一。八月缺出，居然顶补。"可见荣禄已暗中运作停当。

此事对荣而言，或是小事一桩。但在陈眼中，可谓其梦寐以求的一次机会。陈决定抓住荣禄这座靠山。很快，陈便写就一首题为《上荣仲华师相》的肉麻长诗，大事谄媚：

维岳嵩高秩望崇，熙朝柱石几人同。门罗将相文中子，气摄蛮夷郭令公。

东阁馆开新位业，西京闻寄旧元戎。金瓯云斧非常事，合奏中兴佐命功。

甘泉夜半警传烽，话到先皇泪满胸。累代未归华表鹤，存心空抱鼎湖龙。

新知李晟诸蕃种，故侣文忠宿草封。谁向三朝矜早达，岁寒犹有后凋松。

灰心霜鬓为谈兵，折木星高杜此行。北阙真除宣紫诰，东山再起慰苍生。

将军角鼓连营肃，士女香花夹道迎。褒鄂英姿房杜绩，凌烟杰阁待公撑。

通览此诗，陈先将荣喻为山中之东岳、中嵩，比作唐朝之王通、郭子仪。接着盛赞其在辛酉政变中擒拿肃顺之壮举。又称颂荣虽贬往异地，但不怨不艾，隐忍韬晦，终东山再起的精神。最后陈送上深深期许，望荣如房杜一般辅佐今上，再建奇勋。客观论之，陈诗通篇阿谀，满纸溢美，格调不高，极为媚俗。然古今高官喜听马屁似已成为政界司空见惯之常态，荣禄自不能免俗。他读罢陈诗，想必甚为愉悦，竟将参预北洋政务如此机要之事交与陈夔龙。

借此机会，陈得以同荣之心腹、北洋新锐袁世凯混熟。陈通过进士同年徐世昌与袁结识。据《韬养斋日记》载，1898 年 1 月 19 日，"陈小石、恩俊叔自京因公来，慰廷约陪，夜深始眠"。此后陈与袁、徐更是来往频密，关系日渐熟稔。

高人举荐，善于揣摩，极力逢迎，广交人缘，陈夔龙正是凭借这一套组合拳，博得荣之信任，成为其亲信。1896 年春的赴津查办事件，则乃陈一生发迹之肇端。难怪时隔近十年，当陈再赴津门，不禁赋诗道："当年秉钺拥前驱，容我车茵醉不休。黄霸重来领京兆，收之一梦觉扬州。爱才谁继平津相，尽瘁公如忠武侯。今日再经旧门馆，岂惟腹痛泪先流。"

既然是荣门下之心腹，自当替主子献计献策、排忧解难，陈期间之表现堪称精彩。戊戌政变后，慈禧命荣禄入辅，以大学士职兼理兵部，同时在军机大臣上行走，近畿各军统归其节制。"责任优隆，仿佛惠邸之于咸丰朝，恭、醇两邸之于同治朝。"在陈看来，既然荣已操用人大权，实不该再预闻军政，二者不宜兼得，毕竟"地近则侵官，功高则震主。虽云殊遇，实蹈危机"，这甚合荣禄心意。但两宫谆谆付托，荣不便固辞。于是陈随即就如何有效统辖各军密呈一折，建议"中军但立一最高幕府，仿前代旧制，更番调各军入卫。凡调京操练者，即为中军。彼服其劳，我享其逸；彼分其任，我合其群。相习相亲，庶可收指臂之效。"荣禄亦深以为然。

庚子年正月，朝廷进行京察大典。顺天府丞高燮曾、通政司参议张仲炘，奉旨休致。二君同为湖北籍翰林，在京内薄有清望，不知何故，竟遭罢黜。查吏部则例，府丞出缺，应由内阁侍读学士及五品京堂共列入题本叙补。当时陈夔龙排名第一，鄂籍京畿道胡孚宸位居次席，若按常理，府丞一职非陈莫属。然荣禄首赞枢廷，未能挽救高、张二人，已招致清议不满，如再扶植亲信陈夔龙上台，实难慰众人之心，堵悠悠之口。一边是京师清流，一边是幕中心腹，着实让荣伤透脑筋。陈早已洞察荣之苦衷，遂审时度势，亲赴荣府，送上顺水人情。陈对荣道："鄂籍科道中，雅负物望者，尚有京畿道御史胡孚宸一员。此次吏部题本，请简府丞员缺，正本中只余一人，照例升授。胡孚宸名在副本中，余情愿让之。如胡孚宸朱笔圈出，楚弓楚得，匪特慰鄂人望泽之心，并可杜谏院多言之口。"这让荣禄顿觉释然。帮领导的当下尴尬解围，无异于给自己的未来仕途铺路，"自古官路十八弯，岂能一步上青天"，陈氏以退为进之计，极其明智。

陈夔龙曾在八十大寿时撰写《八十感怀诗》，其中一句言"一生知己两文忠"，"两文忠"，一为荣禄，另一为李鸿章。李鸿章任用陈夔龙较早，甲午海战时，陈已在李手下负责翻译来往电文。后李因战败暂时失势，被迫出国考察。1896 年，李自欧归来，入主总理各国事务衙门，陈谒其于署中，极荷赏识。戊戌年间，荣禄出任直督兼北洋大臣，欲将陈揽入麾下，调至天津。陈对于荣之盛邀，颇为犹豫。而李鸿章惜才心切，出面与荣商议，将陈留在总署。

然据笔者所见材料，李对陈之倚重，远不及荣禄。个中缘由，不难理解。李经营淮军、北洋数十年，麾下人才济济，实不缺陈夔龙一人；而荣禄在外十余载，此番重回京师，急需延揽一批干才，为其今后在中枢立足培育根基。二者相较，陈在李手中仅是一普通小卒，在荣那里却倚作左膀右臂，用人理念之迥异，判然可见。故荣对陈夔龙，不仅有知遇之恩，更竭尽提携之力，乃其真正之伯乐。这也难怪陈在荣禄故后一再赋诗追忆恩公的厚德高功了。

## “谁识当时办事人”

陈夔龙最终摆脱沉滞时代，还是在庚子年。

戊戌政变后，清廷高层集体右转，一味倒退终引发八国联军侵华事件。陈夔龙此时署理顺天府尹，既有安抚地方之责，又当替高层分忧，于是终日战战兢兢，时时面临灭顶之灾。他自己总结，短短不到两月任期，居然“冒三大险”。首先，中外衅端初启之际，成败尚无定数，两宫即命陈筹备大车二百辆，以备万一西逃之用。然彼时“都下风鹤告警，京员眷属纷纷南下，日需车马为数不少。既经出京，一时不能遄回，辇下车马更形缺少。而董福祥、余虎恩所带之兵，到处抢掠。京员自有之车马，大半被劫。总以上情形，一时骤办二百辆大车，甚非易事。”不过陈夔龙就是陈夔龙，他想到京通十七仓俱为大户，每户以少数计，约有大车数十辆或百辆。于是陈假以辞色，令其急公奉上，仍从宽给价，"彼既享优价之利，而又得报效之名"，该仓户均各乐从。不三日间，"车辚马萧，辐辏于尹署左近。"陈算是不辱重任。紧接着，各国公使请求清廷派人保护离京归国。当时首辅刚毅命陈夔龙伴送各使，实际等于抛给其一块烫手山芋：倘若违令不送，朝廷将严加治罪；如果遵命护送，则十有八九命丧途中。故看似横竖都是一条死路。陈自然深谙其中利害，更对各国公使之真实意图了然于胸，"各使多疑，虽来函自请离京，特故作无聊之词，为希冀缓攻之计。岂肯自寻荆棘，冒此危险。"故其将计就计，表面积极回应中枢之命，但实际作依违之语，呈观望之态。果不其然，两日后，公使复来一函，告知取消之前要求。陈凭借自己的准确判断，再躲过一劫。然树欲静而风不止，为朝廷辛苦奔波的陈夔龙，却横遭端王载漪参奏，与李鸿章、王文韶等十四人竟因与洋人交涉罪名，请立即正法。幸好荣禄极力维护，才保诸人性命。该事堪称险上加险。历经此三险，陈夔龙深觉代人受过，殊为不值，于是一再请求，终卸去府尹一职。

自古富贵险中求。正是陈夔龙常在刀尖上当差，却精明能干、屡屡化险为夷的表现，使得慈禧对其刮目相看，命陈出任留京办事大臣，专门负责与各国谈判媾和及善后事宜，而陈是八名大臣中唯一一名汉人。陈当然牢牢抓住这次机会，殚精竭虑，全力以赴。如在承修跸路工程一事上，慈禧指派兵部侍郎景沣与陈合办。景狃于从前习惯，凡工程估定价目后，堂司各员例取二成节省经费。拟照前例，借工帑自肥，以补偿在战乱中的损失。陈夔龙囊中何尝不是羞涩？但他深知非常时期，最重要的绝非区区几千两的陋规所得，而是上层的信任与赏识。于是他不顾景沣反对，坚持要求"工程不得以常例论，应核实一律到工。即所派员司，一律自备夫马，洁身任事。将来大工告竣，准给优保以酬其劳"。历时三月，工程告竣。次年，慈禧召见陈夔龙，赏予白银千两及珍物文绮食品数种，陈不禁慨叹“诚异数也”。可知慈禧对陈功劳之高度肯定。

不久，陈更进一步，如愿以偿地外放河南布政使。对于陈之外放，起初李鸿章并不赞同，宣言“陈筱石外放藩司，我不赞成。目今外交才少，此人应留京大用”，愿其担纲外务部侍郎一职。然陈执意为之，加之其间人事变动，终得以离京。陈缘何钟情于外放，民国掌故家徐一士先生之剖析颇为到位：

论爵布政不及侍郎之尊，禄则侍郎不及布政之厚，互相补矣。以夔龙论，河南布政使与外务部侍郎，“厚”与“尊”二者不可得兼，夔龙宁愿舍“尊”而取“厚”，未几径擢漕督，抚豫苏，督鄂直，固“尊”、“厚”兼致，名实俱优矣。使果以外务部侍郎而长居京秩，官囊殊为减色耳。

可见陈之抉择当是深思熟虑、反复斟酌之结果。整个清代，京曹最为清苦。陈于兵部、总理衙门、顺天府等处沉浮十数载，早就受够艰窘之苦，外放捞金实在刻不容缓，此乃一因。外务部侍郎一职，荣禄、奕劻等人早已属意那桐，岂容陈插手染指？况且作为汉人，在中枢发展，无论如何也难是满人对手，与其争得不欢而散，不如退让以博厚利，此是其二。再者于官场打拼，若无金钱开道，恐怕寸步难行，陈出任豫藩，既可肥己，亦能积攒公关费用，何乐而不为？要之，陈夔龙让出侍郎位子，外放河南，很是划算。

对于庚子年的复杂官场经历，陈曾赋诗道：

留守深惭一个臣，邦畿千里祸红巾。柏林古刹今犹在，谁识当年办事人。

自此，这个"办事人"官运亨通，白日飞升了。

## "居然满汉一家人"

1903年，荣禄病逝。靠山倒下，陈夔龙仕途依旧光明，因其已受奕劻这棵大树庇护。

陈之所以能与庆王来往甚密，尚需从荣禄与奕劻的交谊谈起。荣、奕二人结识甚早。当奕劻尚为贝勒时，已对荣禄这位满族青年英才很是钦佩，与之订交，以"仲华二哥"相称。甲午后，二人同朝为官，皆为慈禧宠臣，且无利益纠葛，故互为奥援，结成盟友。庚子年，奕劻留京善后，其子载振逃往西安。奕爱子心切，专程写信给荣，言"现时小兜载振，随扈行在当差，年幼无知，务恳推情关垂，随时指教，有所遵循，俾免愆尤，是所切祷"。将儿子托付于荣禄，可知二人交情之深厚绝非常人可比。

也正基于此层厚谊，荣禄常将心腹推荐给奕劻，供其驱使。戊戌政变时，奕劻奉旨领衔审讯六君子。领命不久，奕即派人赶在天亮前督促陈夔龙赴庆王府商议案件。按常理，涉及如此机密，唯有奕劻心腹才有资格参预此事。陈乃荣禄门人，一向谨小慎微，之前尚曾婉拒张荫桓之笼络。故若非荣禄推荐或默许，奕劻万不会邀陈入府议事。可知陈夔龙是荣、奕皆资信赖的手下，甚或在荣禄授意下，担当沟通与奕劻关系之角色。由此亦可理解缘何庚子年奕劻单单留下陈夔龙这么一个汉族大臣作为助手处理善后事宜。

不过，陈夔龙能跃升为奕劻之嫡系，泰半功劳还应记在其夫人许氏头上。前文言及，仁和许氏乃晚清政治大家族，陈夔龙这位爱妻长期耳濡目染，自然默会于心，亦是一朵奇葩。许氏不仅“读书知大体，工诗画，性爽而德淑，治家事咸井井有条”，更善于出外交际，与京城各大王公贵族之眷属熟得一塌糊涂。其中便包括庆王府的老福晋。据时人所记，许夫人与老福晋极为投缘，索性认其做干娘，奕劻遂理所当然成为陈夔龙之干老泰山。与庆王攀上了这种关系，陈官途可谓一路顺风，先是出任漕运总督，接着依次巡抚河南、江苏两地。1907年，朝廷擢升陈为川督。这本是喜事一桩，然许氏嫌蜀地偏远，恐水土不服，居然一面劝陈乘慈禧寿辰之际，进京密见张之洞、袁世凯、那桐、荣庆、铁良诸人，运作调任之事，一面亲自出马，于庆王府内频繁走动。果然，在干岳父协调下，赵尔巽以两湖让陈，而锡良以四川让赵尔巽，许氏如愿留在中原富庶之地。难怪胡思敬喟叹：“以一女子之爱憎牵动数省督、抚，当时用人之得失盖可睹矣！”

就在朝廷公布任命后不久，于宣武门外北半截胡同广和楼酒肆上，出现不署名之题壁诗二首：

居然满汉一家人，干女干儿色色新。也当朱陈通嫁娶，本来云贵是乡亲。

莺声呖呖呼爹日，豚子依依恋母辰。一种风情谁识得？劝君何必问前因。

一堂二代作干爷，喜气重重出一家。照例定应呼格格，请安应不唤爸爸。

岐王宅里开新样，江令归来有旧衙。儿自弄璋翁弄瓦，寄生草对寄生花。

此即专就陈夔龙、朱家宝二人攀附庆王的讽刺之作。谑虐之甚，一时京内外哄传焉。

清人笔炼阁在其小说《八洞天》中，曾对中国男子惧内之因作过精辟概括：

世上怕老婆的，有几样怕法：有"势怕"，有"理怕"，有"情怕"。"势怕"有三：一是畏妻之贵，仰其阀阅；二是畏妻之富，资其财贿；三是畏妻之悍，避其打骂。"理怕"亦有三：一是敬妻之贤，景其淑范；二是服妻之才，钦其文采；三是量妻之苦，念其食贫。"情怕"亦有三：一是爱妻之美，情愿奉其色笑；二是怜妻之少，自愧屈其青春；三是惜妻之娇，不忍见其颦。

以此标准审视以"怕老婆"闻名官场的陈夔龙，许氏出身豪门，娇美如花，养尊处优，脾气颇大；自小娴习诗词画赋，且谙熟人情世故，愿为夫君之仕途运筹奔走。细数下来，陈畏妻之贵、畏妻之富、畏妻之悍、服妻之才、爱妻之美、怜妻之少、惜妻之娇，三怕兼而有之，想不惧内都难！

## "头白徒殷恋阙情"

1909年，陈夔龙接替因"拍照门"下课的端方，出任直督，达到其官途之巅。他万万没料到，自己居然是清代最后一任直督（陈病退后，张镇芳仅署理十日，清帝便宣布逊位）。

下车伊始，陈即发觉一屁股坐在火山口上。清末地方政治，可谓乱象丛生，积重难返，直隶更是如此。先是财政亏空严重。李鸿章主政之时，“存款不下千余万金”。然“继任某制军（指袁世凯）藉以为练兵之用，不三年，支销殆尽。复奏准由各省合筹练兵经费，岁约数百万，竭天下之脂膏，供一己之挥霍，而定藏竭矣。厥后继任某制军（指杨士骧），复踵事增华，取携任便。岁入只有此数，出则层出不穷”。陈深知“公帑有限，岂能长此滥支”，于是不顾各方情面，缩减开支，剔除兼差，以改善府库支绌窘境。继之各国领事在拜见问题上又横生枝节。遵循旧制，北洋大臣履新，各国领事应前来拜谒。而前任藩司署理时，“力崇谦抑，先往拜各领事”，领事团遂欲援以为例，欲让陈夔龙来拜见。陈不以为然，采用逐一攻破之策，从美国、德国领事入手，“其余各领事，目见团体已散，遂亦相率来见”。

起初陈尚可勉强应付，之后政情之发展，已远超出其能力范畴。陈曾自我标榜曰：“所可以自慰者，厥有三端：一不联络新学家；二不敷衍留学生；三不延纳假名士。”可见其政治倾向极为保守。然清末局势已至不改革必死的地步，像陈这种官员，敌视新学，拒绝革新，只会激化矛盾，令问题愈加恶化。面对天津绅商学生之国会请愿运动，陈表面安抚，私下命军警强力弹压；武昌首义后，滦州新军起事，陈电请内阁，与陆军部联手绞杀起义；然革命潮流已不可阻遏，当直隶各界人士纷纷恳请其宣布独立时，陈深知个人政治生涯已近终点，于是一面坚称“勿论新党旧党，或官或绅，遇有作乱犯上，扰害地方者，杀无赦。他非所知”，一面反复上书清廷，以病为由，乞假养疴。

1912年2月3日，陈乞病获请，迁居德国租界。9日后，清帝逊位，陈夔龙再无望升迁，遂徒叹无可奈何花落去，化身遗民。

由于历任封疆大吏，陈夔龙宦囊甚丰，故生计颇为饶裕，"声伎遣意，诗酒怡情，娱老有方，耄而犹健，晚境之佳"，实非穷乏憔悴者所能及也。陈青年时即有写诗之嗜好，据其《松寿堂诗钞》自序言："及客丁文诚公幕府，遇王湘绮姻丈于蜀中。每说诗，讨论源流，多所启悟，诗格一变；逮抚三吴，遇俞曲园姻丈于金阊，相与究论汉魏以来诸家之得失，继以酬唱，诗格又一变。"隐居沪上后，陈积极响应瞿鸿禨之邀，参与组建逸社，终日与一帮海滨遗民吟诗作赋，悠游自在。汪辟疆先生在《光宣诗坛点将录》中，将陈比作"地俊星铁扇子宋清"，评曰："庸庵诗平澹之意境，虽喜为之，实不甚工。晚寓沪滨，较前略胜，尚不逮善化相国（即瞿鸿禨）也。"可见陈诗之水平难堪上乘。况且诸位前朝显宦之所以乐此不疲地定期聚会，轮流坐庄，名为诗酒宴集，消磨余生，实则窥伺时局，谋求东山再起，颇有"项庄舞剑、意在沛公"之意味。譬如陈夔龙虽自称"闭门却埽，万事不关"，然民国时局之风云变幻，在其诗作中皆历历可见。1914 年底，樊增祥赴京任职，陈立即作诗揶揄道：

为贫而仕本非贫，车马喧阗动四邻。一德格天工献颂，万人如海善藏身。

迷途未识今犹昨，宦梦方浓幻亦真。太息楼头双燕子，重来已是别家春。

1916 年 6 月 6 日，袁世凯于众叛亲离中忧惧而亡。陈闻之拍手称快，拈诗一首：

五载殷忧切，今朝一笑堪。人争弃刘豫，天不祐朱三。

九庙神灵鉴，千秋秽德惭。蓬莱春藉榭，即是木棉庵。

次年夏，张勋复辟。陈夔龙喜不自禁，以一首《无题》抒怀：

又见宣光致太平，转因喜极泪纵横。星辰上将纾筹策，车马东都振旆旌。

井底子阳销伪号，帐前回绝缔新盟。孤臣卧病沧江晚，头白徒殷恋阙情。

可惜到头来只是一场空欢喜。

由于养生有道，加之上天眷顾，陈夔龙将昔日朋僚故旧一一送走，独享高寿，直至1948年方才去世。此时距离清朝覆亡已整整过去三十七个春秋，而新中国之建立亦指日可待。对于一个沉迷仕途、热衷权力者而言，数十年远离官场，这是怎样的一种煎熬？陈在《梦蕉亭杂记》里，曾道：

自今以往，为元遗山之忧愤欤？为杨铁崖之旷达欤？抑求为文信国不获，而姑以仁义两言留作千秋正气欤？余不能自知。今之人亦不我知。后世倘有知我其人乎，则其我知视我之自知，为较真切矣。

是忧虑，是愤懑，是旷达，抑或庆幸，或满腹悔恨，还是五味杂陈？作为后人，笔者自不敢称知其人也，妄作断言恐有诛心之论之嫌，难称得上“真切”。不过，回望清末官场，类似陈夔龙这等人物，当不在少数，机关算尽，终致官运盈而国运亏。想必在他内心，还是悔恨之意多那么一点点吧？

# “当贤臣步入黄昏”：传统官员鹿传霖的困境

1902年一个夏日的傍晚，英国著名传教士李提摩太刚刚结束对清廷重臣荣禄的会谈。临别时，荣问道："汝是否愿意见见鹿传霖？"听闻此言，李提摩太脑海中的第一反应便是"我猜想，他以这种方式提出这个问题，是因为鹿传霖以最排外的内阁大员而闻名"。虽然对荣禄的建议兴趣不大，但碍于情面，李还是答道："如果他真的愿意见我，我可以登门拜访。""明天五点，他将在他家里恭候你。"荣马上替其安排妥当。

次日下午，李提摩太如约见到了他印象中的这位"上了年纪的固执的绅士"。然而令其大感意外的是，鹿传霖并不守旧油滑，他开门见山道："中国比以前差多了，并且一年比一年变得更坏。"接着鹿如饥似渴地向李求教有关改革的各种问题。

于是本来并不值得期待的应酬，却让李提摩太对鹿传霖有了出乎意料的好感：他"以一种巨大的热情坚持自己的观点"。李同时深深感到，"但不幸的是，正如他的一个同乡，偏见误导了他，使他无法对事物形成正确的判断"。

见面前后竟有如此鲜明反差，这个鹿传霖到底是个怎样的官员？

## 四方历练

鹿传霖，字润万，又字滋轩，号迂叟，祖籍直隶定兴，1836年出生在素有“八山一水一分田”之美誉的贵州。定兴鹿氏，可不是小家小户，在明清两朝，那绝对是一方名门望族，数百年官宦世家。明永乐年间，鹿氏一世祖鹿荣，由滦平迁徙到定兴县西江村，从此定居繁衍。自 1581 年第七世鹿久征中进士起，至清末鹿传霖，鹿氏家族共出了 12 名进士、33 名举人，可谓功名显赫，“世受皇恩”。

明末鹿家出了两位顶天立地的忠义之士。一位是第八世鹿正。他终生不仕，但心有社稷，胸怀苍生，面对阉党擅权、民不聊生的惨况，他毅然联合直隶大儒孙奇逢、张果中，反对魏忠贤专政，积极营救遭受构陷的忠良，被时人誉为“范阳三烈士”。

鹿正长子鹿善继更是青出于蓝而胜于蓝。其文采出众，进士出身，官至太常寺少卿。鹿善继曾辅佐兵部尚书孙承宗，督师山海关，击溃后金，收复失地。后清军入关，逼近北京，鹿积极抗清，屡次打退清兵。但终因敌众我寡，兵粮不济，京城沦陷，鹿善继自杀殉国，后谥号忠节。鹿正得知儿子死讯后，仰天长叹，“吾儿素以身许国，今果死，吾复何憾事！”在张廷玉等人编修的《明史》中，曾赞颂鹿善继等义士：“其英风义烈，固不可泯没于宇宙矣！”

到了鹿氏第十五代传人鹿丕宗（鹿传霖之父），亦未尝辱没门庭。他在贵州任职二十余年，做到都匀府知府，为官堪称正直廉洁。1856 年，贵州苗人起义，攻陷都匀府，鹿丕宗自焚殉职。为了表彰鹿丕宗的忠义之举，清廷下旨照三品例从优议恤。御赐恤赏祭葬银两，敕建专祠，入祀京师昭忠祠。命直隶、贵州省城、都匀府城昭忠祠，国史立传，予谥壮节，御赐碑文。

正是如此忠烈的家族背景与相当正统的言传身教，鹿传霖自小便立志要做国之荩臣。他自幼“体质素强，性尤敦敏”，八岁开始研读六经，为其日后为官做人积淀了良好的传统文化基础。而且鹿家的家教甚严，“八岁时，母萧太夫人戒勿妄语，持守终身”。到了二十岁那年，起义军“麇聚城下，传霖方率健卒迎饷，闻警，驰还助城守，相持十阅月，援绝城陷”。鹿传霖随众冲出都匀城，投奔到贵州总督府，后随大军收复都匀城，镇压了起义。鹿传霖更是背负其父母遗骸，穿越动乱之地，奔行千里，北归原籍定兴，使其父母灵归故乡。经此一劫，鹿传霖刚勇沉着、坚毅忠孝的品格传遍天下，这位少年郎陡获大名。

按理说，既然父母是朝廷追认的烈士，作为忠义之后，光靠政府的抚恤与老爸老妈的名气，“官二代”鹿传霖这辈子算是吃喝不愁了。不过，鹿绝非终日碌碌无为之辈，他不想啃老本。处理完后事，鹿传霖马上投入科场拼搏之中。他果然是棵读书苗子。23岁那年，他科考折桂，以举人身份跟随钦差大臣胜保，镇压捻军起义。他凭借自己的才干，收降了濮州的捻军，以功授同知，从此步入仕途。紧接着三年后，鹿百尺竿头更进一步，高中进士，开始了其游宦四方的政治生涯。

鹿传霖的官途可谓一帆风顺。在翰林院待了没一年，他格外幸运地外放广西，出任兴安县知县。下车伊始，鹿便走街串巷，体察民情，集中精力解决民生，同时还几度参与剿匪运动，政绩十分显著。鹿的勤勉引来了湘军大佬刘坤一、刘长佑的赏识，“先后疏荐其授知，朝廷自此始，明年调临桂”。1866年，鹿传霖升任桂林知府，而这一年，他刚过而立。

官职越高，权力越大，只要有心从政，自然大有可为，这本就是水涨船高之事。这在鹿身上得到了极佳的印证。荣升桂林知府，他因“广西乡试多贿通誊录”，花大力气整治科举舞弊，保证考试公正性。后调至福建按察使，刚上任就遇上棘手的教案。当地教会吸纳地痞流氓入会，充当黑恶势力保护伞，百姓无处申冤，于是时常采取极端行为，几至酿成群体性事件。鹿了解实情后，严饬地方官员，“勿妄意轻重，又与领事约，不得收违法者入教”，最终“民赖以安”。1883 年，鹿擢升河南巡抚，带头清算全省各州县纳粮积弊，追讨各种坏账亏空，财政收入岁增三十余万两。另“除例差疏沟渠，禁种罂粟，政教大行”。两年后，鹿西迁陕西巡抚。1890 年，黄河因暴雨骤降，与洛水合流，泛滥成灾，肆虐各地。鹿上奏朝廷，请得二十余万两治河官帑，命人沿岸筑石建堤三十多座，使得黄、洛二水各归其道，未造成大的灾患。

戊戌年，鹿传霖奉旨赴任四川总督，这个贵州出生的河北人终于坐到了国之疆臣的位置。历经三十多个春秋的磨砺，鹿已经成为一名极具基层执政经验且富有管理省级区域能力、既善于处理突发事件又能做长期发展规划的帝国大吏。用陈宝琛的话说，“公起外吏，知民疾苦，与吏治清浊之原，所至廉约率下，案牍无宿，留史白事，虽病必接见。参考互证，务尽事实。论人先质行后才辩。尤恶贪吏，虽贵势，不稍贳……主于慎独守约，亦自号迂叟，其扶持善类，将顺德意，有功无迹。世不尽知，公亦不欲人知也”。

而此时他 59 岁，按照那时的官场惯例，这尚是个做大事的年纪。

## 仕途顿挫

做官本来就是个高危职业。四川总督的位子还没坐热，鹿传霖便遇上事了，而且遇上大事了。

摆在鹿总督面前的是两件大事：成都教案与瞻对叛乱，一件属于涉外案件，一件属于边疆问题。二者虽然性质迥异，但皆是历史遗留问题，且不容有失。

俗话说“救急不救穷”，经过比较，鹿传霖决定先从平息教案着手。自从被迫通商开埠后，四川民教矛盾便迭兴不绝。1895 年《马关条约》的签订，重庆等地开放为商埠，更是激起了又一波反洋教浪潮。当年端午节，前来观看庆祝活动的英国人与成都居民发生口角，遂引发剧烈冲突，群众怒烧教堂。很快，反教活动如同多米诺骨牌效应，遍布四川各地，局势处于失控的边缘。清政府也顿时慌了手脚，催促“处理群体性事件能手”鹿传霖立即赴川上任，平定事端。

到了成都，鹿传霖既没有向洋人示好，更没有袒护官员，而是召集所有下属研究事态及解决方案。经过几番讨论，鹿得出了如此判断：此次教案虽然起于英国，但英国在省城内外被毁的教堂仅七处，美国被毁三处，赔款不致过巨，并且英国有迷害幼孩一事，理屈词穷。而此次教案中的法国一方最难办理。法国教堂被毁达二十余所，丢失存款二十万，却谎称丢失七八十万，分明是有意多加索赔。故鹿上书中央，主张采取各个击破的策略：“拟各就各处议赔了结，然后专与磋磨省堂赔款，似不宜求速。”

这一招果然奏效。经过反复据理力争、软磨硬泡，四个月后，法方赔款大体议妥。然而由于属下交涉不利，英美方面迟迟不能确定。此时清廷高层担心久拖下去，恐生变故，于是急命鹿传霖尽快结案。鹿虽然心有不满，但只得遵旨办理。为了避免之后再出现同样的缺憾，鹿事后特意呈上一份奏折，提出三条建议：第一，今后地方大员必须督率下属，遵从政府的规章制度，凡遇有与洋人交涉事宜，地方官员一定持平迅速办理。第二，对洋人的教堂、医馆必须加以保护，不许再疏忽大意。第三，及时开导民众，消除民众的疑惑，不许造谣生事，以保和平。这三条堪称肺腑之言。

处理完教案，来不及休整，鹿传霖又马不停蹄地去处理边疆困局。较之于突如其来的教案，瞻对叛乱问题则是盘根错节、由来已久。瞻对（今四川省新龙县），位于四川省西部，靠近西藏东界，是四川与西藏相通的关键纽带，地理位置极其重要。瞻对本来分为上、中、下三土司，随着各土司势力的扩张，至道光年间，中瞻对的实力最为强大，其首领工布朗结尚武力，逐渐吞并其他两土司。之后，工布朗结不断侵扰周边各土司，造成这一地区长期动荡不安。1865 年，川军在藏军的协助下，用时三个月，才将工布朗结之乱平息。平叛土司之乱后，达赖向清政府邀功求赏，而清政府竟把瞻对划入达赖管辖之内，导致这一地区非但没有得以安宁，反而再度陷于长期不稳定状态中。

鹿传霖到任时，政治环境愈加复杂。外有英俄两国暗地联络西藏土司，企图攫取当地权益，内有第十三世达赖利用瞻对问题不断滋事，局部矛盾渐有上升为川藏冲突的趋势。鹿本来希望以开导藏人为主，不主张大肆用兵镇压。然而就在鹿传霖有所顾虑之际，藏官仔仲则札霸领兵占据章谷。鹿不再犹豫，迅速进军瞻对。由于瞻对“地最险，人最强”，再加上藏番的负隅顽抗，清军用时近三个月才攻破瞻巢。平叛之后，鹿传霖决心采取改土归流的方式，先把瞻对收回四川，再以瞻对为关节点，逐步实现对其他各土司的整顿治理，最终达到保川图藏的目的。

鹿的这套方案堪称深谋远虑、一劳永逸。但清廷在瞻对是否收归中央管理问题上，态度摇摆不定，最终没有采纳鹿传霖改土归流的建议，并把瞻对仍赏还达赖，恢复旧有之土司制度。这无异于又埋下了一颗定时炸弹。藏番更加猖狂，瞻民及周围土民愈发遭殃，甚至造成藏印之间的矛盾更加复杂，导致 1904 年英人出兵侵占拉萨、赶跑达赖，强迫当地政府与之签订《英藏条约》。更有甚者，1905 年巴塘土民暴乱，导致驻藏帮办凤全及其随从几十余人被杀。清廷这才下决心整顿此区，命赵尔丰、傅嵩炑推行改土归流，但其难度也较之前更大了。

不仅自己的方案未得到采纳，鹿传霖反倒被达赖倒打一耙，因此事被莫名其妙地罢免总督职务。功劳无人赏识，反而遭受不白之冤，鹿满腹愤懑与委屈，他利用在乡赋闲时间，撰写《筹瞻疏稿》一书，慨叹“余奉诏解任，前案全翻，成功尽弃，窃虑此后藏不可保，蜀亦必危，屏藩尽失，大局何堪……”

鹿的一番苦心虽然朝廷不甚明晰，但却博得时贤的一致赞赏，譬如吴丰培曾感慨道：“便当时能观厥成，则西康改行省早实现于十数年前，而藏番又何敢藐视中朝，抗令不遵，而酿英兵之祸哉！”

真是可惜了鹿传霖哪，为朝廷竭尽忠心，却换来免官归乡。

## 勤王奇勋

怎奈何鹿传霖天生有一颗忠君之心，一旦有机会，必当替朝廷肝脑涂地。

戊戌政变后，荣禄全面掌权。很快，荣便举荐在家蛰伏三年之久的鹿传霖复出，担任广东巡抚。鹿传霖同荣禄的关系可不一般。当鹿还是陕西巡抚时，曾收到直隶同乡、当朝大佬李鸿藻的书信。信中李向鹿推荐新任西安将军荣禄，希望二人能和衷共济。此前荣禄与李鸿藻同为京官，交谊匪浅，已结拜为金兰。所以，荣禄若想在陕站稳脚跟，就须同当地官员搞好关系，他借助李鸿藻这层关系来向鹿传霖示好，也再自然不过。况且荣禄确实才略过人，鹿对其钦佩有加，二人由此在西安结下了深厚的交情。正是在好友荣禄的力挺下，本来有“不良记录”的鹿传霖，两年内连连升职，官拜两广总督。

1900年夏，义和团蜂起，八国联军侵华，两宫逃往西安，北方地区一片狼藉。此时南方各省督抚为了维护地方稳定，纷纷倡议东南各省联合自保运动，史称“东南互保”。此时仍署理江苏巡抚的鹿传霖，面对两宫生死未卜的情形，再也按捺不住，迅速招募三营兵力，亲自统领北上勤王。鹿传霖的忠心换来了慈禧的赏识，在西行途中，命其以候补尚书入值军机。护送两宫至西安时，“擢左都御史，迁礼部尚书，兼署工部，改授户部”。

当慈禧驻跸山西之际，鹿上呈了一份轰动一时的奏折——《新授两广总督鹿传霖奏陈请于西安建新都折》。鹿传霖分析了当时所处形势，认为不可草率回京，以免受制于洋人。他还陈述了西安地利、人和、历史沿革等诸因素，再加上其本人曾在陕西任巡抚多年，经营筹划已见成效。基于此，鹿传霖恳请两宫“择期启銮，前赴西安，早定迁都大计”。鹿的这一建议很快传遍大江南北，引来士林一片哗然。如著名士绅张謇“闻初八日朝旨仍迁陕西。西迁之计，谁口甚失，独不宜于此日耳！然非独鹿主此说，鹿于十年前已置产于陕西，张亦主之。此则半误于妄信谶语。黄檗禅师之诗：半误于不识敌情，遂令和局延缓，而琐琐群小，且以长安为小朝廷，可以偏安，保其前局，可哀也已！”可见，鹿传霖的这个建议并不高明。

虽然最终两宫没有在西安建立新都，但还是采纳了将西安设为行在的建议，鹿的主张实际影响了清廷主政者的决策。这也说明慈禧已将其视作心腹股肱之臣。

## 勉为其难

重创之后，必有反省；痛定思痛，求变当先。1901 年 1 月 29 日，尚在西安避祸的慈禧发布了全面变法的上谕，清末新政之帷幕徐徐拉开。老佛爷能下定决心推行改革，鹿传霖在其中之作用颇为微妙。

其实鹿对所谓新政并无具体规划，亦无甚大热情，促使他积极运作此事的幕后推手不是旁人，就是自己的小舅子张之洞。早在贵州时，鹿、张两家便已是至交。鹿丕宗与张之洞之父张瑛志同道合，来往频密。少年时代，鹿传霖与张之洞常“以文行相砥砺”。后来鹿又娶张之洞三姐为妻，二人可谓亲上加亲。故鹿、张各自步入政坛后，时常鸿雁传书，彼此出谋划策。

自从北上勤王后，鹿传霖火速入值军机，参预政要，跻身为朝中仅次于荣禄的重臣。眼看着姐夫得势，张之洞喜在心头，他写信给鹿，强调朝廷必须进行大规模变法，否则倾覆就在眼前。鹿自然领会于心，联合荣禄在慈禧面前力倡改革之必要，终促成改革大计。不惟如此，鹿传霖还帮张之洞拉近与荣禄的关系。当时英国大使认为荣禄是同刚毅、董福祥一类的保守官僚，应当严惩。张之洞闻风向英使提供荣禄剿灭拳民、不愿开战的种种证据，极力为其辩白。鹿得知后便顺水推舟，将此事告知荣禄。荣对张之好感陡增。这为之后张所提出的改革主张得以通过预作铺垫。

既然朝廷宣布变法，但究竟如何具体操作，两宫的真实意图是什么？这又成为各地督抚猜测揣摩的焦点。为了解开心中的谜团，张之洞再次致信鹿传霖，探询“究竟此事慈意若何？略园（指荣禄）能透彻否？各省能否切实复奏？哪几种事渴望更张？”对于小舅子，鹿自然倾囊告知：“至应如何变通，总期实事求是，决无成见……惟当切实行之，逐渐变之，总期除弊兴利，似不必拘定西学名目，授人攻击之柄。此大举动大转关，尤要一篇大文字，方能开痼蔽而利施行，非公孰能为之？极盼尽言。”这一段文字，鹿既透露了两宫对于改革的真实想法，又梳理出高层对于推行新政的大致思路，同时提醒张之洞所需谨慎之处，最后力劝其起草一篇够分量的奏折，可谓知无不言、道破天机了。正是凭借鹿的“线报”，张联合刘坤一递上《江楚会奏变法三折》，一举迎合圣意，为未来的变法规定了方向。

法国著名历史学家托克维尔曾对法国大革命有过如此评论：“对于一个坏政府来说，最危险的时刻通常就是它开始改革的时刻……人们耐心忍受着苦难，以为这是不可避免的，但一旦有人出主意想消除苦难时，它就变得无法忍受了。当时被消除的所有流弊似乎更容易使人觉察到尚有其他流弊存在，于是人们的情绪便更激烈：痛苦的确已经减轻，但是感觉却更加敏锐。”作为一名传统官吏，鹿传霖自然洞察不到改革竟蕴含如此诡异的玄机，但终日参与其中，他也逐渐体会到改革在兴利除弊的同时，所带来的负面效应也着实可怕。鹿深感改革如同一头难以驯服与揣测习性的野兽。而这种感觉，随着进程的推进，愈发强烈。

清末学制改革，其中关键一环即废除科举。张之洞与袁世凯皆力主之。此建议若想被采纳，必须经过当时主管改革事宜的机构政务处之审核批准。政务处共有八名大臣，瞿鸿禨、张百熙、荣庆皆表示赞同；奕劻、昆冈起初不置可否，后来经袁世凯劝说亦点头允可；孙家鼐虽持有异议，但碍于情面，终做出妥协；唯有王文韶从头至尾坚决反对。鹿其实并不十分赞成停废科举，毕竟若缺乏后续保障措施，势必造成大量士人失业，招致极大的社会动荡。然张之洞为自己姻亲，且多数大臣赞同停废，鹿感到势单力孤，只好随波逐流。张之洞多次致函鹿传霖，望其说服王。鹿只好反复苦劝，依旧未能改王立场。1905年夏，清廷开掉王文韶政务处差事，鹿传霖唯一的盟友突然离开，废除科举遂由此坐实。

不出鹿之所料，废除之后，诸多隐患一一浮现，社会怨声载道。连张之洞也“见新学猖狂，颇有悔心”。鹿更是后悔之前做了墙头草，于是暗中授意民政部参议刘彭年、翰林侍读学士恽毓鼎、给事中李灼华同时具疏请复科举，惜朝廷留中不发，“后遂无敢进言者”。鹿只得兀自嗟叹决策不力、覆水难收。

对于统治者而言，改革从某种意义上讲，实际就是既得利益的重新分配，在这场残酷的洗牌过程中，自然是几家欢喜几家愁。像庆亲王奕劻，便借新政之名，疯狂索贿敛财，几年间已富可敌国。奕劻统领枢务后，他的五福晋争宠，“各通贿赂，积存金钱日益增多，寄顿汇丰洋行达百万”。道员吴懋鼎为汇丰银行会计，私下将此事告知御史蒋式瑆，蒋遂具折弹劾。朝廷命鹿传霖查办此事。鹿早就对奕劻卖官鬻爵的举动深恶痛疾，得此良机，发誓要把这名国之蠹虫绳之以法。孰料奕劻自有应对之策，他派人与吴懋鼎谈妥，“愿割其半以借券还之”。吴见财起意，答应帮其篡改证据。第二天，待鹿传霖等来到洋行，“呈其簿据观之，凡巨室所存母金皆隐其名曰某堂、某会”。鹿无法辨识户头，更无从追查巨款源头，只得以查无实据草草结案。此事令其不得不承认，改革已扭曲成少数特权阶层的敛财游戏。

作为汉族军机大臣，鹿传霖之地位虽显赫，其头衔虽尊崇，实际却时常令人左右为难，叫苦不迭，尤其是在清末官制改革之际。清廷推行官制改革，一个核心目的便是为皇族收归地方大权，这势必激起地方督抚的强烈不满。而诸如袁世凯、张之洞这般的强势总督，又希望通过改革官制的途径，进一步控制中央大权。于是，鹿传霖就如同权衡天平两端砝码的杠杆，虽左右摇摆，却无能为力。到1906年夏，围绕官制改革而引发的矛盾达至白热化。此时袁世凯与奕劻已形成政治同盟，“庆邸当国，项城遥执朝权，与政府沆瀣一气”。昔日与袁平分秋色的张之洞，自然颇有被其凌驾于上的感觉。身在中枢的鹿传霖，无论是为了保证朝中各派势力均衡的公义，还是出于维护姻亲政治地位的私心，都不希望袁世凯一家独大。于是他联合与袁有宿怨的瞿鸿禨等人，与张之洞频频密议对袁之策。经过一番设计，鹿、张、瞿等终利用中央收回地方军政大权与慈禧寻求新的权力平衡之机，名正言顺地借清廷之手开去袁世凯诸多差事，令其蒙受挫败。只可惜次年丁未政潮突发，瞿鸿禨横遭罢黜，袁世凯逆袭成功，鹿辛苦盼来的“平局”又被打破。虽鹿之后积极运作张之洞入阁成功，但大势已无可挽回。

毫无疑问，鹿传霖是清末群臣中难得的贤才，一心为国，任劳任怨。不过，他的短板同样明显而致命：缺乏长远的政治眼光与高明的政治智慧。如此官员身居中枢要职，其表现只堪用四个字形容：勉为其难。

## 油尽灯枯

由于青年时期长期随军作战，饮食与休息不规律，鹿传霖积劳成疾，落下了一身病。后来四处任职，鹿往往夙兴夜寐、埋头案首，于是时常旧病复发。如其刚到河南巡抚任上，便“病泄数月”。后来转任陕西，他病情严重，不得不“引疾归里”，四年后方才调理妥当，再度出山。

自从进入中枢后，繁重的政务与诡谲的斗争让鹿心力交瘁，他的痔病一再复发，使其苦不堪言。这在《鹿传霖日记》中多有反映：

1907年六月初一　早起腹痛，即出恭……人颇惫，未入直。

1908年九月初十　早起腹胀痛，出恭未洁，痔发未能入直，卧，两肋气胀。

……

年届七旬的鹿传霖已是垂垂老矣，他四次上疏，要求解职归养，均被清廷“温谕慰留”。不得已，鹿拖着病躯为清廷效力至生命最后一刻。1910年8月，病情危殆的鹿传霖向清廷上遗折，恳求摄政王：

方今时局阽危，列强环伺，民穷财尽，灾异迭乘，内忧外患，在在可虞伏，愿监国摄政王辅导我皇上，励精图治，及时自强，举凡用人、理财、练兵、兴学诸大政，力求实际，痛除积弊，但能忧勤惕励，终必转危为安！

数日后，鹿传霖病逝，享年75岁。

鹿氏殁后，时人感慨“楚北事起，或谓传霖在，国祸必不至此，海内识与不识，佥痛惜之”。其实，即使鹿活到辛亥年，也不过是多了一位目睹历史巨变的见证者而已。鹿传霖，这位晚清贤臣无可奈何地步入黄昏，而他身后的王朝，也送走了最后一抹残阳。

# 中 卷

# 王鼎尸谏：

# 一场黑色政治幽默

传统中国政治，君主高高在上，群臣环而拱之，这种等级关系自然造成了君臣之间的不平等。故常言道："君要臣死，臣不得不死。"不过，偶尔也会出现"臣要君听，臣不得不死"的例外。此例外的祖师爷名叫史鱼。他是春秋时期卫国的大夫，自认作为大臣，"不能进贤而退不肖"，于是病故前嘱托儿子勿在正堂治丧，以此警醒卫君亲君子远小人。《韩诗外传》赞史鱼"生以身谏，死以尸谏，可谓直矣"。于是乎，这种大臣不按照常规礼仪停尸的做法，就叫作尸谏。

如此看来，尸谏的原意是臣子不讲礼，并非不要命。孰料千年之后，它却演化为以命劝谏的极端行径。譬如明代海瑞诸人，抬着棺材谏君。此举看似激烈，其实充其量无非挨几廷杖的政治秀。到了晚清，政治秀进一步升级为"玩命秀"，真正达到了"臣要君听，臣不得不死"的地步。而开此先河者，乃道光朝的重臣王鼎。

## 良臣模板

这王大人，首先是位君子。他出身贫寒，毫无背景，"力学，尚气节"。据《清史稿》载，考中进士后，他赴礼部面试。时任大学士的王杰从众人中发现了王鼎这个干才。一经询问，王杰方知原来王鼎是自己的陕西老乡，并且同族，于是急欲将其揽入麾下。孰料王鼎为人“清操绝俗，生平不受请托，亦不请托于人”，居然完全不理会大学士之美意。当然王杰也不以为忤，慨叹“观子品概，他日名位必继吾后”。也正因为缺乏心计、埋头干活的作风，王在京曹辗转沉浮近二十年，才被嘉庆皇帝发现，授以工部侍郎。面对平日不显山露水的王鼎，连嘉庆都不禁责怪其过于老实，不善于走动，谕曰：“朕向不知汝，亦无人保荐。因阅大考考差文字，知汝学问。屡次召见奏对，知汝品行。汝是朕特达之知。”

其次，王鼎是位能吏。受到朝廷重用后，王先是在工、吏、户、刑四部转了一圈，备受历练，终在道光六年出任户部尚书，并授军机大臣。作为国家的财神爷，王首要解决的即盐政积弊。食盐专卖本是清朝重要税源，然沿袭已久，却沦为各路官商营私舞弊之渊薮。王鼎痛下狠手，先是整饬北方盐务，使得长芦盐场税收大增。接着将大刀挥向两淮盐务。淮盐无论质与量皆居全国首位，自然被各家视为肥肉，因而贪污重、盘剥狠、关卡多、走私频、负担大。并且这里盐务世代被具有深厚官方背景的“纲商”家族势力把持，王鼎若是取消“纲商”们的盐场运销特权，无疑抽走了不少中枢大臣的私房钱，动了他们灰色收入的奶酪，必定会招致强烈的反弹。倘使别人，或许已知难而退。王鼎却偏要啃下这块硬骨头，他联手两江总督陶澍，偕同户部侍郎宝兴，以缓解民困之由，说服道光下令裁撤两淮盐政，并打出组合拳：“裁浮费，减窝价，删繁文，慎出纳，裁商总，覈滞销，缓积欠，恤灶丁，给船价，究淹销，疏运道，添岸店，散轮规，饬纪纲，收灶盐。”故“陶澍得锐意兴革，淮纲自此渐振，鼎之力也”。

再次，王归根结底是个传统意义上的标准忠臣。1840 年，粤海战起，史称第一次鸦片战争。围绕战和问题，清廷分为两派，王鼎自是坚定站在主战一边。其不仅屡屡与主张和议的首相穆彰阿据理力争、唇枪舌剑，闹得不可开交，更是数度不惜冒犯天颜，苦劝道光帝下定决心与英人一战到底。虽拼尽全力，仍无果而终。

操守极佳、勇于任事、忠于君上，王鼎可谓尽到了人臣的本分，算得上良臣的模板。那么，好端端的国之股肱，为何要自寻短见呢？

## 致命缺陷

王鼎选择尸谏，恐怕与其个性有莫大关联。

英国19世纪政治思想家阿克顿曾指出："权力导致腐败，绝对权力导致绝对腐败。伟大人物也几乎总是一些坏人，甚至当他们施加普通影响而不是行使权威时也是如此……伴随着暴虐权力而来的往往是道德的堕落和败坏。"换成中国俗语，即"好人不从政，从政无好人"。政坛自古便是阴谋与阳谋纠葛不清之地。民国学者吴宓用四个字总结陕西人的性格：倔、犟、硬、碰，而王鼎恰恰就是个中典型。其为官四十余载，刚直有余，圆融不足，令人钦佩的同时，也树敌无数。"过刚者易折，善柔者不败"，陕西好人王鼎像一头瓷器店中的猛牛，横冲直撞的结果，便是得罪了当时清帝国权势最煊赫的三位人物。

第一位是盐枭首相曹振镛。曹出身两淮盐商世家，其家族堪称清代首富阶层。正因为家底丰厚，富可敌国，曹振镛才能一门心思扑在政治上，不会为一年区区三百六十两白银、一百八十石大米的俸禄发愁。须知，曹要养活成群的妻妾子女，喂饱大量的门生故吏，摆平各路的牛鬼蛇神，应付无数的曲水流觞，一年开支当在万两以上。花费如水，而曹却能表现得"克勤克慎"，独享清廉之誉，可知他凭借的恰是其几辈子也用不尽的家族买卖。前文言及，王鼎改革两淮盐政，实际上就是端了曹振镛的聚宝盆。按理说，财路受损，曹应好好回敬一下这个不懂事的王鼎。孰料曹的反应居然是淡淡的一句话："焉有饿死之宰相家？"

《清史稿》评价曹，用的是道光的诏令："曹振镛实心任事，外貌讷然，而献替不避嫌怨，朕深倚赖，而人不知。"这全然一副政坛老油条的嘴脸：外看似不露丝毫锋芒，内实藏杀人无形利剑。既然他深知道光决意废除淮盐，自争之无益，不如先随声附和，再伺机报复。

果不其然，一年后，王鼎便遭暗算。他先是"以失察捐纳房书吏蔡绳祖等私造假照，降二品顶戴"，次年就被逐出军机处，赴直隶任职。不久又因清河县民散布邪教，降一级留任。直到曹振镛去世，王才得以重归内阁。可知若非曹一再作梗，王之仕途岂会如此蹉跎。

盼走了曹振镛，王鼎总算坐到了东阁大学士的位置，仅次于首席军机大臣穆彰阿。而这个穆彰阿，依照咸丰的评价，其当国以来，"保位贪荣，妨贤病国。小忠小信，阴柔以售其奸；伪学伪才，揣摩以逢主意。从前夷务之兴，倾排异己，深堪痛恨！"其媚上欺下的功夫，看来不比曹振镛差。更青出于蓝的是，穆门生故吏遍于中外，知名之士多被援引，一时号曰"穆党"。有一次会试后，顺德罗惇衍，泾阳张芾和云南何桂清三人同时登第入翰林，年龄皆未弱冠。张、何二人心知穆彰阿把持朝政，炙手可热，于是皆依附之。唯独罗惇衍从未登门拜访。散馆后，初考试差，三人皆得缺。差命既下，罗之恩师汤海秋尚书问其拜见穆中堂否，罗答："未也。"汤立即骇然曰："子未见穆相，先来见我，殆矣。"罗彼时少年气盛，不信其说，亦不竟往。次日，忽传旨罗惇衍年纪太轻，未可胜衡文之任，著毋庸前往，另派某去，人皆知穆彰阿所为也。历数整个清朝，已放差而收回成命者，仅罗惇衍一人而已。其实当时张登科时十八岁，何十七岁，而罗十九岁。穆彰阿之能量，似有回天之力一般，是一位绝对不能惹的人物。不过王鼎还是摸了老虎的屁股，在对英战和问题上与穆始终相左，且口生龃龉。闹到最后，每次相见王鼎对着穆彰阿辄厉声诟骂，穆笑而避之。或两人同时召见，复于上前盛气诘责之，斥其为秦桧、严嵩，穆默然不与辩。道光此时做起了和事佬，笑视王鼎曰："卿醉矣！"命太监扶之出。明日，王继续在廷上劝谏甚苦，道光终按捺不住怒火，拂衣而起，王鼎虽然拽住了皇帝的衣襟，终不获伸其说。由此便知道光平日受穆彰阿影响之深。

道光一朝三十载，起初"一倚曹振镛，兢兢文法；及穆彰阿柄用，和战游移，遂成外患。一代安危，斯其关键已"。王鼎恰恰身处这两位庸臣当道之际，备受排挤，实属自然。而对其打击最大的，尚是失去道光信任一事。历代帝王，最忌惮臣僚之所为，莫过于结党。一旦朝臣结党，便会导致营私泛滥、攻讦丛生、信息不畅甚至忤逆谋反等问题，于是君主便失去了对大局的掌控。当时道光朝最大的派系应是"穆党"，其势力盘根错节，遍布朝堂内外。不过穆彰阿不愧是植党高手，虽权势煊赫，耳目众多，在道光面前却每每谨小慎微，伪言荧惑，一副奴才相，故"终道光朝，恩眷不衰"。因此，道光始终认为穆彰阿绝无结党可能。

而王鼎则没获取道光足够的信任。由于王雷厉风行、直来直去的个性，很容易让人产生猜忌。废除两淮盐政时，王鼎与陶澍声气相求，同宝兴一条战线，终将帝国近二百年来的弊政废除。自古功成谤随，王鼎最佳的处理方法，要么表现得低调谦逊，减少与陶澍、宝兴等人之来往，要么就在道光面前表忠心。而王却依旧我行我素，其留给道光的观感可想而知。

到了鸦片战争后，林则徐被革职遣戍新疆。出于惜才护才之故，借祥符治水之机，王鼎推荐林一同治理决口。王、林二人一见如故，王更是倾诚接纳，承诺还朝后必向朝廷力荐。及大工合龙后，王立即向道光力荐林则徐之贤。但道光根本不买王鼎的账，继续命林赴新疆效力赎罪。须知，道光讨厌的不是林则徐，而是王鼎。之前他已担心王同陶澍的关系非同寻常。这次王力荐的林则徐，与陶关系亦是紧密。魏源曾有记载，当陶澍“初督两江，时值水灾，奏请河南藩司林公调江苏办赈。及林公由东河移抚江苏，与公益志同道合，相得无间”。这不免给人一种三者间互相关照的印象，也似乎从一个侧面坐实了道光的担忧：王鼎有结党之嫌疑。于是乎，不论王鼎痛声苦劝，还是牵裾而谏，道光皆置若罔闻，终拂衣而去。很明显，他已将王鼎拉入了不信任的黑名单中。

如果说对于曹振镛、穆彰阿的排挤打压，王鼎尚能安之若素的话，那么道光冷若冰霜的回应，则让其内心信念彻底崩塌。对于毕生笃信儒家以道为己任的王鼎而言，剩下的选择唯有“舍生取义”、“杀身成仁”式的殉道了。

于是，纠结数日后，王鼎留下遗书，果真“闭户自缢，冀以尸谏”。

## 种瓜得豆

王鼎之死，其目的无非有二：一是践行儒生与道始终、死而后已的精神追求；二则以死来劝谏道光，亲君子远小人。显而易见，只要王驾鹤西去，第一个目的便告实现，然第二个目的却非一个死人所能掌控的。

法国社会学家迪尔凯姆在《自杀论》一书中曾指出：自杀乃“死

者自己完成并知道会产生这种结果的某种积极或消极的行动直接或间接地引起的死亡”，因而这种个人行为的意图是要产生社会效应。然本欲让道光警醒的尸谏，却出现了令人意想不到的黑色幽默般的结局：“军机章京陈孚恩，穆彰阿党也。灭其疏，别具以闻。上疑其卒暴，命取原疏不得，于是优诏悯惜，赠太保，谥文恪，祀贤良祠。”王鼎之死可谓种瓜得豆。

道光是否真的不知情，这很成问题。军机处第三把交椅的重臣非正常死亡，如此轰动的大事件，岂是穆彰阿只手可以遮住的？恐怕道光是揣着明白装糊涂而已。假使道光公开承认王鼎乃尸谏，那么迅速有两个难题摆在他面前。首先光天化日之下有大臣尸谏，则证明君主昏庸、朝纲纷乱，道光这皇帝做得很失败。当然此问题还不算严重，王鼎尸谏的目标是指向穆彰阿，道光一旦承认其自杀的合法性，那么就意味着于朝廷内部存在着一个势力庞大的私党集团，而首领还是自己最信赖的近臣，这是道光所无法接受的。况且即使道光决心打掉“穆党”，也一定会引发朝野内外的恐慌，人人自危的氛围甚至有可能影响正常的政治秩序，这是道光所不愿付出的巨大代价。

因此，道光选择了冷处理：以风光大葬、厚恤家属的方式了结这场轰动政坛的大事件。不过，这种手法过于欲盖弥彰，反而刺激了后人的猎奇心。关于王鼎尸谏的内幕也被愈挖愈深。

首先是薛福成，他在《庸庵笔记》中，认定陈孚恩乃篡改王鼎遗书之主谋，他联合张芾半劝半吓，令王鼎之子王沆同意掩盖尸谏真相，“孚恩代为改草遗疏，以暴疾闻。”况周颐在其《眉庐丛话》中则认定是张芾主谋，其“以危词恫吓其公子溉，竟匿不上”。稍后于况的李岳瑞，更是爆出了另一位主谋聂沄，指出张芾所为“其谋实定于文毅同县人聂沄之手”。

综观三说，其焦点皆集中于那一位或几位见不得光且已无法说清的幕后黑手身上，完全忽视了是何原因促使王鼎选择自杀及其尸谏的象征意义。诚如朱维铮先生所言，“王鼎的尸谏，仅在掌故学者中尚存记忆”。他们合力爆料的结果，便是将这场黑色政治幽默的底色越描越深而已。难道他们不晓得：一个元老大臣极端性的尸谏行为，已昭示出清帝国这轮太阳真的要夕阳西下了……

# 嗜权标本：

# 晚清官员陈孚恩的宦海浮沉

同治十一年（1872）夏，清廷颁布一条极为简短且颇耐人寻味的上谕：

予伊犁殉难已革尚书陈孚恩眷属四名口分别旌恤加等。

一个久已淡出官场的名字再度出现在众人视线：陈孚恩。要知道，倘在十几年前，陈可是枢桓之内无晓不知、炙手可热的一品大员，曾先后出任礼、兵、刑、户、吏五部尚书，并一度入值军机处，参预军政机密。然而，此短短一句旨意，释放出来的信息却格外诡异：既然前朝重臣因守卫边疆而殉难，为何仅抚恤其家眷，对陈之功劳只字不提？更奇怪的是，陈氏之死实际发生在同治五年（1866），阵亡已达六载之久，朝廷方才下旨提及此事，咋如此滞后？

此旨颁布后，无论官界，抑或士林，皆反应极其冷淡。问题来了，陈孚恩缘何这么不受待见，人已去事仍未了？

## 穆党红人

陈孚恩，字子鹤，号少默，江西新城人。陈出自名门世家，“清进士陈道，子守中、守誉，乾隆年间同举乡试。孙观、用光、椿冠，曾孙希祖、希曾、兰祥，乾嘉道年间，一门七进士，九乡榜，为邑之冠，称望族”。其父陈希曾更是高中一榜第三名，揽下“探花郎”之誉，官至工部右侍郎。正因家学深厚，陈孚恩科场可谓一番坦途，他道光五年（1825）拔贡，次年朝考一等，获授吏部主事一职，开启了仕宦生涯。

名为“官二代”，然陈孚恩之父早于1816年便已离世，故其实际并无家庭背景可资凭依。况且吏部主事仅仅是个七品小官，按“京师习惯，以吏、户二部为优选”，虽说自古选拔与考核官员及主管财政的两大部门肥缺多、易升迁，但若想仕途顺遂，官拜枢廷大员，常例必当拜码头、找靠山。陈氏不仅智商高，情商亦高，对官场的各种明潜规则谙熟于心，十几年内数度升迁，四十出头便位居工部侍郎，俨然已是大清朝的副部级领导。陈氏所依附之人，便是终道光一朝恩眷不衰的首席军机大臣穆彰阿。穆氏之作为，《清史稿》已有评论：“穆彰阿当国，主和议，为海内所丛诟。上既厌兵，从其策……自嘉庆以来，典乡试三，典会试五。凡覆试、殿试、朝考、教习庶吉士散馆考差、大考翰詹，无岁不与衡文之役。国史、玉牒、实录诸馆，皆为总裁。门生故吏遍于中外，知名之士多被援引，一时号曰‘穆党’。”既然穆彰阿于朝堂之上可以忽悠皇上，隐掌国策，在科场之内又能物色英才，培植羽翼，故其在朝野内外、大江南北编织了一张无形的人际网络。通过这张网，穆不仅可以控制京内言路，还可以左右京外舆论。诚可谓左右全局，进退自如。因此谁若搭上穆彰阿这艘大船，今后自不必再担心宦海汹涌风浪。

陈孚恩与穆氏结缘，当从军机处讲起。在吏部任职一段时间后，陈有幸进入军机处挂职锻炼，担任负责日常庶务的章京。日子一久，执掌军机处的穆彰阿自然关注到这位聪明机敏、办事干练的年轻人，欲将其引为心腹，多加关照。穆氏有意，投之以桃，陈孚恩岂能无情，自然报之以李。道光二十二年（1842），大臣王鼎“闭户自缢，冀以尸谏”，以期警醒迷梦中的道光帝。王鼎此举势必对穆党不利，恰好陈孚恩奉旨处理此事，他迅速拿出处理方案，“灭其疏，别具以闻”。并且陈软硬兼施，令王鼎之子王沆同意掩盖尸谏真相，“孚恩代为改草遗疏，以暴疾闻”。道光“疑其卒暴，命取原疏不得，于是优诏悯惜，赠太保，谥文恪，祀贤良祠”。穆彰阿毫发无损，王鼎之死可谓种瓜得豆。

交上了分量十足的“投名状”，穆氏对其愈发倚重，陈氏自此便搭上了升职直通车，“历太仆寺少卿、通政司副使、太仆寺卿，皆留直。迁大理寺卿、左副都御史，兼署顺天府尹、工部侍郎，擢仓场侍郎。二十七年，调署兵部侍郎，在军机大臣上行走”。一位汉族官员，四十五岁便可以自由出入军机处，这在彼时官场并不多见，可谓中年干部中之佼佼者。

让人更为赞叹的是，作为穆氏的得意门生，陈的演技可谓丝毫不输于乃师。就在升为兵部侍郎的当年，他便上演了一出精彩的“政治秀”。一次，陈与另一位副部级同僚柏葰一道赴山东巡视吏治，查处时任山东巡抚“崇恩库款亏缺、捕务废弛”，于是起草弹劾奏折，一举打掉这只“省级大老虎”。拿下崇恩后，陈还特意申请暂署鲁抚，表示愿继续澄清该省官风。待返回中央，向道光帝汇报工作时，陈宣称在山东办公期间，自己不接受公款宴请，不拿公家礼物，更不私自挪用省库银两。这让趋于衰老昏聩的道光帝分外高兴。须知彼时官场贪腐成风，群吏习以为常，估计皇帝也是心知肚明，看着着急，好不容易盼到一个不爱财的，他喜出望外，决心将其树立为全国廉政建设的典型标兵。于是道光赏给陈“头品顶戴”，并赐予“紫禁城骑马”的特权。更加堪称异数的是，道光还用御笔手书“清正良臣”四个大字，又装裱完善制成横匾，挂在陈孚恩家中。细数整部清史，这等例子亦是凤毛麟角。

两载后，陈孚恩在反腐战线上又立新功。他收集到山西巡抚王兆琛贪腐的确凿证据，将其一举抓捕，“逮京治罪”。如此给力表现让晚年道光赏识不已，先给陈调至工部过渡，代理尚书职务，很快又让其出任刑部尚书，解决了正部级待遇问题。最后还令陈正式入值军机处。

凭借一座靠山庇荫，两位省长落马，陈孚恩算是攀至个人仕宦之顶峰。

## 几度沉浮

权力让人发疯痴狂，亦能使人得意忘形。陈孚恩也难免疫。

1850 年，道光归天。在遗命中，道光规定取消自己享受太庙祭祀之资格。就此皇族大事，新皇帝咸丰问计于朝堂群臣。围绕该问题，不足五十即身居高位的陈孚恩竟然当着皇帝与众臣之面，于殿前同宗室载垣争吵起来，着实有失体统。事后，载垣认错态度诚恳，毕竟还是皇族，仅处以罚俸半年。而对陈，咸丰则认为其“为广言起见。于大体殊属乖谬”，“著降三级留任。准其抵销”。新帝甫一登基，便吃了一记杀威棒，陈委实感觉不爽。然而还有更令陈意想不到的事情。为了表示对处罚结果的不满，陈不久便递上辞呈，表示母亲年事已高，需要返乡侍奉。此举正中咸丰下怀，其早对穆党一派心存忌惮，欲图除之而后快。既然陈自投罗网，咸丰也不客气，立即批准陈的申请，准其养亲回籍。拿到圣旨，陈氏方恍然大悟：原来自己在新皇帝心中，并非想象中那么重要。

此时陈如同哑巴吃黄连，纵有千般委屈懊悔，也无法说出。只得收拾行李，回江西养老。半年后，咸丰以“保位贪荣，妨贤病国”之罪罢免穆彰阿，革职永不叙用，并逐步清理朝内的穆党骨干。陈因辞职之故，免于追究，可谓因祸得福。

回到故乡，陈也没闲着。当时太平军已蜂起东南，江西成为战争重灾区。于是清廷下旨令陈“帮办防堵团练各事宜。本省绅士于地方情形，自当熟悉一切保卫乡里，劝捐筹款。该尚书受恩深重，必能激发天良，与该署抚相助为理也”。陈氏亦不辱使命，协助几任巡抚固守城池，立下大功。到了咸丰七年，处理完母亲守孝事宜，陈赴京述职，寻找东山再起的机会。

不知何故，很快山西道御史钱桂森便递上奏折，认为“前任尚书陈孚恩、才识优长，请赐擢用”。看到有人居然推荐昔日穆党红人陈孚恩，咸丰怒火中烧，劈头盖脸便是一番斥责：“擢用朕自有权衡。况如何擢用，更非臣下所应擅拟，此非末僚湮没无闻者比，该御史岂不知之？而故为此奏，以试朕待陈孚恩眷顾若何？非受人所嘱，即有意市恩。况朋比党援，我大清从无此臣子。此风亦断不可长，所奏实属荒谬。”钱折非但没给陈加分，反倒招致皇帝动怒，并怀疑二人事先私下有所串联，不免给人以拉帮结伙之嫌。故钱桂森也被视作“不胜御史之任”，“著回原衙门行走，以示薄惩”。

处于如此不妙形势，那蛰伏已近八个年头的陈孚恩，能否再回中枢呢？

## 肃门骨干

没过多久，陈居然逆袭成功，“以头品顶戴署兵部侍郎”。为何之前对陈极度反感的咸丰会允许其重掌要害部门？《清史稿》给出了答案："初，孚恩以议礼忤载垣、端华、肃顺等，及再起，乃暱附诸人冀固位。"一个"暱"字，活脱脱展现出陈孚恩对肃顺等人谄媚之殷，讨好之勤。正是投身于肃顺门下，陈孚恩东山再起，先后出任五部尚书。

关于陈如何取悦肃顺，后世掌故颇多，其中最有代表性的一则是这样，肃顺每天早晨起床之前，都要在屋里饮人参汁一杯，有小内侍专司其事。肃氏所用饮具"为和阗羊脂玉所制，文宗赐也"。一日，小内侍一时手误，打碎了玉杯，心中登时大惧，打算一走了之。"有老监某教之求陈尚书缓颊，陈尚书即孚恩，与肃最莫逆者也"。于是陈贴耳几句，密授一招。小内侍依计行事，"黏以胶，次晨仍贮参汁以进，甫揭帐，即惊呼仆地而掷杯焉。"肃吓了一跳，颇为纳闷地问咋回事。小内侍随即对曰："适见爷两鼻孔中有黄气二如龙状，长五六尺，故不觉骇而碎杯也。"因请死。肃曰："速起，毋妄语，何惧为？"竟然不问碎杯事。据说"肃自是隐然以为有天命焉"。

当然重出江湖的陈孚恩，为保住权力，除了善丁投肃顺所好外，还有意磨掉了自身棱角，将迎合趋避、揣摩圆滑之术练就得炉火纯青。咸丰九年，同为肃顺心腹的郭嵩焘奉命到山东查办海口税务，延聘当地贤能士绅经理厘局。孰料僧格林沁与之为难，奏言士绅滋事，朝廷果然下旨逮捕参与此事人员。郭颇为愤慨，于是回京向陈求助，希望其主持公道、仗义执言。陈立即表示不愿替其出头，对郭道："子试念之，朝廷甫下诏逮治诸绅矣，能以子之一言收还前命乎？子欲有言，当先为朝廷思所以处置之道。不尔，非徒无益，恐有损矣。"郭自然气不过，追问："然则置诸绅不顾乎？"陈冷冷答道："辩者，所生启争也，且姑缓之。"循陈氏之意，无非既然朝廷已有成命，殊难收回，何必为了几个士绅与同僚伤了和气。说白了，你好我好大家好，才能保住头顶乌纱帽。

坐稳了官位，昔日的清廉楷模、反腐先锋也逐渐走上了敛财之途。除去做官，陈平日对名人墨宝兴趣甚浓，但历代大家书画往往价钱皆不菲，即使官居一品，单靠朝廷俸禄也是囊中羞涩、望洋兴叹。然而陈却藏有不少精品，时常邀人来家中赏玩。如一次郭嵩焘赴陈处，“观恩荫堂所藏书画扇面各十，石庵相国书行楷各种，瑛梦禅宝绘山水竹石，各极其妙”。能将此等佳作据为己有，若不是以平日里索贿所得购置或径直收取雅贿，实在不知他尚有何种办法。

“带病”继续活跃在反腐一线，陈难免会遭遇尴尬的“乌龙事件”。咸丰八年，陈协助肃顺审理戊午顺天科场案。调查案件过程中，陈发现自己儿子陈景彦也参与索贿，牵涉其间。陈立马给皇上写信表明立场，要求严肃处理逆子，并自请回避，不参与整个案件的议处。此时的咸丰凡事都听肃顺的，自然没按陈的意见办，而是曲加回护，“朕思科场定例，向多从严。其失察子弟夤缘犯法，与寻常失察处分，亦当有所区别，一概议以公罪似未允协。嗣后官员，凡遇子弟有于科场夤缘纳贿、交通关节、失于觉察者，俱著降一级调用。”于是对陈的失察责任，仅象征性地予以行政降一级处分，但允许用以往功绩抵消。这真称得上是轻描淡写了。

对陈氏依附肃顺肆意妄为之情形，郭嵩焘有着清醒的认识。他曾致信陈孚恩，委婉规劝：“某在京三年，推求国家致弊之由，在以例文相涂饰，而事皆内溃。非宽之失，颟顸之失也。宽者，宣圣之明训，国家积累之至仁，乌可轻议哉！今一切以为宽而以严治之，究所举发者，仍然例文之涂饰也，于所事之利病原委与所以救弊者，未尝讲也。是以诏狱日繁，而痼弊滋甚……向者之宽，与今日之严，其为颟顸一也。”对于嗜权如命的陈氏而言，其名其利皆由攀援肃顺所得。肃氏要“严”就“严”，欲“颟顸”便任其“颟顸”罢了。

只是陈孚恩万万没想到，自己所依托的第二座靠山，倒得如此之快！

## 人去事未了

庚子年，咸丰逃往热河，病笃将死。以肃顺为首的“八人帮”火速召陈孚恩赶往热河行宫，想必是有要事相商。而当时京师满汉诸多大臣，只有陈一人先赴行在，由此可见肃顺对其之倚重。

不过昨日之信任，有时却成为今日之罪证。辛酉政变后，肃党倒台，陈孚恩难逃此劫。两宫及恭王给其定下了四大罪状：其一，陈是肃党骨干成员。“大行皇帝龙驭上宾，满汉大臣中，惟令陈孚恩一人先赴行在，是该尚书为载垣等之心腹。即此可见。”其二，陈专事谄媚，行径卑劣。至于如何处理咸丰后事，“陈孚恩率以荒诞无据之词，冀耸众听。揣其意不过欲掇合仁寿等一同列衔，以便其谄媚载垣等之计。谬妄卑污，至于此极。”其三，陈曾参与肃顺的政治阴谋。在查处肃顺家产过程中，搜出多封“陈孚恩亲笔书函，中有闇昧不明之语”。可见“其与肃顺交往密切，已属确有证据。若不从严惩办，何以示儆将来”。其四，陈还是位假道德典型。之前道光赐给他的“清正良臣”匾额，必须“著即行恭缴”，以儆效尤。

既然陈孚恩作为一品大员，“声名如此狼藉，品行如此卑污，若任其滥厕卿贰，何以表率僚属”？等待他的结局便是“将该革员寓所赀财严密查抄”、“革职永不叙用”和“从重发往新疆效力赎罪”。即使后来陈在新疆不遗余力地协助伊犁将军筹饷练兵，甚至为国捐躯，也无法换来慈禧等在位者对他的原谅与怜悯。

《荀子·大略》篇中有言："口言善，身行恶，国妖也。"无论两宫，还是恭王，心里都清楚得如同明镜一般，"官益久，则气愈偷；望愈崇，则谄愈固"，像陈孚恩这样两面骑墙、表里不一之肃党余孽，是万万不能为其翻案的。不妨再看看《清史稿》对陈氏的盖棺定论：

如陈孚恩者，鄙夫患失，反覆靡常，沦绝域而不返，宜哉！

人虽死，但事未了，陈孚恩作为反面典型，将会一直出现在慈禧与恭王执政时期清廷官方反腐打虎的话语体系之中。个中缘由，你懂得！

# “破山中贼易，破心中贼难”：曾国藩到底缘何自杀

近购得岳麓书社新出的赵烈文《能静居日记》，偶一翻检，于同治六年六月二十三日，看到其与曾国藩的一段对话，饶有况味：

师（曾国藩）曰：南宋罢诸将兵柄，奉行祖制也。故百年中奄奄待尽，不能稍振。又言：韩、岳等军制，自成军，自求饷，仿佛与今同。大抵用兵而利权不在手，决无人应之者。故吾起义师以来，力求自强之道，粗能有成。

余（赵烈文）笑言：师事成矣，而风气则大辟蹊径。师历年辛苦，与贼战者不过十之三四，与世俗文法战者不啻十之五六。今师一胜而天下靡然从之，恐非数百年不能改此局面。一统既久，剖分之象盖已滥觞，虽人事，亦天意而已。

师曰：余始意岂及此，成败皆运气也。

余曰：成败之数，运气与人事相参……彼运命二字，怀才不得志者以之自靖可矣。君相造命，务名实以鼓人才，止可存之于心，以济人事之穷，若昌言之，则人皆自恃，孰为陈力耶？

师曰：此言甚是。然天下大事，运气主其六，人事主其四，至富贵利达，则运气所主尤多。

二人本欲对谈两宋故事，却不觉言及湘军崛起之因。赵以为曾之成功，非在战场，实在官场；而曾自认己之发迹，六分天定，四分人为。曾、赵熟稔多年，共患风雨，私聊自不必恭维客套，虚与委蛇，故颇道出湘军纵横不败之内情。为何功夫在场外，成败归运气？耐不住好奇，笔者细阅《曾国藩全集》相关奏稿、书信及时人文存，确如赵氏所言，曾之劲敌，除了各路“乱匪”，更多乃无形之官场明潜规则、世故人情。甚至情势倒逼至极，曾两度欲投水自尽，“但思以一死塞责”。读罢其数百通函牍，笔者不禁掩卷苦笑：究竟何种困境，能令曾文正公老爷子只求一死？

## “此余区区之本意也”

曾氏心生死念，既有近忧，更有远因。所谓远因，大致为二，首当其冲的便是不受咸丰帝待见。曾国藩入仕初期，可谓一帆风顺，十年七迁，未到不惑之年，已跃居礼部侍郎之高位。曾仕途如此顺遂，除却个人勤勉外，关键奥秘在于有政坛大佬提携，此君即穆彰阿。穆氏权倾一时，“终道光朝，恩眷不衰”，前后达二十余载。也正因久掌权柄，穆氏“门生故吏遍于中外，知名之士多被援引，一时号曰穆党”，曾国藩自是其中一员。清末民初不少野史掌故都曾收录穆氏深夜点拨曾国藩奏对面圣之秘辛，虽此事未必符合史实，但二人关系之密切，由此可见一斑。

当然，权力场难有不倒翁，穆彰阿又岂能幸免？咸丰即位仅十月，便以“保位贪荣，妨贤病国……倾排异己……固宠窃权”诸罪革去其一切职务，永不叙用。靠山一倒，曾国藩虽未受牵连，但在咸丰眼中，穆党旧部，焉堪重用？故彼时曾已降至权力边缘，其处境不尴不尬。

宦途顿挫，若识时务，曾氏当沉潜蛰伏，待风声过去，方相机而动。孰料曾国藩却顶风作案，雷倒了朝野内外。众所周知，新君登基，为展现新气象，总会下令臣僚封章奏事，摆出虚心纳谏之姿态。咸丰上台后亦如法炮制。既然此乃历任帝王因循之惯例，注定形式大于内容，不能当真。曾国藩不是头一天出来做官，自然懂得个中虚实。然而，他偏偏甚不知趣，上了一道名为《敬陈圣德三端预防流弊疏》的折子，着实戳穿了咸丰的“政治秀”。曾折开篇以“美德所在，常有一近似者为之淆。辨之不早，则流弊不可胜防”为前提，指出咸丰的三个毛病：一是貌似敬慎，实则流于琐碎，终致“谨于小而反忽于大，且有谨其所不必谨者”；二是表面好古，其实徒尚文饰，长此以往，不免“鲜察言之实意，徒饰纳谏之虚文”；三是自称广大，“亦恐厌薄恒俗而长骄矜之气”，刚愎自用、“朕自持之”的后果，便是“一旦有事，则满庭皆疲茶沓泄，相与袖手，一筹莫展而后已”。文末，曾氏又添上麻辣一笔：“此三者，辨之于早，只在几微之间，若待其弊既成而后挽之，则难违力矣。”

递上此折，曾国藩也颇后怕，担心因“其言颇过激切”，“恐犯不测之威”。不过他欲“趁此元年新政，即将此骄矜之机关说破，使圣心日就要业，而绝自是之萌，此余区区之本意也”。只可惜在咸丰看来，曾氏之区区本意，不仅满纸不敬，更如一把利刃，划破了“皇帝的新衣”，怎不令人恼火！据说咸丰披览未毕，即“怒摔其折于地，立召军机大臣欲罪之”。幸好祁寯藻、季芝昌替其求情，否则曾国藩这只“愤怒的小鸟”，定要被朝廷拔尽羽毛。

经此一事，曾明悉咸丰难孚众望，估计自己也上了皇帝的黑名单，于是上书道：

臣材本疏庸，识尤浅陋，无朱云之廉正，徒学其狂。乏汲黯之忠诚，但师其憨。

此可谓悔过自责之举，亦可见其对时政已颇心灰意懒。

## “为京师权贵所唾骂”

曾氏晚年将其一生耻辱归结为“三骂三败”：

余初为京师权贵所唾骂，继为长沙所唾骂，再为江西所唾骂，以至岳州之败、靖港之败、湖口之败，盖打脱牙齿多矣，无一不和血吞之。

战败挨骂，倒是常情。那被京师权贵所骂，究系何事？其实说来也简单，曾国藩做了一回“瓷器店里的公牛”，犯了官场忌讳，惹恼同僚一片。其实，曾氏对于官场颟顸敷衍之风气，早已深恶痛绝：“二三十年来，士大夫习于优容苟安，揄修袂而养姁步，倡为一种不黑不白、不痛不痒之风，见有慷慨感激以鸣不平者，则相与议其后，以为是不更事，轻浅而好自见。国藩昔厕六曹，目击此等风味，盖已痛恨刺骨。”也许“体制化”程度尚不够充分，曾不时有犯傻冒泡之举，其中最典型的一则，莫过于审理琦善案件。

琦善因鸦片战争闻名于世，也肇祸于此，被道光抄家革职。不过，瘦死的骆驼比马大，不久他便东山再起，出任陕甘总督。咸丰继位后，朝中有人参劾琦善，说他对待雍沙番族“妄加诛戮”。于是，琦善再度获罪。虽身陷囹圄，但琦善官场口碑却好得出奇，并且其能力也深受同僚认可，如张集馨盛赞其“天分绝顶，见事机警，刑名钱谷、吏治营务，无不谙熟……诸事得体”，故会审官员有意回护，希望大案化小，替其开脱。就在众人已达成共识之际，唯有“愣头青”曾国藩强要出头，打破了这种心照不宣的默契：

琦善虽位至将相，然既奉旨查办，则研鞫乃其职分；司员职位虽卑，无有传入廷尉与犯官对质之理。若因此得罚，将来大员有罪，谁敢过问者？且谕旨但令会审琦善，未闻讯及司员，必欲传讯，当奏请奉旨然后可。

结果可想而知，琦善最终发配吉林赎罪，作为宦海“异类”的曾国藩，自然落得个孤立惨淡之下场，“诸公贵人见之或引避，至不与同席。”前脚被皇帝封杀，接着又遭同僚唾弃，这偌大的京城，曾国藩看来是待不下去了。“时事多艰，无策以补救万一，实可惭愧！明年拟告归，以避尸位素餐之咎”，唯有外放，才是解脱。

## “处于不官不绅之地”

总算天遂人愿，咸丰二年六月，曾盼到主政江西乡试之差，终可告别在其看来阴霾重重的都城。

怎奈好运仅是乍现。行至安徽，曾便收到母亲去世之噩耗，只得返乡守孝。或许他未曾想到，这只是霉运的开始。

是年底，被太平天国起义搞得焦头烂额、心急火燎的咸丰帝，情急之下诏令曾办理团练。对此“临危受命”，曾国藩心中实有一万个不愿意：“再四思维，以墨绖而保护桑梓则可，若遂因此而夺情出仕，或因此而仰邀恩叙则万不可。区区愚衷，不得不预陈于圣主之前。一俟贼氛稍息，团防之事办有头绪，即当专折陈情，回籍守制。”

宦途历来变幻莫测，岂是说来就来，说走就走那般容易？复出初期，曾国藩便发觉自己如同泥牛入海，难于自拔，他最大的感慨便是：“置此不官不绅之人”，“处于不官不绅之地”。说白了，曾国藩这个所谓帮办团练大臣，既非朝廷官职，镇不住湖湘官吏，更不是士人领袖，摆不平州县乡绅，上不着天，下不着地，不尴尬才怪。

既然官不疼民不爱，曾理当放下身段，四方示好，如此方能聚合官绅，和衷共济。孰料曾又“不走寻常路”，上任伊始，便抛出一封《与各州县书》，满是呛人的火药味：

或啸聚山谷，纠结党羽，地方官明明知之而不敢严办者，其故何哉？盖搜其巢穴，有拒捕之患；畏其伙党，有报复之惧；上宪勘转，有文书之烦；解犯往来，有需索之费。以此数者，踌躇于心，是以隐忍不办。幸其伏而未动，姑相安于无事而已。岂知一旦窃发，辄酿成巨案，劫狱戕官，即此伏而未动之土匪也。然后悔隐忍慈柔之过，不已晚哉？

此举无疑给湖南各地官吏迎面一记耳光，看似义正辞严，实则等于替自己挖坑埋雷。在湖南练兵，得罪了地头蛇，日子焉能好过？

接着，曾便在审案局一事上令全湘官绅为之侧目。既然认定本地官僚掩饰弥缝，毫无作为，曾索性越过重重“官网”，越组代庖式地设立审案局，“巨案则自行汇奏，小者则惟吾专之”，“期于立办，无所挂碍牵掣于其间。案至即时讯供，即时正法，亦无所期待迁延”。这种雷霆万钧的手段，招致官绅一致反感，据说一时“曾剃头”、“曾屠户”等诨号传遍湖南。

面对各种飞短流长，曾国藩居然还憨傻地一再解释：“书生好杀，时势使然耳”，“生用法从严，非漫无条律，一师屠伯之为，要以精微之意，行吾威厉之事，期于死者无怨，生者知警，而后寸心难安”。况且在曾看来，他出手并不狠辣，“实则三月以来，仅戮五十人，于古之猛烈者，曾不足比数”。

其实曾越位执法，动了无数当地官吏的利益奶酪，案子就是钱，审案就是生财之道。你曾国藩可以“不要钱，不怕死”，但在诸位官员心中，“不要钱，不如死”。他们不在乎曾杀了多少条人命，而在意自己丢了多少两银子，故群起造谣阻挠，无非是要夺回捞油水的权力。

很快曾即洞悉了官吏们的小九九，若服软让步，或许与人方便，与己亦方便。谁知曾自诩“强半皆侵官越俎之事，以为苟利于国，苟利于民，何嫌疑之可避”，大有霸王硬上弓之慨。刚到九月，已“前后杀戮二百余人”，确颇令人发指。曾氏之所以有如此酷烈之举，或可用“踢猫效应”解释。所谓“踢猫效应”，即人与人之间的泄愤连锁反应。人的不满情绪，一般会沿着等级和强弱组成的社会关系链条依次传递，由金字塔尖一直扩散到最底层，无处发泄的最小的那一个元素，则成为最终的受害者。一般而言，人的情绪会受到环境以及一些偶然因素的影响，当一个人的情绪变坏时，潜意识会驱使他选择下属或无法还击的弱者发泄。这样就会形成一条清晰的愤怒传递链条，最终的承受者，即“猫”，是最弱小的群体，也是受气最多的群体，因为也许会有多个渠道的怒气传递到他这里来。以此对照曾氏，本已赋闲在乡，却愣被咸丰起复，而以“不官不绅”之身份，自然饱受湖南官绅冷嘲热讽，“处于志疑之位，仰逼俯侵，动多触碍”，而处决匪寇，便成为其倾泻内心郁愤的最佳途径。由此看来，“剃头”、“屠户”之名，也殆非虚言。

然“踢猫效应”非但于事无补，反易招致更大的矛盾。很快，曾国藩就遭遇了平生第二场“唾骂”，即“练兵风波”。复出之初，曾已对湖南兵勇甚为不满，“盖近世之兵，孱怯极矣，而偏善妒功忌能，懦于御贼而勇于扰民，仁心以媚杀己之逆贼，而狠心以仇胜己之兵勇”，到头来，便出现“败不相救”之恶果，“彼营张目而旁观，哆口而微笑。见其胜，则深妒之，恐其得赏银，恐其获保奏。见其败，则袖手不顾，虽全军覆没，亦无一人出而援手，拯救于生死呼吸之顷者。以仆所闻，在在皆然。”故此种状况，“虽圣者不能使之一心一气，自非别树一帜，改弦易张，断不能办此贼也”。于是，曾氏决定另起炉灶，自行练勇，重整军纪，这势必又将手伸进了他人口袋。先是长沙副将清德带头闹事，抵制曾国藩会操规定。曾氏亦不示弱，一个折子革掉了清德。

这个看似立威之举动，实仅是一场大戏的序幕。不久，清德的上司湖南提督鲍起豹便借绿营与湘勇械斗之机，鼓噪军人围攻曾国藩公馆。绿营兵破门而入，“毁坏馆室，杀伤门丁”，曾氏之命眼瞅危在旦夕。而与之一墙之隔的湖南巡抚骆秉章居然装聋作哑，置若罔闻，任凭一群兵痞羞辱朝廷二品大员。直到曾氏连连叩门求救，骆方现身解围。

秀才遇见兵，有理说不清。此番遭遇，曾国藩于十几年后依旧心有余悸，称：“欲诛梗令数卒，全军鼓噪入署，几为所戕。”

明摆着，长沙待不下去了，在众官绅眼中，曾氏就如同一只不通人性的恶犬，非灭之，即逐之。

曾氏唯有避走衡阳。

躲过了刀光剑影，却始终难摆脱官场之掣肘。而其中最大的冤家即湖南巡抚骆秉章。离开了省城，军费便成为悬在曾头上的首要大事。曾绞尽所有脑汁，使遍浑身解数，筹款事宜依旧一筹莫展，“特经费不敷，藩库既无可提用，劝捐又百无一应，以是迁延瞻顾……真所谓局促类辕下驹者也”。迫于无奈，曾只得向骆求援。

起初曾致函骆氏，行文颇为客套隐晦，仅仅倾诉劝捐之苦，“侍总以无饷为虑。各处之兵勇到齐，恐不能敷两月之用，奈何奈何！”希望骆领会其意，慷慨拨款。谁知几日过去，骆尚无回音。曾于是再度写信试探：“藩库究存银几万两？亦恳便中示及。”偏居一隅的曾国藩居然还惦记省府银库，骆秉章自然不接话茬。不久，听闻广东有八万饷银将运往长沙，曾不再遮掩，立即提笔“务求老前辈截饷四万，委员送衡”。到嘴的肥肉，岂可拱手让人？骆氏依旧呈模棱两可之情状。此刻之曾国藩，急于等米下锅，全然已无先前书生扭捏之态，函牍频传，向骆索饷，其口气亦愈发强硬直接：

敝处截留之四万金，望即日饬解来衡。

其截留四万，亦求委员集解到衡，万勿迟延。如不蒙允准，侍自当屡次奏请。

惟奏留之四万，未见尊处咨复，不知已定解否？务求严催。

惟截留之银，未据解到，盼极焦极！

……

已把面子视若无物，已将截饷归为己物，软磨硬泡、死缠烂打、耍无赖、晒可怜，此即曾氏要钱之术。这招果然奏效，骆秉章拗不过曾，终于为求耳根清净，将银饷如数拨出。

只是四万两不过杯水车薪，不及一月，“已用去三分之二”。眼看春节将至，官兵之犒赏与口粮又是一笔巨款，却尚无一丝着落，真可谓年关难度！苦水满肚的曾国藩，不禁在致好友刘蓉信中写道：“又无军饷可恃，细思真愁人也！”

好一个“愁”字，实在是曾国藩1853年经历之浓缩概括。

## “谋而无与同，失而无与匡”

这一年多，始终令曾国藩萦绕于怀的，除了“愁恼”，还有孤独。

后世言及湘军，总喜用诸如曾国藩领袖群伦、左刘彭群贤毕至等词汇形容，此皆倒果为因之说法。其实曾氏草创之初，可谓形单影只，如同寒夜中独行的孤鸿。

曾国藩之所以奉旨出山，好友郭嵩焘之功堪称泰半。收到寄谕后，曾草疏恳请“终制”，并无起复之意。恰郭嵩焘来曾府吊丧，闻知曾力辞朝廷之命，便劝道：“公素具澄清之抱，今不乘时自效，如君王何？且墨绖从戎，古制也。”然曾仍不为所动。于是，郭便做其父曾麟书思想工作，晓以“力保桑梓之谊”，终使曾国藩改变初衷。谁知此时郭嵩焘未辅助挚友，而是避居山中，袖手时局。郭氏此举怎不令曾国藩心生被坑之感？曾自然不愿郭稳做局外人，“筠老虽深藏洞中，亦当强之一行。天天纷纷，鸟乱于上，鱼乱于下，而容筠独得晏然乎？”于是曾三番五次邀其出山，甚至以背离家国大义相警告：

若足下者，自有君臣之分义，自有名教之责任。其应竭力报国，概不当以仆之死生为断，而当以己身之死生为断。仆而未死，则助仆共谋；仆而既死，则或独力支撑，或与人同举，直待尊命无一息之存，乃可少休耳。

这段文字，称得上慷慨激昂，不容辩驳，却依旧未能让郭心生微澜，应命出山。

再一个让曾又爱又恨的人，便是左宗棠。曾对左，可谓一见倾心。当时曾于奔丧途中经过长沙，“日与张石卿中丞（张亮基）、江岷樵（江忠源）、左季高（左宗棠）三君子感慨深谈，思欲负山驰河，拯吾乡枯瘠于万一。盖无日不共以振刷相勖”。正是基于这种极佳印象，帮办团练后，曾国藩向左宗棠抛出了橄榄枝，“弟智虑短浅，独立难搘，欲乞左右野服黄冠，翩然过我，专讲练勇一事，此外，概不关白于先生之前。先生欲聋两耳，任先生自聋也，吾不得而治之也，先生欲盲两目，任先生自盲焉，吾不得而凿之也。”显然，曾氏许诺左只负责出谋划策，军中庶务可一概不闻不问，算得上诚意拳拳。没承想左一封书信便明确回绝。其实左于彼时，并无入世之念，“年来心血耗竭，不欲复参戎幕……自此匿迹销声，转徙荒谷，不敢复以姓字通于尘界矣！”更殊为关键的是，心气甚高的左宗棠，认定“涤公正人，其将略未知何如”，实未入己之法眼。曾、左二人，可谓郎有情，妾无意，这亦为之后彼此交恶隐埋伏笔。

于是乎，“季翁坚卧不起，郭筠仙亦无意再出，萧可卿已年逾六十，不愿即戎，谭湘溪老母在堂，家无昆弟，欧赤城新有母丧，王元圃去秋没矣！”无人愿出，无人可用，曾国藩真的是“一个人在战斗”！

## “但思以一死塞责”

次年开春，曾国藩拖着心神俱疲之躯，率领缺饷之将之兵，顺江而下，进军长沙。孰料与太平军甫一交锋，曾便在靖港败得一塌糊涂。据其弟子黎庶昌所记：“四月初二日……公自成师以出，竭力经营，初失利于岳州，继又挫败于靖港，愤极赴水两次。皆左右援救以出……公之回长沙也，驻营南门外高峰寺。湘勇屡溃，恒为市井小人所诟侮，官绅之间，亦有讥弹者，公愤欲自裁者屡矣。”往昔论者，对曾氏自杀，无非如下五种解释：愤愧交加、一时情急、惊吓过度、前途绝望及装腔作势。虽各有道理，但似皆未能点中要害。其实曾氏两日内三度欲了却生命，可借用精神分析学之父弗洛伊德的“强迫性重复”原则，即人固执地、不断地重复某些似乎毫无意义的活动，或反复重温某些痛苦的经历和体验。靖港溃败，“水勇竟至溃散一半，船炮亦失去三分之一”，曾深觉“愧愤之至”：

惟才智浅薄，过不自量，知小谋大，力小任重。前年奉命帮办团防，不能在籍守制，恭疏辞谢。臣以墨绖外莅事，是臣之不孝也。去年奉命援鄂援皖，不自度其才之不堪，不能恭疏辞谢，辄以讨贼自任，以至一出偾事，是臣之不明也。臣受先皇帝知遇之恩，通籍十年，跻卿贰。圣主即位，臣因事陈言，常蒙褒纳；间有戆激之语，亦荷优容；寸心感激，思竭涓埃以报万一。何图志有余而力不足，忠愤填胸，而丝毫不能展布。上负圣主重任之意，下负两湖士民水火倒悬之望。臣之父，今年六十有五。自臣奉命剿贼，日日以家书勉臣尽心王事，无以身家为念。凡贮备干粮，制造军械，臣父亦亲自经理，今臣曾未出境，自取覆败，尤大负臣父荩忠之责。此数者，皆臣愧恨之端。

此段出自曾氏未发之遗折。常言道“人之将死，其言也善”，曾所列愧恨数端，虽貌似字字自责，句句忏悔，实则皆有所指：不能于家尽孝、不入皇上法眼、不受官绅待见、不得至交援手。前已言及，曾国藩无日不饱受这些苦恼折磨。而一旦事败，支撑自己信念的最后一根立柱也瞬间崩塌：苦心经营、抱以巨大期望的湘军竟是如此不堪一击，怎能不让人痛心疾首？朝廷对他处处猜忌与防范，又怎能不使之心寒不已？同僚与官绅们的处处刁难、嫉妒甚或构陷，挚友的冷漠、讥讽，又怎能不使之羞愧难当？一系列的不平遭遇和巨大挫折，让曾长期郁积于心的情绪彻底爆发，他禁不住反复重温那些令其不堪回首的经历与体验，终致无法承受，倍感绝望，选择一死了之。由此可知，曾氏之自杀，缘由甚为复杂，非三言两句所能道尽耳。

幸好湘潭那边捷报传来，吹散曾心头愁云。其强打精神，再撰一折，向咸丰请罪：

清夜以思，负罪甚大，愧愤之余，但思以一死塞责。然使臣效匹夫之小谅，置大局于不顾，又恐此军立归乌有，我皇上所倚以为肃清江面之具者，一旦绝望，则臣身虽死，臣罪更大，是以忍耻偷生，一面俯首待罪，一面急图补救。

这番说辞，较之未发之遗折，则满是老练世故之气。

八个月后，曾国藩于湖口再度败北，“公座船陷于贼，文卷册牍俱失。公棹小舟驰入陆军以免。调舟师悉泊南岸，与罗公泽南湘勇陆营紧相依护。粮台辎重各船皆退驶至郭穴以上，战舰亦多溃而上溯者。公愤极，欲策马赴敌以死，罗公泽南、刘公蓉及幕友等力止之”。不过此次曾一不留下遗折，二不安排后事，只是上书自认“训练不素、调度无方”，将内心之酸楚敛于无形。看来，其“强迫性重复”之心理，已好了一半。

若想不再频受惨痛经历之困扰，最佳良方莫过于自己内心足够强大。之后的曾国藩也的确臻于此境，诚如他回忆所道：“吾初起兵，遇攻危，则有死心。自吾去祁门，而后乃知徒死无益，而苟生之可以图后功也。”迈过了这道心理上的坎儿，曾国藩终于大彻大悟，实现了“三不朽”。

自此，昔日愤怒的小鸟没了火气，瓷器店里的公牛躬耕于田，不通人性的恶犬化为宠物，独行的孤鸿回归雁群，曾国藩蜕变为圆滑通透、和光同尘的老狐狸。道理很简单，他明白真正的战场不是前线，而是世俗文法所织成的弥天罗网。

就在赵、曾开篇那番对话三日之前，二人尚有一段甚为私密的交流。曾国藩问：“言得京中来人所说，云都门气象甚恶，明火执仗之案时出，而市肆乞丐成群，甚至妇女亦裸身无裤，民穷财尽，恐有异变，奈何？”赵之回答颇出人意表：

> 天下治安一统久矣，势必驯至分剖。然主威素重，风气未开，若非抽心一烂，则土崩瓦解之局不成。以烈度之，异日之祸，必先根本颠仆，而后方州无主，人自为政，殆不出五十年矣。

孰料赵烈文一语成谶，四十四年后，清王朝寿终正寝。

虽改朝换代，但继起的革命者们发现，若想真正实现民主共和，他们所要战胜的，除了各路军阀列强外，更顽固而庞大的，依然是无形之世俗文法而已。历史，似乎又跳回到了曾国藩时代。

走笔至此，我不禁想起了王阳明先生的一句话："破山中贼易，破心中贼难！"

# “直谏容易死殉难”：也谈“吴可读事件”

## 一件轰动朝野的事

1879 年 4 月 29 日清晨，一条来自蓟州知州刘枝彦的奏闻，打破了这个暮春暖日本该有的静谧祥和。刘知州的折子，牵涉一桩命案：据其所辖马伸桥乡保张利 26 日之禀告，当月 11 日同治帝后归葬惠陵，奉安典礼结束后，有一名叫作吴可读的吏部主事未随大队人马返京，而是滞留于三义庙内。25 日夜，吴氏先是准备悬梁自尽，孰知房梁太高，且朽败不堪，于是取出事先准备的洋药，服毒身亡。

一个区区的六品京官，在荒郊野外自杀，乍一看似无八卦可挖，亦无卖点可言。按常理判断其隐情无非仕途失意、畏罪自尽、病魔缠身之类。然吴氏之死很快便传遍朝野内外，“凶耗传闻，盈廷震骇，无论知与不知，咸相顾失色矣”，一时间形成巨大的轰动效应。

“吴可读事件”之所以轰动，缘由有三：

第一，吴之死确实属于自杀，但他临死前“遗有封存密折一匣，遗书嘱为转呈吏部代递”，明摆着将肉体消亡作为载体，其真正意图在于劝谏君上。换言之，吴这是尸谏！中国传统政治文化中，“武死战文死谏”乃报国忠君者的至高境界。当君臣关系恶化到有话不能好好说、有事不能细细谈的地步时，便会有人豁了出去，以命相搏，以期唤醒天听。

第二，吴之遗折言语堪称火爆。若循常例，部署呈递的代奏折件，应先由该部堂官共同开启查阅，如无违悖字样，才能转呈皇上。但鉴于吴可读采取尸谏，且遗折密封。吏部官员料到此折一定牵扯重大且敏感的政治问题，于是违背规定，不拆视就径报朝廷。如此做法，既可免责，又能保证遗折内容不外泄，可谓一举两得。当慈禧打开折子一瞧，不禁勃然大怒。吴氏写道：

罪臣涕泣跪诵，反复思维，窃以为两宫皇太后一误再误，为文宗显皇帝立子，不为我大行皇帝立嗣。既不为我大行皇帝立嗣，则今日嗣皇帝所承大统，乃奉我两宫皇太后之命，受之于文宗显皇帝，非受之于我大行皇帝也，而将来大统之承，亦未奉有明文，必归之承继之子。

常说“人之将死，其言也善”，吴氏临死之折，不仅满纸忠心，更堪称生猛。居然径直指责两宫皇太后“一误再误”，此举在帝制时代实属罕见。吴可读行为极端，言辞激烈，自然引来士林一片哗然，想必当时不少官绅心里暗暗为其竖大拇指。

第三，吴氏遗折中心在于光绪帝之承嗣大统问题，这恰恰点中了晚清政治体制之要害。咸丰逝后，清廷政治运作便进入非常态。先是两宫太后垂帘，宠信太监，接着实现叔嫂联手执政，之后又出现同治早夭无嗣之窘境。宗祧继承的原则是“有子立嫡，无子立后”，无子时，以人为方式弥补自然血缘之缺憾，以其作为继承人续承宗庙世系。故帝嗣的选立，不仅攸关皇脉延续，更关乎国运。当时慈禧选立同治帝同辈载湉为皇位继承人，而未从“溥”字辈中寻觅，明显违背祖宗之法。摄于慈禧之权威，众臣大都敢怒不敢言。吴可读遗折挑明此事不合祖制，为众人提供了再度于朝堂内掀起立嗣承统大讨论之理由。

回望彼时政情，或许除了尸谏，短期内似无他策能耸动视听，那为何践行此举的单单是吴可读？

## 一位憨直冲动的人

不妨先从吴可读其人其事说起。

当吴自殒时，已 68 岁。粗看其近七十年的人生经历尤其是宦途沉浮，值得大书特书者，着实寥寥。

吴可读，字柳堂，甘肃皋兰人，自谓“家谱自前明始迁祖以来，三百载椒房之亲，二百年耕读之家，十八代忠厚之泽，七十岁清白之身”。其科考之途实在坎坷。他天资还算不错，24 岁那年即考中恩科举人。之后吴寓居京城达八年之久，一心博取功名，却屡屡名落孙山。旁人落榜往往因水平不济或怀才不遇，而吴氏不中，则另有原因。吴在其尸谏前留给子女的《诀儿书》中，对自己之荒唐早年并不讳言：“我少好游荡，作狎邪游。”原来，吴在京城备考时，迷上了一位叫作翠花的姑娘。翠花虽貌仅中姿，但略解诗书，谈吐不俗，吴可读是个至情至性之人，动到情感，一往不复，万死难回，索性把考篮丢在墙角，积得好厚的灰尘，因此得了个极不雅的外号：“吴大嫖”。待春闱榜发，沉溺于温柔乡的吴可读果然落第。翠花为他大哭一场，吴可读倒觉得她这一副眼泪可贵，不输于金殿胪歌。便以兰州道远，不如在京读书作为托词，依然迷恋京华烟云，日日与翠花缠绵。直到一日吴千金散尽，深受妓家冷落。他的同乡便劝他回九天庙住，与风尘女子一刀两断。吴可读无奈，只得依从。当时恰好四大徽班之一的四喜班，重新由余三胜掌班，大事振兴，便有人拿这两件事做了一副对联，说是："余三胜重兴四喜班，吴大嫖再住九天庙。"这百般蜜意，千种柔情，耗去了吴氏整整七年的光阴。自此吴浪子回头，终在道光三十年金榜题名。

迷恋妓女数年，之后又能幡然醒悟，潜心科考。可见吴可读性格之中蕴含着放浪不羁与倔强执拗的两个方面。

进入政坛后，几经辗转，吴可读出任御史，掌谏诤之权。于此期间，吴以弹劾成禄的两折扬名宦海。成禄时任乌鲁木齐提督，不仅作威作福，还虚报军功。有一年由于天灾，肃州高台县百姓无捐可输，成禄竟借口百姓聚众谋反，滥杀二百多人，反报平定叛乱有功。如此倒行逆施之行径，令个性憨直的吴可读忍无可忍，他先是上《陈乌鲁木齐提督成禄罪状疏》，列举其罪可斩者十，不可缓者五。很快，成禄被押解进京，接受朝廷审讯。按清律"诬告叛逆，被诬之人已决者，诬告之人逆斩立决"。然而法外总会有各种人情，成禄是满人，且醇亲王乃其靠山。经过一番桌面下的运作，朝廷降旨成禄斩监候。按清律秋审应处决重犯，"过了冬至到斋戒日仍牢固监禁者，俟次年秋审"。吴可读深谙刑律，知道个中猫腻所在，成禄若躲过了秋审，就会逍遥法外，此显然是朝廷大佬为其开脱之计。故向来执拗的吴可读再上《请诛已经革提督成禄疏》，苦劝同治："若姑息，成禄鬼蜮百端，将来生死用命正有不可知者，臣愚以为等此一斩，与其宽以死，使其狡猾者得复施其伎俩，何若速加戮使观听者咸共懔。"

虽然吴可读动之以真情，晓之以大义，却未能说服两宫，最终同治皇帝驾崩后，光绪即位大赦天下，成禄避过惩罚，保全性命。与幸运的成禄结局判若霄壤，清廷以"吴可读坐刺听朝政"为由，降其三级，调用为兰山书院山长。

倏忽间，吴可读输得几乎一无所有。

在弹劾成禄的第二折文末，吴曾留下一段狠话：

请皇上先斩成禄之头悬之于藁街以谢甘肃百姓，然后再斩臣之头再悬之于成氏之门以谢成禄，如我皇上不以无罪而杀微臣则请于斩成禄后将臣收监，稍缓其诛则是使我皇上不惟无以对临难者及被戮诸臣，赏罚不当则人心不快，霜雪愆期。

这番慷慨陈词，在平头百姓看来堪称忠肝义胆，但在两宫眼中，则颇有不识时务、以命要挟的意味，冒犯天颜难免招致其反感。故吴氏所言，冲动有余，谨慎不足，实在不智。

至于先斩成禄之头以谢百姓，再奉上自己脑袋以谢成禄的过头话，反映出吴氏性格中易走极端的特征。当然，每个人在一生中总会在某个时刻于脑海中涌现出自杀的念头，甚至表达过生不如死的想法，但绝大多数情况下人们并不会去实践。故这往往仅是闪念。对于吴可读而言，此乃“潜意识”。

倔强、执拗、憨直、冲动，如此个性的吴可读，再也经不起任何大的刺激……

## 一场酝酿已久的死

一堆干柴不该遇见火星儿，一种“潜意识”最怕再度被唤醒。

三年后的清廷立嗣危机，成为逼死吴可读的最后一根稻草。

1875 年 1 月 12 日，同治病亡，未留后代。有清一朝首次遇到需从皇帝子嗣外寻找继承人的严重情况。慈禧并未从“溥”字辈皇族中寻觅继承人，而是出人意料地将目标锁定在醇亲王之子载湉身上。亲历其事的翁同龢有这般记述：“戌正，摘缨青褂。太后召诸臣入，谕云此后垂帘如何？枢臣中有言宗社为重，请择贤而立，然后恳乞垂帘。谕云，文宗无次子，今遭此变，若承嗣年长者实不愿，须幼者乃可教育，现在一语即定，永无更移，我二人同一心，汝等敬听，则宣布曰某。维时醇郡王惊遽敬唯，碰头痛哭，昏迷伏地，掖之不能起。”本该长大后继承醇王爵位的载湉却无端坐在了紫禁城的龙座上，成为入主中原后的第九位清帝。与此同时，两宫也迅即完成再次垂帘听政的“合法化”抓权手续：“朕恭呈慈安……慈禧懿旨，览王大臣等所奏，更觉悲痛莫释，垂帘之举，本属一时权宜，惟念嗣皇帝此时尚在冲龄，且时事多艰，王大臣等不能无所禀承，不得已姑如所请。”

此举在慈禧看来，这无可厚非，而在群臣眼中，实则有悖祖制。

选立天子，貌似帝王家事，更是天下事。值此非常之际，中国士人夫们以天下为己任的传统再度迸发。慈禧若想堵塞天下悠悠众口，那是绝不可能的。2 月 20 日，内阁侍读学士广安先将问题抛出：“惟是奴才尝读宋史，窃有感焉。昔太祖遵母后之命，传弟而不传子，厥后太宗偶因赵普一言，传子竟未传侄，是废母后成命。遂起无穷斥驳。”有鉴于史，故广安建议将“我皇上将来生有皇子，自必承继大行皇帝为嗣，接承统绪”的安排用“颁立铁券”这一最高立法方式固定下来，以防日后生变。这自然令慈禧大为光火，“广安奏请饬廷臣会议颁立铁券等语。冒昧渎陈，殊堪差异，广安著传旨申饬。”紧接着，3 月 27 日，同治皇后死，“道路传闻，或称伤悲致疾，或云绝粒殒生”。御使潘敦俨挺身而出：“默念穆宗嗣统未有定议，孝哲毅皇后又仰药殉，遂疏请表彰穆后潜德，更谥号。”这种做法犯了大忌讳，朝旨“斥其以无据之词率登奏牍，实属谬妄，交部严议”。结果罢官免职，潘“归隐于酒，阅二十余年卒”。

就在故交同僚纷纷挺身谏言，续起不绝之时，偏居西北的吴可读却淡定得如同一位看客，甚至赋诗道：“圣朝无阙事，小臣愿作不鸣蝉；家无别况，只桂兰绕膝，桃李盈门。今年春胜昔，一堂和气抱孙来。”

这不过是风暴来临前的短暂平静。同治之死，意味着吴氏暗存脑海的“潜意识”已被激活：他心生死意。吴“即拟就一折，欲由都察院呈进。彼时已以此身置之度外。嗣因一契友见之，劝其不必以被罪之臣又复冒昧”。后来遗折的草稿也十有八九出自此折。吴可读侄子吴宗韶后来写《柳堂先生传》也确认：吴可读“临行辞其先茔……吾年已六十余而圣朝不终弃之，敢不以死报哉！”

除了友人相劝外，吴未赴死之因，在于他对朝廷尚抱一丝幻想。不久光绪即位，吴氏被重新起用，出任吏部主事。

回归京师政坛，按理说吴可以出手谏言了。然吴却仍不出手。原因再简单不过：他没资格出手。吴氏原来任职御史，虽然清贫，倒不失显要，握有奉旨弹劾建言之权。此番改任主事，职务低了，更关键的是失去了吴氏最为看重的发言权。没了发言权，吴氏在不在朝已意义不大。况且，通过之前广安、潘敦俨等人的事例，吴终于看透：即使能够上书清廷，真正审阅者并非皇上，而是垂帘于幕后的慈禧太后。故再好的忠言良策，也无非是留中不发的废纸。

法国社会学家迪尔凯姆曾如此评价因个性过强而引发的利他主义式自杀现象：“在生命的范畴中，没有什么好得不得了的东西。一种与生命有关的特点只有在不超过某些界限的条件下，才能完成它应该有助于完成的目的。社会现象也是如此……尽管某种极端的个性会导致自杀，某种不充分的个性也会产生同样的结果。当一个人脱离社会时，他很容易自杀，而当他过分地与社会融为一体时，他也很容易自杀。"有道是"关心则乱"，昔日坚守的一切似已化为虚无。吴可读失去了生存的信念，蓄满了尸谏的决心。要约束政统，自认是道统担当者的吴可读，唯有以道抗势，杀身成仁。

他，等待的只是一个合适的时机。

## 一种回天乏术的运

对于吴可读之死，其至友左宗棠并不太认可："柳堂为正义而以尸谏，却羼入此节，亦属不伦。此君骨鲠可风，意见微偏，在所不免。"然而从某种意义上讲，尸谏的确达到了预期的效果：清廷重启有关光绪承嗣大统的讨论。

如同打开了泄洪闸一般，本已汹涌的洪水顿无堤坝之拦蓄，泛滥至无可阻遏。慈禧深知尸谏之激烈、承嗣之敏感，二者此次合于一端，显然已瞒不了、压不住。于是她当即批复："著王大臣、大学士、六部九卿、翰詹科道将吴可读原折会同妥议具奏。"起初遗疏先在小范围传阅，朝廷命臣属赴内阁"公同阅看"。接着将议事范围扩大，召集更多官员在内阁集议。会上，宗室皇族欲图敷衍了事，汉族清流则极力维护祖制，"激烈者盛气力争，巽畏者嗫（喏）不吐，或忠或谨"。于此微妙形势下，某些与会者料到统一会奏已不能达到效果，故酝酿"别疏陈所见"。很快，李端棻、黄体芳、宝廷、翁同龢、沈桂芬、潘祖荫、徐桐、张之洞纷纷单独上书，强调继统与继嗣之区别及解决途径。

就在京官们就承嗣大统问题辩论得不亦乐乎之际，吴可读事件已传遍朝野内外，其影响迅速蔓延与发酵。吴可读死前曾作绝命诗一首：

回头六十八年中，往事空谈爱与忠，抔土已成黄帝鼎，前星预祝紫微宫，相逢老辈寥寥甚，到处先生好好同，欲问孤臣恋恩所，五更风雨蓟门东。

此诗意境悲壮决绝，“一时都下遍传，和者甚多。童竖亦悲吴御使，市闤处处谱歌词”。当时的士大夫竞相赋诗以歌之，陈宝琛诗云：“乾坤双泪眼，铁石一儒冠。”崇绮作挽诗：“尸谏追千古，哀鸣感两宫。”李鸿章感言：“西望惠陵，穿土而茔，扈从大行，呜呼先生。”张之洞阅吴氏《携雪堂全集》后亦有文记：“卷首为先生像，盖生存时用泰西法所照，神观逼真。读先生遗书受命之际拳拳念及鄙薄，果何以致之耶，是为平生第一知己。”

坊间舆论对此事件亦颇为关注。民间人士东河谷有挽诗相酬：“一息不忘君垂尽，孤臣犹有封章陈。”王作枢也有诗云：“先帝无儿臣有主，世人皆知我独愚，忠魂常恋一抔土，蓟门烟树灪苍苍，马伸桥畔晚风香，地不可移时难失，此心皎皎日月光，故人千古垂青史。”更有甚者，将此事涂抹上神话色彩：“光绪己卯春三月下旬，予在京住潘家河沿。是日，天朗晴明，予正午饭，忽见空中有白片纷纷下。亟至庭中视之，六出雪花也，瞬息即化，炊许始止。不知烈日中何以忽然落雪，甚异之。数日即闻吴柳堂侍御尸谏事。”民间如此演绎，无非寄托哀思、表彰忠义而已。

在官情与民意的双重裹挟下，慈禧不得不做出让步，颁旨了结此案：

皇帝受穆宗毅皇帝托付之重，将来诞生皇子，自能慎选元良缵承统绪，其继大统者为穆宗毅皇帝嗣子，守祖宗之成宪，示天下以无私，皇帝必能善体此意也……至吴可读以死建言，孤忠可悯，著交部照五品官例议恤。

通览此文，慈禧在被迫妥协、安抚人心之余，不忘显示其权威。这末尾的“以死建言，孤忠可悯”八个字，便清晰表露其对尸谏既肯定又反感的态度。其中意味或许是在提醒众臣，若再有人认为其违背祖制，那就请你亮出你的“孤忠”，像吴可读一样的以死相搏吧！想必读过此旨的人，心底莫不感觉到一丝瘆人的寒意。于是，之后谁也不愿当傻子，尸谏也在官场上销声匿迹，化为绝唱。

清宗室宝鋆曾因感叹吴可读尸谏，赋诗云：

圣朝纳谏优直言，伏阙抗疏争纷纭，以死建言公一人，吁嗟乎！直谏容易死殉难。

“吴可读事件”提出的难题，终以集思广益的方式基本解决了困扰朝局数年的大统之争，使此前模糊不清的继统立嗣关系得以理顺，使政局渐趋稳定，意见暂得统一，也为慈禧的垂帘听政和光绪的继位传绪找到了平衡点，更使朝野官绅之愤懑得到舒缓。诚如时人所云“此古之社稷臣，七尺能捐执简，终安天下计”。不过，自杀并不能解决一切。在清末政局下，直谏比较容易，靠的是胆量，大不了丢官，尸谏未必很难，凭的是勇气，至多殃及家族。最难的莫过于扭转颓势的能力与见识。忠言说尽，豁上老命，这个王朝就会不覆亡吗？

如此看来，清朝的政治转型已不可避免，“吴可读事件”仅是其间的一段小插曲。传统的政治体制，便在权力结构的不断嬗变中走向近代……

# 寇太监之死：被捂出来的谣言

1943 年的一天，重庆市内的某家剧院，一部名叫《光绪亲政记》的话剧举行首演。偌大的剧场内，人头攒动，座无虚席。这是著名编导杨村彬先生《清宫外史》三部曲系列的第一部。观众们在关注舞台上呈现的宫廷内争、帝后斗法等场景之余，还被一个小角色所深深吸引与感动。这位小人物叫寇连材，是名年轻宦官。本来他聪明能干，很受慈禧和李莲英信赖，后被派去监视光绪皇帝。孰料他反而同情了光绪，最后不得不走上冒死上书的不归路。连宫里的小太监都如此爱国，这般勇敢，杨氏人性化的剧情设计，自然博取了观众们的一致好评，据说“小太监寇连材愚忠幼稚，慷慨陈词，挽救危亡，引起全场掌声雷动。他被推出斩首时，台下观众唏嘘，泣不成声”。

话剧演出后，轰动了山城，观众们也牢牢记住了寇连材这个名字。

那么，晚清史上究竟有没有寇连材这个人物?

## 寇太监之死

答案是肯定的，历史上确有其人，不过并非话剧中那番模样。

真实的寇连材事迹大致这样。他是北京昌平南七家庄人，祖父名寇怀璧，父亲名寇士通。寇连材原名成元，排“成”字辈，为独子，叔伯兄弟排行第七；15 岁时与顺义张姓女子结婚；光绪十六年，其父与赵姓财主因地界纠纷输了官司，家破人亡。迫于无奈，寇成元遂抛妻舍子，进京自阉入宫，后改名寇连材。入宫后寇在奏事处当差，充最低级的使令太监；后经总管崔玉贵等奏请，才将其补储秀宫当差。由于专门为慈禧梳头，“侍西后久，颇得力”，寇连材颇受恩宠。据《凌霄一上随笔》载：“此差颇优，每年有二三千金进项。”可见寇在宫中混得着实不差，堪称新生代太监中的佼佼者。

那放着好端端的差事不做，寇太监为何要冒死进谏？难道单单出于爱国义愤，希望两宫能够警醒？翻检史料，一名当时老太监的回忆，给出了迥异于主流的说法：寇“素与太后掌案太监王俊如来往过密。王被珍妃卖官事牵连，发往奉天充军。寇连材异想天开，想作一番轰轰烈烈的大事。想上一个奏章，自以为如果太后采纳，可为升官之道，如太后不喜欢，仅是充军奉天，不惟可与王俊如聚首，也是发财之一途。因清朝太监充军外地，人还未到，当地就先有人代办沿路车马饮食费用，到了军所，将军以下的官长无不高看，因是近侍太监，谁也不敢得罪。岂知寇连材上了奏章，不仅没博得太后喜欢，反而获一死罪……奏章并不出奇，交司房存库了”。看罢这则回忆，真让人三观尽毁、眼镜碎了一地。寇连材提着脑袋上奏章，居然是为了升官发财，这与《清宫外史》中的形象实在是相距太远。不过，自古宫闱秘闻，似没有人比太监们知之更多。他们日日伴在统治者身边，目睹耳闻之大事件数不胜数，往往是现场见证者。况且太监不得私自出宫，所处环境单一封闭，即使事件经由彼此口耳相传，较之市井谈资、坊间传闻来说，也不致走样太多。具体到寇连材被杀一事，朝廷大员未能亲见真实过程，而奏章也“交司房存库了”，难怪身居中枢的翁同龢都未搞清楚事件始末，只是记道：“闻昨日有内监寇万材（连材）戮于市。或曰盗库，或曰上封事。未得其详。”不久恭亲王奕訢亦感慨慈禧将杀寇一事捂得严严实实，在写给翁同龢的信中叹曰："吾等为旷官矣！"

由始至终，对于处斩寇连材的因由，朝廷采取常规的"冷处理"，未给出明确的答复。于是，这自然而然成为一个谜团，为猜度者提供了无限推测的空间，传闻这个雪球，随之越滚越大。

## 发酵的谣言

既然朝廷不给予合理解释，那民众只有自己制造答案。中国人从来不缺乏对于政治的想象力，各种传言，自此不断发酵。

寇连材被斩首的当日，清廷仅给出其不顾"太监不得干政"的禁令上书言事的理由。当时京城既无人一窥奏章内容，又无人同寇连材熟识，故大家只有你猜我猜一起猜了。第二天，内阁侍读学士恽毓鼎便在西城拜客时听到消息，"昨日菜市杀太监一名，姓寇，名连瑞，通州人，素娴文墨，为两宫所赏。十二日请假五日，既销假，即进条陈，凡十事：一，颐和园不宜驻跸；一，停止勘修圆明园工程；一，不宜使皇上日近声色；一，请立皇子；一，李鸿章不宜出使外洋；一，武备废弛，沿边请练乡团；一，停止铁路工程；一，铸行银元（其三条不得其详）。奏上，太后震怒，谓祖制宦官不许干预国政，立予斩决。至市，索袍褂着就，向东拜别祖茔及老母，云：'我虽系内监，然所陈诸事皆忠君爱国之心，即骈首市曹，亦可见祖宗于地下。'帖然就戮。"几天后，上海《时务报》主笔汪康年接到京内挚友信件，云"本月十六有宦官寇连材上封事，大致言上不宜驻跸园中，太上不宜黜陟官员，不宜开铁路，不可时召优伶入内，不宜信任合肥、南海，宜早建储等语。此是愚忠。前时曾跪太上前，泣谏不听，因乞假五日作十条，膺逆鳞之怒，交刑部处决。临刑犹整冠领，自言天下将送洋人，我总对得住祖宗云云。此真前古未有之名宦，士大夫都愧之。”无论恽氏所听传闻，还是汪氏接到的线报，都已经将未流出宫廷半步的寇氏奏章描述得有鼻子有眼。而且二者关于条陈具体内容也颇为不同，想必当时京城关于寇连材奏章一事，流传着许多版本。不过，根据“帖然就戮”、“前古未有之名宦”这样的评价，可知士林已借助内心的想象，无意识地替寇连材建构起一副忠义爱国的正面形象。

常言道：“无巧不成书”，寇氏被杀次日，京城又爆出一大轰动事件：力主维新的内阁侍读学士文廷式被朝廷革职。此举无疑激化了朝野众多清流与维新人士的不满情绪，于是自然而然地将对寇连材的推崇与对文廷式的惋惜结合在一起：罢黜文廷式意味着慈禧打压维新派势力，那诛杀寇连材就是警告同情改革的人士。很快一首“寇太监从容临菜市，文学士驱逐返萍乡”的联语不胫而走，本来与维新变法没有半毛钱关系的寇太监，也在众人的情感投射下，被一厢情愿地附上了“改革派”的标签。

作为彼时政治旋涡中之当事人，文廷式曾坦言自己并不认识这位寇太监：“丙申二月十六日，上在颐和园。是日午刻诛太监一人于菜市。闻其罪坐私递封奏、语言悖谬云。后乃知太监名寇连材，昌平州人。其奏乃谏游行，请建储，停铁路，练乡兵。又请勿听用李鸿章、张荫桓等共十条云。”就连他对寇氏的了解，也属道听途说。试想一个粗通文墨的宦官，怎么可能对于朝政的建言如此头头是道，更不可思议的是，他批判的矛头，居然都是朝向慈禧、李鸿章、张荫桓等后党派系，这哪里是小太监的见识，分明是清流与维新人士的心声。换言之，他们只是借着寇连材的名号，在发表其对朝政的诸多积怨。交口称颂寇连材的背后，隐伏着激烈的派系矛盾与利益纠葛。寇氏之死恰恰为他们开启了一条倾泻愤恨的渠道。

而与此同时，清政府居然对沸沸扬扬的谣言置若罔闻，任其散布，不做出一丝一毫的回应。不能不让人赞叹：慈禧老佛爷的心还真够宽的！

## 第二度塑造

人们对政治新闻的关注与消费往往是暂时的，一旦出现更劲爆刺激的事件，之前的便会渐被淡忘。戊戌变法期间，政情跌宕起伏，其紧张程度与戏剧性，皆赛过当时任何一部戏剧，众人自然不再理会区区一个小太监的死亡。

有趣的是，戊戌政变后，作为海外流亡者，不甘失败的康有为、梁启超等人，为了坚持变法的合理性与维护保皇的正当性，开始极力编织一套悲壮凄厉且激荡人心的政治神话。寇连材虽不是主角，却占据了不小的戏份，尤其是梁启超所撰《烈宦寇连材传》，堪称神来之笔：

甲午战败后，君（寇连材）日愤懑忧伤，形于辞色，时与诸内侍叹息国事，内侍皆笑之以鼻。乙未十月，西后复专政柄，杖二妃，蓄志废立，日逼皇上为蒲博之戏。又赏皇上以鸦片烟具，劝皇上吸食。而别令太监李莲英及内务府人员在外廷造谣言，称皇上之失德，以为废立地步……至十五日，乃上一折，凡十条。一请太后勿揽政权，归政皇上。二请勿修圆明园以幽皇上。其余数条，言者不甚能详之，大率人人不敢开口之言……书既上，西后震怒，召而责之曰："汝之折汝所自为乎？抑受人指使乎？”君曰："奴才所自为也。”后命背诵其词一遍。后曰："本朝成例，内监有言事者斩，汝知之乎？”君曰："知之。奴才若惧死，则不上折也！”于是命囚之于内务府慎刑司，十七日移交刑部，命处斩。临刑神色不变，整衣冠，正襟领，望阙九拜，乃就义。观者如堵，有感泣者。

陆象山曰：我虽不识一字，亦须还我堂堂地做个人。其寇黄门之谓乎？京师之大，衿缨之众，儒林文苑之才，斗量车载，及其爱君国、明大义，乃独让一不识字之黄门？呜呼！可无愧死乎！八月政变以后，皇上之内侍及宫女，先后被戮者二十余人。闻有在衣襟中搜出兵器者，盖皆忠于皇上，欲设法有所救护也。身微职贱，无由知其名姓……呜呼！前者死，后者继，非我皇上盛德感人至深，安能若此乎？呜呼！如诸宦者亦可随六君子而千古矣。

在梁氏魔力无穷的笔下，慈禧与光绪原本充满温情的母子关系，被描述成赤裸裸的政治死敌，为了揽权，慈禧对光绪，坏其心志、纵其欲望、毁其身体、败其名誉，可谓无所不用其极。更加独到的在于，梁氏花较大篇幅详细描述了寇连材冒死奏事的全过程，俨然将其列为光绪的亲信之一。尤其是结尾一段，大字不识几个的寇连材人格崇高、胆量过人，其地位已堪比“六君子”了！不惟如此，尚有不少忠于皇上的内侍和宫女，个个于衣襟中藏有兵器，这哪里还是禁卫森严的宫廷，简直就是一出晚清版的《步步惊心》！

经梁启超塑造的“烈宦”形象，于清亡后愈发深入人心。无论是野史、掌故、小说，还是京戏、话剧、电影，但凡涉及这段历史，都不忘搬出寇连材，对其人其事进行一番演绎。于是，在艺术形象趋于成熟的同时，人们已不再在意真实的寇太监是何种模样了。

百余年后，我们回首“寇连材事件”，其实这是一件再普通不过的案子。一个不听话的小太监，坏了规矩，犯了忌讳，被统治者处以极刑，如此而已。然而，时值甲午海战大败、维新运动兴起、清廷政治权威严重下降之际，最高统治者处理政事，理当谨慎持重，开诚布公。寇案虽为帝王家事，但于敏感期还是应该给民众一个满意透明的交代，减少政治谣言的出现。恰恰是慈禧漫不经心的一个决断，留给士林无限演绎发挥的空间，赏给政敌进行诋毁的素材，其结果便是自己的形象被妖魔化，其公信力亦随之暴跌。

说到底，谣言止于智者，充分尊重百姓的知情权，就等于少给自己添麻烦。捂着不如公开，堵塞不如疏导，人家信不信你，关键还是看你掌权者自身表现啊！

# “哀莫大于心死”：晚清宗室寿富的人生幻灭

光绪二十六年七月二十三日（1900 年 8 月 17 日），北京西城白庙胡同。前一天，八国联军已攻陷了这座八朝古都，战火纷飞，狼烟四起，断壁残垣，处处狼藉。就在朝野上下、官员民众纷纷逃离京城，避难他方之际，一位体态略显富态、眉宇间颇具英气的中年人，却选择了另一种永久的离开：他先是吞下一服毒药，然后悬梁自缢，偕一弟二妹同归于尽。临终前，他自题《绝命词》三首：

衮衮诸王胆气粗，竟将血气丧鸿图，请看国破家亡后，到底书生是丈夫。

曾蒙殊宠对承明，报国无能负此生，惟有孤魂凝不散，九原夜夜祝中兴。

薰莸相杂东林党，党祸牵连竟陆沉，今日海枯看白石，二年重谤不伤心。

这位弃世者名叫寿富，生前乃满洲宗室，四品翰林院庶吉士，世人誉为“满洲中最贤者”、“宗室特出之英”。堂堂的天潢贵胄、满人中之翘楚，为何在这个“国破家亡”的历史当口上，自愧“报国无能”，唯以断然一死，表明自己“到底书生是丈夫”之心迹？而“薰莸相杂东林党，党祸牵连竟陆沉”又系指何事？若想解开这两个谜团，不妨从寿富这短短的三十五载人生谈开来。

## 有担当的家族

寿富的家世可谓煊赫，绝对值得拿出来晒一下。他字伯茀，号菊客，爱新觉罗氏，隶属正蓝旗。清代开国时，太宗皇帝于崇德元年（1636）曾下诏书，规定以清显祖塔克世的直系子孙为“宗室”，其余伯叔兄弟旁支子孙称“觉罗”，宗室系黄带子，觉罗系红带子，以示区别。追溯寿富家的世系，为和硕郑宪亲王济尔哈朗（1599—1655）九世孙，排在爱新觉罗氏子孙的“溥”字辈，这可是货真价实的王室后裔。按清制，袭爵递减，其四世祖阿札兰时已无亲王头衔，所属一支后来于科场也没有太多表现，至其曾祖兴隆，已降为一闲散宗室，充宗人府笔政而已。但到了他的祖父常禄这一辈，家族又再一次柳暗花明，时来运转。常禄是道光十二年进士，官至翰林院侍讲学士。其子宝廷，字竹坡，号偶斋，同治七年二甲六名进士，选庶吉士，授编修，累迁侍读，官至礼部右侍郎，并授正黄旗蒙古副都统。同治十二年、光绪八年历充浙江乡试副考官、福建乡试正考官。寿富为宝廷次子，光绪二十四年二甲八十八名进士，选庶吉士。如此祖孙三代联中进士，点翰林，文风鼎盛，为历代满人中所罕见，宗室子弟中更为绝无仅有。难怪宝廷曾作诗自诩：“大清策勋封诸王，赫赫郑邸威名扬。文功武烈耀史册，祖宗累代流芬芳。”

当然，寿富家族不仅仅是名扬宗室的“学霸”，更是心系家国天下、引领一代风尚的“达人”。此特质在其父宝廷身上体现得淋漓尽致。宝廷在近代，甚至整个清代，都堪称一段传奇。论出身，人家是满族贵胄，无须多言。论才气，他诗才横溢，“诸体兼备，各体皆工”，

《清史稿》评曰："其诗篇颇富，模山范水，不作苦语，和平冲澹，自写天机。"在有清一代近三百年诗坛，宝廷顶戴着"满族第一诗人"的桂冠，与清初纳兰性德并称满族八旗诗人之魁首。更为难得的是，这宝廷尚有政声。光绪初年，宝廷与陈宝琛、张佩纶、张之洞、邓承修等同气相求，纵论国事，以直谏敢言名扬天下，并称"清流五虎"，"当日在朝，謇謇励风节，并有文字道义之契，世目为元祐诸贤"。然而，这样一位宗室英才，却未贪嗜于权力，恋栈于高位，言语常常不拘世俗，行为不时出人意表。光绪九年，他居然上书弹劾自己，声称"微臣好色原天性，只爱蛾眉不爱官"，只因在典试众学子途中遇上了一位美女，迅即坠入爱河，难以自拔，索性以"纳妾"之名弃官而去。这成为当时轰动朝野的一桩奇闻。其实宝廷挂冠离职，实在是对时局极度失望，故拂袖而去。罢职后，他筑室西山，以诗酒自娱，贫病终老。

有其父必有其子。寿富为人行事深受宝廷熏染，用友人的话，即"其为人勇于自任，虑一事发一言，千人非笑不顾也"。晚清四公子之一的孙宝瑄在上海与章太炎等人戏以《红楼梦》人名比拟当时人物，更将寿富比为"尤三姐"。这一小说人物刚烈不折、不同俗流的形象，恰可移来形容寿富的性格：往好里说，他很执着，有原则，能坚持；往不好里讲，这人认死理，一根筋，太轴！

## 无希望的年代

担道之人自然要行卫道之举，寿富当然以此自任。不过，偏偏让他赶上了绝望的年代。甲午一战，中方败得一塌糊涂，这种旷古未有的耻辱感深深地刺激着寿富。与大多数士人一样，他"尝愤国势不张”、“尝愤宗邦不振，强邻日逼”，于是广交各路英才，积极呼吁朝廷改革。

作为满族宗室，寿富认定要想扭转颓局，必须消除满汉之间的种种界限，并且旗人们也必须放下那些先天的优越感，共赴国难。于是他在《时务报》发表《与八旗诸君子陈说时局大势启》，“论天下大势，以力泯满汉畛域为先，立知耻会，勉八旗子弟励学”，呼吁无论满汉，都是自家兄弟，“愿我兄弟之贫贱者先自励”、“愿我兄弟之富贵者先自危”、“愿我兄弟之为学者，先求其大，而归诸有用”、“愿我兄弟廓其耳目而周知外事”。应该说，在满汉关系依旧非常敏感的晚清，寿富提出双方捐弃偏见，“察盛衰之所由，谋富强之攸在，通力合作，各尽其才，厚培本根，力开盘错”。其效果可谓于无声处响惊雷，令维新人士大为钦佩。如梁启超就赞许道“宗室寿伯福太史富，可谓满洲中最贤者矣。其天性性厚，其学博，其识拔，爱国之心，盎睟于面。乙未秋冬间，余执役强学会，君与吴彦复翩然相过，始定交彼此以大业相期许。其后君复有知耻学会之设，都人士咸以为狂，莫或应也”。可见寿富在当时士人圈里颇有影响。

然而，有人的地方，必定有是非；人扎堆的地方，必定有纷争；纷争多的地方，必定有派系；派系杂的地方，必定是江湖。即使是甲午之后兴起的维新派，里面也是派系林立，大佬云集。当时大概有三派势力交织其间。第一种是“康党”，以康有为为首的粤籍士人，此群体虽真心提倡维新变法，但既无实际的政治权力，也不依附任何政治势力，更缺乏政治斗争的经验，故言论行动都比较理想化。第二种是“翁党”。这派的幕后大佬是翁同龢与李鸿藻，他们将自己的门生亲戚安插其内。翁党代表朝廷的趋新势力，但对变法有所担忧，害怕超出其心理承受的极限，所以委派众多亲信随时监督。第三种是“张党”。其幕后老板乃晚清大吏张之洞。张之洞一向以提倡洋务享誉官场，算是一位较为开明的地方实力派官员。听说京城兴起了一股非常生猛的维新风暴，善于投机的张香帅自然不甘于后，派了几名心腹加入卧底。张氏如此安排，既能洞察内部虚实，又可以借助这杆旗帜标榜自己的改革家形象，可谓一举两得。不难看出，一个号称维新改革的群体，内部关系何其复杂！既有做实事的“康党”，又有想揽权的“翁党”，还有占便宜的“张党”。派系林立，各怀心事，内耗不止，难成合力，其实已经折射出中国政治生态的真实面貌。

不幸的是，寿富便委身于张之洞门下，成为“张党”的一员。常在河边走，怎能不湿鞋？在奉张香帅之命从事维新事务的过程中，寿富屡次与“康党”、“翁党”及其他势力发生摩擦，甚至心生龃龉。这让他明白，变法这趟水太深了！如此折腾内斗，本来救国济民的变法事业恐将变成一场闹剧。

果不其然，1898 年秋，慈禧发动政变，结束了这仅仅百日的变法。万念俱灰的寿富重走父亲的老路，闭门谢客，以莳菊检书自娱，因自号“菊客”。

其实，在甲午中日开战之时，寿富就曾同清末四公子之一的吴保初相约“城破同死”。可见，身处这样让人绝望的时代，自杀赴难的念头早已隐伏其脑海中甚久。死，对于寿富而已，并不是一件难事，他等待的，只是一个时机而已。

## 极平静的赴难

或许，寿富这一生，就是为了“临难一死报君王”。

两年后，机会来了。庚子国变，八国联军取代了日本人，战场从黄渤海湾、辽东半岛换做北京城。时局至此，已不可挽回，满地狼烟，更无须留恋。既然事不可为，唯有一死了。就在寿富殉难前夜，挚友华实甫曾苦劝其莫要自寻短见，问道：“洋兵入城，与国祚无关，何必以身殉？”寿答曰：“我亦确信洋人不灭我国，但我知太后拉皇上去，则将来议和之后，皇上终不能脱出太后之手。大清不久仍必灭亡，吾何必多活数年。”临死之前，其脑子里还是江山社稷、吾皇万岁与不祥的预感。

除了开篇的那三首绝命诗，寿富还留下了两封遗书，分别向师友亲朋交代死意，如此而已。身后事处理得这般平静从容，可见其心已如死灰一般。

死，代表着寿富告别不堪的现实，更意味着对由满族主宰的清政权之绝望，或许他愿以这种极端的方式激励尚且苟活于世的宗室们。

七年后，昔日寿富的幕后大佬张之洞入阁任职，他没有忘记自己的门生，专程赴寿富墓前凭吊，有诗云：

赋断《怀沙》不可听，宗贤忠愤薄苍冥。荆高燕市沈沈醉，莫使重泉叹独醒。

香帅一面感慨寿富临危却不贪生的忠义气节，一面又暗暗讽刺那些仍在朝堂之上终日醉生梦死的满族权贵们，再不好好改革，这清朝可就真的就要毁在汝等手中了！

时光又过了四载，爱新觉罗氏的江山果然覆亡了，应验了那句谶语。不知长眠于九泉之下十余年的寿富，若地下有灵，会做何感想。其实，不管是谁的天下，总有到头的时候。不过这次政权鼎革，居然将皇上这个岗位给拿掉了。这或许是寿富生前所万万没想到的吧。

大概用《大话西游》里经典台词“我猜到了开始，却没有猜对这样的结局”来形容寿富之死，似再恰当不过了吧？

# 端方：

# 上台虽壮终必悲

一提到清末满族权贵，人们往往将他们同昏庸无能、骄奢淫逸联想到一起，其实那拨人并非个个酒囊饭袋，中间不乏精明强干之辈，端方便是佼佼者之一。郑孝胥曾如此品评清末重臣："岑春煊不学无术，张之洞有学无术，袁世凯不学有术，端方有学有术。"能与岑、张、袁三位政坛大腕并肩齐名，且独享"有学有术"之誉，可见端方之水平绝非泛泛。他在清末倡言改革，推进新政，堪称当时的"明星官员"，且开创了一系列的全国第一，如"创办中国第一所现代幼儿园"、"第一个提倡全民植树的清朝督抚"、"第一个引入西方电影放映机的中国人"、"筹办了中国第一次工商博览会"……然而，命运弄人，端方的给力改革非但没能挽清廷社稷于狂澜既倒，反倒搭上了自己的小命，死于乱刀之下，这似乎又一次应验了改革人物"上台虽壮下场必悲"的古老政治魔咒。

## 做人很高调

端方（1861—1911），字午桥，号匋斋，托忒克氏，满洲正白旗人，举人出身，与荣庆、那桐并称为"北京旗下三才子"。20岁出头，端方便参加工作，担任京官，可以说是典型的"60后"领导干部。

起初，端方任职多是宫廷闲差，所以他终日玩古董、购房产，一副名士做派。到了戊戌年，光绪帝决定维新变法，任命端方为农工商总局督办。端方从此在政坛崭露头角，他那股子高调的做人风格也初露锋芒。说到农工商总局，其日常工作就是整顿农业、发展工业和振兴商业，为变法开辟利源，可知这个机构非常重要。光绪还特意下旨嘱咐端方："考求新法，精益求精，庶几农业兴而生殖日繁，商业盛而流通益广，以植富强之基，朕之厚望焉。"他对端方的期待由此可见一斑。皇恩浩荡，端方自然不敢懈怠，立即全身心投入改革实践当中。没有办公场所，端方就自掏腰包，租赁民房开局办事；缺乏财政补贴，端方就四处筹措，保证下属安心工作。由于大家干劲十足，总局工作效率极高，几乎天天都有奏折上报，甚至一天曾上折三份，这是众多维新机构中为数不多的办实事的一个。端方更是时常蒙受光绪召见，俨然成为朝廷红人，这难免惹来不少官员的妒忌，他们深感这个年轻人的所作所为实在过于嚣张，大有"减夺部权"之势。

正当端方春风得意之际，局势却突然变脸。9 月 26 日，慈禧下令推翻新政。不久，农工商总局也被裁撤。昔日的"变法标兵"，陡然似要沦为"康梁乱党"，端方隐隐感觉自己已是岌岌可危，命悬一线。好在他脑子活，够机灵，很快就打通关节，求得慈禧身边重臣荣禄、刚毅的庇护，同时又买通李莲英，向老佛爷呈进《劝善歌》，大谈慈禧如何圣明，其中有一段写道：

太后佛爷真圣人，垂帘听政爱黎民，官加俸禄兵加饷，豁免钱粮千万金。

当时天下未平静，发捻搅乱偏行省，太后知人善任人，救民水火全性命。

从此天下庆太平，鸡鸣犬吠都不惊，试问此事谁恩德，重生父母还不能。

马屁能拍成这样，真的堪称是一种境界。慈禧看后，自然心花怒放、圣心大悦，本来就不想惩办端方，又读到如此舒服惬意的诗作，她于是给端方官升一级，出任陕西按察使。

总算逃过一劫，端方明白了官场的波诡云谲，于是他收敛个性，低调了许多。转眼已是1905年，该年7月，慈禧要派五位大臣出洋考察政治，端方因为在地方上政绩显赫被列入名单。这事在整个中国历史上也是破天荒头一遭，于是端方也自然成为中外媒体跟踪报道的焦点。如美国的报纸就对端方颇有夸赞之词，认为他“温文尔雅的举止和品格，表明他是他们人民中的最上流一族。他的确是对自由制度甚表认同的中国第一层级的政治家”。随着曝光率的日益增多，隐藏在端方骨子里的那股高调劲儿又被激发出来。他几乎每到一处都要进行演讲，指点江山，将政治秀演绎得炉火纯青。并且，端方还常以老师自居，“教育”那些中国留学生。一次，他到旧金山访问，听说有个叫刘禺生的湖北学生办了一份《大同日报》，专门宣传排满革命的言论。于是端特意去找刘禺生，训斥道：“你是我的学生，何以不来见我？”刘答：“予在报馆，卖文为学费，白日读书，晚上作文。”端又以命令的口吻讲：“我未来金山，即读汝在《大同日报》所作之文。我语汝，从今以后，那些话都不要讲了！”刘假装不懂，问：“我不知指所讲何话？”端也不好把事情点破，便说：“就是你讲的那些话。”刘答：“没有讲什么。”端补充道：“就是你天天讲的那些话。”刘又故作无辜，答：“我天天并未讲什么话。”这下子可把端方搞得不耐烦了，他大声吼道：“你自己还不明白，就是你讲出口的那些话，你也明白，我也明白，从今以后，都不要讲了。同是中国人，一致对外，此次考察回国，必有大办法，老弟，再不要讲了。”临走前，端又摆出一副老师架子，嘱咐刘禺生：“我忝居老师，你屈居门人，你给我面子，那些话此后都不要讲了。”刘怎会把端方的话放在心里，以后该写啥写啥，继续倡言革命。端方可真是管得太宽，自讨没趣。

端方最高调的一次当属他越级“教训”摄政王载沣。1909年，端方被提拔为直隶总督。众所周知，直隶总督在清代政治中具有举足轻重的地位，尤其晚清，像曾国藩、李鸿章、袁世凯都是以此为跳板，从而进入中枢，入阁拜相的。端方明白，自己距离入主中央仅一步之遥。然而，毕竟尚是一疆之吏，按照常理，应该低调做人，少犯错误，顺利通过朝廷的考察。不过端方此时却满脑子舍我其谁、指点江山的气概，刚上任不久就给载沣上书一封，奉劝他多任用有新思想的人才，并一口气举荐了十多名人选。载沣对端的建议并不感冒，于是未予回复。眼见奏折日沉大海，端方自是很不甘心，于是又上一折，再次申述选材问题。较之第一折，端的语气更加直白，而且有些霸道，甚至建议载沣应在每日退朝后在东华门外向新进人才虚心请教。一个外官对宫内事务指手画脚，实际上已严重触犯了大臣言政的忌讳。载沣看完折子后，虽然很是不爽，倒也颇有气度，并未收拾端方，而是再次留中不发。

倘若换了旁人，发现两折都无回响，大概也就能把摄政王的态度猜个十之八九。可惜端方就是不罢休，硬要跟载沣较真到底。没几天，他就赶往北京，当面向载沣指陈政事。这次搞得载沣非常尴尬，只好装出一副虚怀若谷的样子，连续两天听端方在耳边狂侃三个多小时。端如此雷人的表现，让载沣对其心生厌恶，这也就为之后的“照相门”事件埋下了伏笔。

做人如此之高调，端方一旦推行改革事业，其给力程度便可想而知了。

## 改革太给力

20世纪初年，清廷所一向倚重的那批20后、30后干部相继凋零，如李鸿章死于1901年，刘坤一死于1902年，翁同龢死于1904年。张之洞也已经垂垂老矣。像端方、袁世凯这批50后、60后的中青年干部逐渐成为政坛的领军人物，扛起清末新政的大旗。特别是端方，他任职所到之处，无不厉行改革，其力度之大、程度之深、影响之巨，让人无不连呼“给力”！

科举制度到了晚清，已是弊窦丛生，毫无活力，扼杀了不知多少人才。新政时期，废除科举逐渐成为时人的共识，端方则在其中充当了幕后推手的角色。当时，端方恰好在京，并刚被朝廷授予“紫禁城内骑马”之殊遇，于是他可以较为便利地进出宫廷，向老佛爷陈请废除科举的建议。同时，他又四处串联，游说各位封疆大吏，最终联合直隶总督袁世凯、湖广总督张之洞、盛京将军赵尔巽、两广总督岑春煊和两江总督周馥，给慈禧和光绪上呈了一份言辞十分犀利的奏折，要求废除科举，“欲补救时艰，必自推广学校始，而欲推广学校，必自先停科举始”。由于端方之前上下沟通得力，折子很快便得到朝廷批准，在中国绵延了一千多年的科举制自此寿终正寝。端方从中出力尤多，凭此一功，他就完全有资格名垂史册。

出国考察归来，端方被西方的政治制度所深深震撼，于是马不停蹄地多次面圣，请求立宪。虽然慈禧颔首称好，但不少大佬们却置若罔闻，并不响应。据盛宣怀记载，当时朝中荣庆、铁良极力反对立宪，大放厥词；瞿鸿机表面中立，暗地拆台；鹿传霖就装聋作哑，拒不表态；徐世昌则四处周旋，虚与委蛇。值此关键时刻，端方再度施展其强悍的活动能力，他先是致电全国八大总督，获得了其中七个的支持，从而形成了声势浩大的政治联盟，接着又采取各种手腕分化瓦解反对派阵营，使他们无法凝聚成合力，最终逼迫最高统治者下定决心，实行预备立宪。

虽然促使朝廷立宪，但端方还是感觉并不彻底，于是趁热打铁，继续上折要求深化改革。首先，他上书两宫，要求裁撤宫廷太监，这就触及汉族官僚从来不敢涉及的皇家敏感话题。端方的折子一呈，宫廷内顿时一阵骚动，太监们人人自危，终日去慈禧那里哭诉，并且不断讲端方的坏话。天天被打扰，慈禧也被搞得极度疲惫，寝食难安，甚至有两天连早饭都没吃。据说有一天晚上，慈禧对身边的太监苦叹道："我如此为难，真不如跳湖而死！"胳膊毕竟拧不过大腿，在宫廷太监们的一致抗议下，端方的建议终未能付诸实践。

第一炮没打响，端方于是调转方向，要求改革官制。用今天的话讲，改革官制就是政府机构调整，按端方的设计，取消军机处，并入内阁当中，设总理大臣一人统筹全局。原来的六部也应裁撤归并，精简岗位，淘汰冗员。这也就意味着有大量京官要下岗，无疑动了好多人的"奶酪"，势必引发京城官场的一场"大地震"。那些既得利益者听闻官制改革的消息后，无不四处走动，打探虚实，惶惶不可终日。有时人记载，当时工部官员们听说自己衙门有可能被裁，众人"相顾失色，俄凤老（陆润庠）亦到，司员皆麇集堂上，彷徨无所措，问答数语即散"。

不久，这些既得利益者从短暂的惊慌中缓过神来，他们认识到必须团结起来，将少数的改革派打压下去，才能保住自己的荣华富贵。于是，北京城内顿时充满了一股权力厮杀的气味，其冷酷程度让人感到窒息。先是以柯劭忞为首的翰林院官员认为官制改革不可骤行，接着军机大臣铁良又发难，与袁世凯公然发生正面冲突。一时间改革派与反对派形成均势，呈激烈僵持的局面。这时候，端方想起了一个人，他就是自己的老上级张之洞。张香帅在晚清一直是以提倡新政的形象闻名于世，端方觉得，如果能得到张的支持，官制改革的胜算将大大增加。于是他立即修书一封，请求张的声援。孰料张在该问题上极为保守，非但不支持，反而背后捅刀，致电中央，把端方的方案批得一无是处。并且他还四处写信，游说他人一起抵制改革派的主张。形势从此急转直下，端的政治伙伴袁世凯也自身难保，不得不暂时放弃之前的主张。在反对派的合围下，端方也只得要求外调，赴两江担任总督。改革的大好时机就此错过。

在官场打拼，好似逆水行舟，不进则退，会做官首先要会做人。别人都在玩命地搞关系、攒人品，而端方却在除旧布新，到处“惹是生非”，这无异于给自己挖坑。在他眼中，什么都是浮云，只有改革最给力，于是树敌无数，仇家遍天下。出来混，迟早是要还的。三年后，端方便遭遇了其政治生涯中的“滑铁卢”。

## 身陷“照相门”

也许端方做梦也没想到，将他从权力顶峰拉入万丈深渊的居然是一部小小的照相机。正当端方打算在直隶总督位上大展拳脚之时，载沣却一纸任命，让他去筹办慈禧太后梓宫移陵事宜。载沣之所以给他安排这个职务，主要是感觉端方在改革上过于活跃，表现不够淡定，希望借此压压端的锐气。孰料这竟成为端方人生噩梦的开端。

虽是闲差，端方倒也并无怨言，从头到尾办得堪称漂亮利索。谁知就在移陵完工不久，京城居然有人上书弹劾端方。这个告状的官员不是旁人，正是李鸿章的孙子李国杰。而李给端方罗织的罪名非常荒唐：

当梓宫奉安之时，为臣子者抢地呼天攀号莫及，而乃沿途拍照，毫无忌惮，岂惟不敬，始系全无心肝。

如此迷信迂腐的论调，实在难以相信这李国杰竟会是洋务先驱李鸿章的孙子。按说新政已经到了第九个年头，这种荒谬言论，本不值一驳。然而看似滑稽的背后是权力之间的倾轧与交锋。那些曾经反对改革或被端方整治过的官员仿佛找到了置他于死地的最佳借口，于是纷纷活动起来，营造声势。其中最活跃的莫过于陆军部尚书铁良。此前铁良早对直隶总督一职垂涎已久，而端方的突然杀出则彻底毁灭了铁的希望，这不免使他心中醋意翻滚，充满了羡慕嫉妒恨。而端方上任之后，非但没有拉拢铁良，向其示好，反而连连上书，参奏陆军部改革步伐过慢。这搞得铁良很没面子，只好愤而辞职，幸好载沣对其力挺，他才得以留任。但端、铁二人之间从此结下梁子，形同水火。铁良虽然表面上不言不语，非常低调，其实一直在寻找机会进行报复。“照相门”事件发生后，铁良马上采取行动，纠集往日同端方政见不合或被他整过的官僚，一起上书，要求朝廷从严处理。按照清朝则例，这种过失，最多就是革职留任或降级留任，况且像端方还是直隶总督兼北洋大臣，职务非常显要，载沣完全可以让他戴罪立功。然而，反对派们对端已形成合力围剿之势，不达目的决不罢休。当时《大公报》就以《墙倒众人推》为题揭露了其中的险恶：“日前吏部复议，端制军处分折上时曾有某某两枢臣为之恳请加恩，改为革职留任，以观后效，摄政王始虽坚持，经两枢臣再三恳求，已有转机，后江春霖续参之封奏上，遂决定革职。某某两枢臣因不敢再行饶舌矣。”可见反对势力十分强大，连载沣和军机大臣都颇为忌惮，端方唯有辞职回家待着了。

再说这李国杰也并非什么好鸟。他上书弹劾端方也不是出于公心，而是因为之前两人就有过节。早在端方担任两江总督的时候，李曾以“侄国杰”的身份偷偷给端写信，请求帮他挪动一下官职，谋个肥差。端方对李的此种行径颇为厌恶，却又碍于情面，没有一口回绝，只是勉强答应。但他后来并未践行承诺，致使李国杰怨恨在胸，最后导致其公报私仇，一手炮制了这场荒唐至极的“照相门”事件。

就这样，堂堂朝廷一品大员被一场子虚乌有的冤案搞得赋闲在家。政坛失意，但端方并未十分郁闷，终日饮酒作乐、会客访友，倒也活得自由自在。他甚至赋诗一首：“我有鸡足山，山下百重泉，泉甘而土肥，宜隐且宜仙，不如早归去，毅然绝世缘。”表达了情愿遁世自娱的态度。不过，有道是树欲静而风不止，政敌们岂能容端方悠哉洒脱于尘世之外？一年后，端方又被众人架到了火山口上，这一次，他丢的不再是官职，而是自己的性命。

## 铁路真要命

清末的铁路难题，就像一个乐于吞噬一切的无底黑洞，让统治者既头疼又无奈。就连当时公认的洋务派头面人物张之洞，自从 1898 年接手修路工作，到他临终前，扔进了不下几千万的白银，却愣是没建成一寸铁轨。可见铁路问题已几近死局，谁搞都不好使。命运偏偏又来捉弄端方，1911 年 5 月 18 日，他被起复为督办粤汉、川汉铁路大臣。也就是从当天起，端方的生命正式进入倒计时。面对着飞来横祸，端方在诅咒上天，慨叹命苦，对手在暗自窃喜，拍手称快。

端方本来便不主张铁路国有政策，所以对于朝廷的任命，他左右为难：如果赴任则极有可能死在保路狂潮中，如果抗旨则必定会丧命于深牢大狱里。总之横竖都是死，去四川则死得冤枉，不去则死得窝囊。此时，端方内心极度纠结。为了保命，端方一面做出准备南下的姿态，开始打点行装，另一面却不断上书朝廷，认为实行铁路国有的时机尚不成熟，要求给些时间在京城延揽人才，筹划方案。载沣早已看出端方有意拖延的企图，于是不吃这一套，频频派人催促其南下。手捧朝廷的一道道“催命符”，端方自知大限将至。

于是他缓缓南下，走走停停，一边未放弃和平解决四川保路运动的努力，一边思索着自己的“续命”药方。然而，革命毕竟不是请客吃饭，端的温和怀柔换来的是革命党人的血腥屠刀。1911 年 11 月 27 日，随行部队中发生兵变，士兵将端方俘获。不久，端方就身首异处，暴尸荒野。关于端方之死，坊间历来说法不一。有的说端方本打算北上勤工，后被军中革命党人侦知，于是先下手为强，结果了其性命；有的认为革命党人利用部队军饷问题，煽动士兵向端方索要银两，乘势策反官兵，除掉端方；再就是根据时人回忆，早在端方入川前，他已被列入黑名单，所以谁能拿到端的脑袋无疑是立了首功。于是有人便铤而走险，取端首级，拔得头筹。

不难看出，以上说法大都是在杀掉端方是有利于革命大业的前提之下，因此自然被视为正义之举。其实，在末世危局之中，有识之士的选择至少可有两种：一是挺身而出，勇于担当，通过改革来扭转颓势；一是打破乾坤，重建秩序，借助革命以改天换地。端方无疑属于前者，所以并不能因其属于清政府阵营便否定他所从事活动的合理性。只可惜，在长期造反有理、革命无罪的主流语境下，像端方这样的改革家，一直被历史所淡忘、被世人所误解。得不到公正的评价，相较之“非正常死亡”，这或许是一个更大的悲剧。

# 载涛：

# 让大清娱乐至死

1950年8月10日，一名解放军战士来到位于北京东城区的山老胡同7号院。一进院子，绕过影壁，迎面宅门匾额上写着“平淡天真”四个大字。战士将一份印有“机密”字样的公函交到一位老人手中。这老者不是旁人，正是末代皇叔载涛。载涛打开函件，上面赫然写有两行字：

中央人民政府人民革命军事委员会委任状：

兹委任载涛为中国人民解放军炮兵司令部马政局顾问。

主席毛泽东

手捧这突如其来的委任状，载涛百感交集，思绪万千：“新中国诞生了，我载涛也新生了！”此时此刻，他更多的情绪是纳闷：“像我这样的人，怎么有资格当人民解放军的顾问？”载涛的疑惑并非多余，因为四十年前，正是自己的娱乐至上，好大喜功，加速了清朝覆灭的步伐。

## 极品顽主

众所周知，清朝的八旗子弟，是出了名的游手好闲，不事生产，能玩好玩，娱乐至上。一般说来，这些顽主们也是分档次的。最高档的搞收藏，懂艺术，什么书画金银、瓷器玉器，颇为精通，不仅满足了个人爱好，还收入不菲，赚他个钵满盆满；中档的则无非养养鱼，遛遛鸟，打打牌，喝喝茶，虽发家无望，倒也自得其乐；最低档的则吃喝嫖赌，一身恶习，自己欠债，家里埋单，最终落得个坐吃山空，败家毁业。

载涛出身皇室，老爸是醇亲王奕譞，天下都是他们爱新觉罗氏的，自然不担心败家。正是凭借这样的底气，载涛全心全意地投入娱乐事业中去，成为清末八旗顽主中的极品。

满族被称为“马背上的民族”，正是依靠精湛的骑射技艺，他们杀入关内，建立清朝。所以清统治者一直把马术作为皇室子弟强健体魄、磨炼意志的手段。作为天潢贵胄，载涛自然从小便与马产生了不解之缘。不过，涛贝勒感兴趣的不是骑术，而是相马、养马的门道。当时在老北京的眼中，载涛简直就是伯乐转世。任何一匹马从他面前经过，他都能说出这匹马有几岁口，是欧洲马还是亚洲马。更神的是，单凭直观，载涛就能断定马的用途，比如哪一匹适合做骑马，哪一匹适合做耕马，哪一匹适合做驭马，哪一匹适合做驮马，几乎十拿九稳。

正是由于对马的这种特殊兴趣，载涛平日里的一大嗜好便是四处寻觅良驹。有一年，袁世凯为了讨好商部尚书载振，特意进贡四匹一色青的高头大洋马。载涛知道后，连夜上门要马。载振正打算用这四匹马装备一辆两轼四套马车，自然舍不得割爱，任凭载涛在家里软磨硬泡，愣是不吭声。眼看振贝勒如此坚定，载涛琢磨：你小子终日贪赃枉法，卖官鬻爵，这竹杠，实在不敲白不敲。于是心一横，大声嚷嚷：“要是你不给我两匹马，我就去太后那里说理去！”载振一听载涛要去慈禧那里告状，后背顿时惊出一层冷汗，乖乖地交出两匹，将他打发走。为了讨马，堂堂贝勒爷居然摆出要泼要挟的架势，着实让人大跌眼镜。

除了贪恋好马，载涛还喜好买自行车。当时北京城自行车还是稀罕玩意儿，并不多见。一次偶然的机会，载涛看到一位民间艺人表演骑车术，深深为之着迷，决心亲自体验。不承想一玩玩上了瘾，天天骑着单车穿梭于京城的胡同间。他玩车最疯的时候，家里居然有三十多辆自行车，男式的、女式的、菲利普的、双枪牌的、兰牌的，样样齐全，简直是一个小型自行车行的规模。

别以为骑车仅是涛贝勒一时兴起，这成为他毕生的酷爱。中华人民共和国成立后，载涛被任命为马政局顾问，单位距住宅十多公里，他坚决不坐机关的小汽车，天天骑车上班。中央领导知道后，觉得他已经60多岁，骑车既不安全，也不方便，就派人劝他坐车。他郑重其事地说："我骑到八十岁，就再也不骑车了。"到了1966年，载涛79岁了。一天，他跟儿子商量："明年我就八十了，这是我骑车生涯的最后一年。我要试一试，看看自己到底能骑多远。"于是，大清早儿子便陪着载涛骑车出门。家里人以为他俩就是出去转转，谁料到从太阳上山等到落山，仍不见人影。直到晚上7点多，载涛和儿子才推车回来。家人赶紧问他去哪儿了，载涛回答："跑了一趟十三陵。"从东城到十三陵，来回足足六十多公里，载涛车瘾之大可见一斑。

载涛不仅是运动健将，也精于厨艺，烧得一手好菜。在贝勒府里，他特意设置了一个小厨房，聘请四位名厨，每日向他传授厨艺。长此以往，他练就一手烹饪的好本领，不论红案、白案，他都颇为擅长，煎、炒、烹、炸，更是样样精通。他最拿手的菜肴是西瓜肉，很具特色。每到酷暑炎炎，他便令人在院子里摆上案板，取来一个特大西瓜，先把瓜瓤掏出来，然后把切好的肉块、鸡块加香油、料酒、酱豆腐一块放进瓜壳里，在蒸笼上文火蒸上三四个小时，即可告成。吃起来，肉质鲜美，清香爽口，毫不腻人，堪称一绝。

由于载涛经常宴请亲友，于是他好做菜的事情传遍了宫廷内外，最终让慈禧知道了。当时慈禧正处于内外交困的时期，虽然天天大鱼大肉，美味佳肴，却因为心情抑郁，茶饭不思。听说载涛手艺不错，于是传旨让他进宫做菜。载涛只是做了几道小菜，却令慈禧食指大动。此后，慈禧一旦缺乏食欲，就传旨命载涛进宫陪膳。涛贝勒俨然已成为慈禧的半个御厨。

## 京城龙票

载涛不仅上得马场，下得厨房，更是具有一身的文艺范儿，特别是其京剧造诣，令许多梨园名角都十分汗颜。

清代宫廷之中，演戏可谓成风。京剧成为皇亲国戚圈子里最潮的时尚。于是乎不光皇宫内设有戏台，就连行宫、避暑之地，戏台也成为必备设施之一。所以当时的皇族，没一个不会听戏的，更没有一个不会哼哼几句京腔的。

载涛自小受到熏染，对京戏很是着迷。但说到正儿八经地拜师学戏，这个机缘还得从老佛爷说起。众所周知，慈禧酷爱京戏，尤其是到了晚年，几乎每天午睡后，她都要听上几段。一次，慈禧在丰泽园戏台听戏，载涛奉旨随班陪听。开场大戏是《跳灵宫》，接着是一出昆腔《接福迎祥》。老佛爷越听越来劲，兴致愈来愈高，她发现坐在台下的小载涛随着鼓点摇头晃脑、念念有词，于是叫来正在唱戏的京城名角张淇林，让载涛拜其为师，并命令道：“你一定要教好载涛学戏，让他不能比杨小楼唱得差！”

慈禧可真给张淇林出了一道大大的难题！张在当时梨园行内绰号“三宝”，戏路宽广，尤擅武生。当时圈内公认“武功根底纯实准确者，尚有张淇林”。以至著名武生杨小楼唱《冀州城》时，非请张扮演马岱不可。可见人家张淇林也是清末戏院里有头有脸的大腕儿。不过再大的腕儿也不曾收贝勒爷为徒啊！这可是提着脑袋教戏啊！如果教不好载涛，张不仅自身难保，恐怕全家也得遭殃。为了保命，张淇林每日一早就来到贝勒府，先给徒弟请安，再给徒弟教戏。令张喜出望外的是，这载涛天资甚好，禀赋过人，是块唱戏的好坯子。但凡张说过的戏，他几乎一教就会，水平与日俱增，这让心悬在嗓子眼的张淇林终于淡定下来。

学成之后，载涛并不满足，其对京戏之痴迷愈发浓厚起来。生、旦、净、末、丑，他都能拿得起来。清末民初名震京师的武生杨小楼，也是载涛的老师之一。杨小楼乃杨派武生创始人杨月楼之子，唱于京津之间，素有“第一名伶”的美誉。他身材魁梧高大，相貌堂堂，扮相英俊，堪称“寓文于武，武中有文”之典范。加之其嗓音清脆洪亮，白口沉实，唱念均遵“奎派”风范，咬字清楚真切，间有京音，行腔朴直无华，唱念注意准确表达角色的感情；同时杨之身段也极其优美，武打步法准确灵敏，无空招废式，更能恰当贴切地表现人物的性格，着力体现意境，追求神似，也即“武戏文唱”的杨派特点。这些都让载涛如痴如醉。因此，只要杨小楼挂牌演出，不管在哪家戏院，载涛都不惜高价买票去捧场。后来载涛索性将杨请到府上来亲自指点说戏。日子一久，载涛不仅在唱腔、做戏方面模仿杨派，行头、靶子、道具也都一五一十地按照杨家的模式制作，绝对是杨小楼的铁杆粉丝。

反串角色，是梨园行常有的事。在票友心目中，真正的名家，必须通晓两个以上的行当，否则，只能算是个一般艺人。载涛自然深知这一约定俗成的行规，在苦练武生之余，也不甘人后，拜名旦于宝琴潜心钻研《贵妃醉酒》。载涛悟性高，很快便上道。不久，他便描眉抹红，着装登台，反串青衣，出演杨贵妃一角，其华丽亮相堪称惊艳，博得满堂喝彩。此次之后，“涛贝勒能反串青衣，戏路很宽”的评价不胫而走，传为一时美谈。

说了半天，载涛最擅长的戏目，还数《安天会》和《铁公鸡》两出。《安天会》是一出猴子戏，武生重头，难度颇大。猴子需要连翻一串跟头，还要演得灵活、顽皮、诙谐、可爱。载涛功底深厚，自然演起来游刃有余。其动作轻快敏捷，干净利落，一招一式，悦人眼目，无不赢得满堂喝彩。这出戏需要主演一角力敌众神将，而且连战十几场，中间根本无法休息，所以在许多名伶看来，这是个吃力难讨好的差事。不过载涛却胜任愉快。他扑跌翻滚，唱念做打，格斗拼杀，毫不费力。特别是“偷桃”、“盗丹”两场，他模仿猴子动作，惟妙惟肖。跳戏桌时，载涛一个旱地拔葱，脚步轻快，身段潇洒。所唱吹腔，婉转动听。于是《安天会》，场场打法不同，变幻无穷，诙谐而不俗套，滑稽而不厌烦，可谓妙到毫巅。

另一出《铁公鸡》，耗时很长，分头、二、三本，说的是太平天国与清军主帅向荣鏖战的故事。此戏全是武功短打戏，难度可想而知。即使杨小楼、尚和玉这样的名家，也未必敢轻易出演。不过这可是载涛的拿手绝活。他饰演张家祥，身穿单袍、纱马褂上场，一人与众敌手鏖战，真刀真枪。有一场戏，对方用真枪相刺后，便将口中的红水喷到载涛身上，那情景竟如鲜血直淌，煞是逼真！此时正值隆冬季节，载涛却是大汗淋漓。足见其演出之卖力！

爱马术，爱做菜，爱骑车，爱唱戏。不是骑兵，却骑术精湛；不是伙夫，却厨艺非凡；不是车手，但车技高超；不是戏子，但盖过名角。

在清末一堆王爷贝勒里，载涛堪称一朵奇葩。

## 军权在手

更为奇葩的事情是，载涛这位极品玩主，居然象征性地掌握了清末全国的军事大权。

1905 年，清政府为了培养贵族军事人才，本着“激励奋发树之风声，俾壮干城而安磐石”的宗旨，专门创设了一所军事学校，名叫贵胄学堂。来此读书的学生，背景都够硬，出身都极好，当时只有王公世爵及四品以上宗室、二品以上京外文武大员的子弟，才有资格和机会通过考核进入这所学堂。无论是硬件设施、办学条件、学生待遇，还是建筑风格、整体布局，贵胄学堂都是全国最好的学校，堪称超豪华。

或许因为善于骑射，又因学戏练得一身好身手，载涛不出意外地被派到学堂学习。每天上午，他都按时来到东城煤渣胡同的贵胄学堂。不过让人无语的是，载涛之所以天天这么勤快地报到，并非是爱上了军事，而是迷上了天文。他花大价钱采购了一堆观天测星的仪器，像地球仪、三球仪、天象仪、各式天文望远镜等，应有尽有，一应俱全。他还拉五哥载沣下水，一起不好好听课，一门心思玩天文仪器。在载沣的日记里，曾多次出现有关日月食、“五星连珠”、“哈雷彗星”等天文现象的实地观察记录。只可怜清廷花了这么多银子，却差点儿将未来的政权接班人培养成天文学家，着实让人大跌眼镜。

更令天下苍生没料到的是，三年后，涛贝勒摇身一变，成为大清军事的CEO。1908年底，光绪、慈禧相继殡天，载沣上位，摄政朝堂。作为皇叔、七弟，于公于私，载涛都必须出来辅佐五哥。载沣上台第二天，就交给载涛一项极其艰巨的任务——组建禁卫军，保护大侄子溥仪。得令后，载涛立即撂下一句话："咱可得保住皇上。保住了皇上，就保住了您的摄政王，也就保住了咱哥儿几个！"

身负重任，载涛很快提出了编练禁卫军的具体方案，并加以实施。他从陆军中选拔优秀士官，同时招收一部分皇室子弟作为骨干，短时间便组成一支效忠皇帝的部队。也正是依靠这支嫡系，载沣成功扼杀了末代恭亲王溥伟的篡权野心。

也许是练兵上了瘾，载涛的胃口越来越大，他不禁萌生了一个念头：集军权于皇帝手中，也就是载沣直接统帅天下军队。载涛可是个想到就做的急性子，没几天，他居然亲自替五哥拟定了一道上谕，规定"建国保邦，莫先兵力，安危定乱，实在人心"。进而指出，大清皇帝应当行使大元帅的实权，但限于溥仪年龄尚幼，可由其父载沣暂代之。

这明摆着是满洲皇族赤裸裸的集权行为，自然引来朝堂内外一片反对之声。如三朝老臣张之洞就认为："皇上是君，元帅是臣，皇上兼元帅，岂不是君臣混为一谈？上谕与祖宗法制、皇朝体制不合，切不能发！"私下里，张甚至很不屑地说道："洵贝勒、涛贝勒都是少不更事，怎能带兵练兵？"张香帅的一席话，反而激怒了为此事犹豫不决的载沣，"反对我们家的人掌兵权，岂不是要夺我们的命根子吗？"正是一时怒气冲昏了头脑，1909年夏，载沣听从载涛的建议，颁布诏书，正式宣布集政权军权于一身。具体说来，这诏书主要包括三个方面：第一，明文确定载沣执掌军权，亲任陆军大元帅；第二，下令筹办海军事务处，由六弟载洵为筹办大臣，同时削去了奕劻等人的职务，从而为载洵日后出任海军部一把手铺平了道路；第三，专门设立军咨府，名曰“秉承诏命，襄赞军课”，成为独立于陆军部之外的独立机构，实际上就是听命于摄政王的总参谋部。

如此一来，载沣、载涛、载洵兄弟三个，一起分割了天下的军权，同时也分化了天下的人心，无论官民，都清楚这样的80后主政，清廷距离覆亡不远矣！

军咨府独立后，其权限被极度放大。这个原来的军事咨询机构，一跃成为协助陆军海军大元帅统率全国军队的总参谋部。各种有关国防用兵的命令、计划等，首先由军咨府提出方案，再经皇帝批准颁发，最终由陆海军部执行。说穿了，军咨府就是载沣集中军事大权、决策最高军事机密，代表儿子溥仪全权指挥军队的御用机构。而载涛的作用，就是替五哥出谋划策，甚至干脆越俎代庖。譬如训练军队这一项，他就做得很起劲儿。每天清晨，载涛在马队的护卫之下，威风凛凛地来到训练处。此时的载涛，身穿一套灰呢禁卫军官服，马裤下蹬着一双大皮靴，后跟上的踢马刺锃光瓦亮，所到之处，还发出马刺颤动的噔噔声，真是春风得意，神气至极！起初这训练处设在东安门外西堂子胡同，后来载涛觉得这地方太小，根本施展不开，于是挪到一向寂静的新街口。自从涛王爷大驾于此后，附近老百姓本来安宁的生活气氛不再，终日军号齐鸣，鸡飞狗跳。为了表示对载涛扰民行径的厌恶，老百姓将训练处所在的街道起了个诨名：“嘎嘎胡同”，暗指载涛手下的官兵整体嚣张的模样。

经过两年多的紧张训练，载涛终于宣布：禁卫军已正式编练成军，并请监国载沣亲临校阅。禁卫军包括四标：马炮队各一标，工程、辎重、机关炮各一营，军乐一队，警察一队，全军总人数达一万二千多人。1911 年 7 月 24 日上午，德胜门外两黄旗校场战旗飘扬，军号震天。载涛英姿勃发，颇有京剧大武生的架势，身穿战袍，指挥全军整列接受检阅。当载沣驾临校场时，全军均按阅兵式队形举枪致敬，军乐队同时高奏《崇戎谱》。载涛等将领一并上前参拜，并呈送全军名册。接着，两协统率领掌旗官、卫旗兵来到阅兵台前，恭请摄政王上台颁发标旗。所谓标旗，就是禁卫军的军旗，这面旗帜也是载涛主持设计的。标旗平面分黄白红蓝四色，黄色格内绘火球彩云及五色飞龙；白色格内正书满文标数。旗边均编缀金色长穗，旗杆旁还有一条更长的红色飘带。载沣授旗后，在载涛的引导下开始阅兵。他站到阅兵台前，手持指挥旗，号召全军进行演练。阅兵结束后，队伍仍按阅兵式队形集合。待载沣离开时，全军欢呼，举枪致敬，乐队同时奏乐。

第二大，载沣使下谕嘉奖：

该两协官兵均精神振奋，动作如法，颇能仰体朝廷整军望武之意，成效卓著，深堪嘉许。所有两协，各官长著载涛事择优以军官拟补，其补有军官者著按其职任酌量提升，以示鼓励。

过了一把大帅瘾，载涛似乎并不满足，接着打算鼓动五哥在当年深秋搞一次更大的，也就是调集全国精锐部队赴永平府进行大操。这既能为皇族长脸增光，也可震慑天下官民。可惜，一个人的出现，搅乱了载涛的如意算盘。辛亥革命爆发后，袁世凯出山，淡淡地宣告：皇室们过家家般的军事游戏，可以休矣。

# 玩死大清

载涛对于袁世凯的仇恨由来已久。远的说当年戊戌政变，无论官场还是坊间，都风传乃袁世凯告密出卖，光绪才被慈禧软禁于瀛台之中，直至含冤而终。近的说则是袁世凯自小站练兵以来，培植了一股强大的北洋势力。近畿陆军将领以及数省督抚不是之前受袁的提拔，就是暗中与其结成利益联盟。虽然载涛花大力气训练了一支战备新颖的禁卫军，但跟老袁的北洋军队比起来，也仅仅是九牛一毛而已。所以，除掉袁世凯，肢解北洋系，这是关系到爱新觉罗氏江山稳固、载涛是否真正掌控全国军权的关键所在。

慈禧死后，清廷进入后权威时代。羽翼渐丰的袁世凯自然让载涛等人产生一种如鲠在喉的感觉。不过此时大清的掌门人毕竟不是自己，而是载沣，若想除掉老袁，必须借助五哥之手。于是载涛经常反复向载沣痛申杀掉袁世凯。此外，载涛还动员其他官员一并劝告载沣。一次，李鸿章之子李经迈要出使德国，赴任之前尚需例行向摄政王辞行。乘此机会，载涛专程陪他进宫，委托他再次向载沣建议除袁。李一口答应，径直迈入殿内。不及一炷香的工夫，李便退出，脸上挂满失望的表情，道：“王爷见了我一共只说了三句话：‘你哪天来的？’我说了。他接着就问：‘你哪天走？’我刚说完，不等说下去，王爷就说：‘好好，好好地干，下去吧！’连我自己的事情都没说完，怎么还能说得上你的事？”对此，载涛只得摇头叹气而已。

袁世凯复出后，很快就将军政大权收归已有。载涛试图抵制，但却如同幼兔搏鹰，自不量力。不过，曾经有一次机会摆在他的面前。

一次，围绕与革命军到底是战是和，隆裕太后召集大家御前会议，听取各派意见。当时皇室内部分成主战、主和两派，双方各执一词，争执不休。面对各位滔滔不绝的理由，载涛却出奇地安静，很反常地一言不发，既不拿出对付革命的计策，也没有表现誓死抵抗的态度，一副置身世外的模样。隆裕也快被大伙儿你一言我一语的场面弄得焦头烂额、难做决断。她忽然想起涛贝勒可是练兵多年，于是回过头来问跪在一边的载涛："载涛，你是管陆军的，你知道咱们的兵怎么样？"载涛一听，连忙趴下叩头，答道："奴才练过兵，没有打过仗。"值此千钧一发之际，载涛不得不说出了心里话，他根本不知道自家军队的战斗力真正如何。他心里明白：过去三年的操练，其实更像是京剧中戏台点兵一般，纯属娱乐，切勿当真。隆裕见此情景，实在泄气，叹道："你们下去吧"，中断了这次会议。

就这样，载涛的露怯，意味着其主动将兵权拱手让出。几日后，袁世凯理所应当地接手禁卫军指挥权。

辛亥鼎革之后，载涛淡出了政治这个是非圈，无事一身轻，重新回归文艺界，成为执牛耳者。他敝屣尊荣，出面组织"言乐社"，自为武生，以艺术自娱。有人问他社名的取义，他说："子时然后言，人不厌其言，乐然后笑，全不厌其笑，这是'言乐'二字的本意。但还有义然后取，人不厌其取，那一句下文呢。所以花一元八角的买座费，是取不伤廉，很值得花的。"

自此，京城少了一位执马鞭的涛贝勒，多了一位要缨枪的七爷。从贝勒到七爷，载涛付出的代价是让大清娱乐至死。

朝廷亡了，官爵没了，这都不是事；即使天塌了、地陷了，但人仍要继续活着，还得活得有滋有味，有声有色。私自揣摩：这或许就是载涛的处世哲学吧？

# 下　卷

# 山雨欲来风满楼：晚清同文馆之争

# 引　言

近代以降，华夏多难，粤海炮响，门户洞开，西方文化也随着坚船利炮、洋货商品输入中国。部分开明人士蒿目时艰，逐渐认识到西方科技优越性所在，先有林则徐“开眼看世界”，制夷悉夷，继之魏源倡导“师夷长技”，为我所用，“向西方学习”的呼声肇始于此时。然而，“制夷—悉夷—师夷”的文化选择思路在当时尚属凤毛麟角，应者寥寥。朝野上下，内恬安苟且，外懵懂无知，仍旧沉睡于“天朝上国”迷梦之中，错过了许多宝贵时光。诚如民国史家蒋廷黻所言：“中华民族丧失了二十年的宝贵光阴。”没有相当程度的异质文化积淀，中西文化论争更是无从谈起。直至咸丰八年，衅端再起，英法联军一战令清廷签订城下之盟，吞下《天津条约》之苦果，再战更是席卷京都，圆明园之火也成为国人心头永久之痛。基于如此惨重之打击，清政府痛定思痛，开始谋求“自强求富”，开展洋务运动。借洋务运动之东风，西学不断涌入，其与中国传统文化之间的摩擦冲突也日益明显，最终演化升级为1867年的“同文馆之争”。

## 风云缘起

重温“同文馆之争”，当从同文馆的创办谈起。同文馆之开设实乃时势使然。鸦片战后，老大帝国被拖入近代世界，中外交往已不可避免，清政府急需一批通晓外国语言文字的外交人才来折冲樽俎，应对千古未有之大变局。尤其在1858年《中英天津条约》中，明文规定：“嗣后英国文件俱用英文书写，暂时仍以汉文配送，俟中国选派学生学习英文，英语熟习，即不用配送汉文。自今以后，遇有文词辩论之处，总以英文作正义。”此要求无疑加大了清政府开展外交活动的难度。

有识之士不久便意识到问题的严重性。咸丰九年正月二十四日（1859年2月26日），时为翰林院编修的郭嵩焘（1818—1891，字伯琛，号筠仙，湖南湘阴人。道光进士。先后任翰林院庶吉士、编修、广东巡抚、驻英公使等职）向咸丰皇帝提出开设语言文字学校的意见。郭指出，中外交衅二十余年，外国通习我语言文字，周晓我情伪虚实，谙熟我风土民俗，详知我经史典章。而对于外国，中国竟无一通晓外文、熟悉夷情之人。这种情形与天朝大国的形象极为不符。他建议朝廷饬令两广、两江等地督抚大吏，从其辖地物色搜求外文人才，资送入京，给予薪米，“使转相传习，亦可以推考诸夷嗜好忌讳”。这是晚清首度有人向朝廷提议建立外语学校。只惜奏疏呈上之后，即无下文。毕竟当时正值多事之秋，内有太平天国起义，外有英法联军入侵，清廷忙于安内攘外，根本无暇考虑此事。

在郭上交奏疏同时，民间也出现了兴办外国语言文字学校的主张。同年正月二十七日（1859年3月1日），江南士绅管嗣复（？—

1860，字小异，江苏上元人，管同之子。生年不详，约卒于清文宗咸丰十年后不久。诸生。通算学，能文）就认为应当在通商口岸设立几处翻译机构，招募士子学习外文，以备他日之用。

当然，管的主张还较为简略。时隔一年（1860）后，避乱沪上的洋务理论家冯桂芬（1809—1874，字林一，号景亭，江苏吴县人。道光进士。先后任翰林院编修、苏州团练右中允等职）在其著作《校邠庐抗议》中，系统阐述了设立外国语言文字学校的蓝图。冯指出，"驭夷为当今天下第一要政"，而当朝掌权者，对"彼己之不知，情伪之不识，议和、议战汔不得其要领"，真是国家一大隐忧。为今之计，在于鼓励士人研求外国语言文字，只有通习外文，方能知晓夷情，"然后得其要领而驭之"。反观当今朝廷，在处理外交事务时多依赖"通事"。然而这批人"率皆市井佻达游闲，不齿乡里，无所得衣食始为之"，秉性粗鲁，见识短浅，并且心计鄙陋，满眼声色货利，成事不足，败事有余，难堪大任。因此，培养高素质的外语人才已是迫在眉睫。冯遂拿出了一套方案：

今欲采西学，宜于广东、上海设一翻译公所，选近郡十五岁以下颖悟文童，倍其廪饩，住院肄业，聘西人课以诸国语言文字，又聘内地名师，课以经史等学，兼习算学。……三年之后，诸文童与诸国书应口成诵者，许补本学。诸生如有神明变化，能实见之行事者，由通商大臣请赏给举人，如前议。中国多秀民，必有出于夷而转胜于夷者，诚今日论学一要务矣。

应当说，冯的方案可谓代表了时人西学观的最高水平，对后来京师、上海、广州三地同文馆的设立起到了直接或间接的指导作用。

再好的设想也需秉钧者加以推行。开设外国语言文字学校的方案最终得以变为现实，恭亲王奕訢（1832—1898，爱新觉罗氏，道光帝第六子，咸丰帝异母弟，1851 年被封为恭亲王）的功劳殊大。“辛酉政变”，奕訢联手两宫太后，以迅雷不及掩耳之势铲除了肃顺等“顾命八大臣”，揽大权于己手。此时的奕訢，被命为“议政王”，意气风发，炙手可热，欲在政治上有一番作为。加之其于“庚申之变”时留京与英法列强谈判，对他们洋枪火炮之威力深有感触，遂认为只有仿效外国，才能实现国家中兴自强之大业。咸丰十年十二月初三日（1861 年 1 月 13 日），奕訢联合桂良、文祥诸大臣上奏了著名的《统计全局酌拟章程六条呈览请议遵行折》。在折中，奕訢等人认为，综计天下大局，“是今日之御夷，譬如蜀之待吴”。蜀与吴，本为仇敌，但诸葛亮秉政后，却能审时度势，与吴通好，共约讨魏。“今该夷虽非吴、蜀与国之比，而为仇敌则事势相同。”奕訢指出，权衡势之顺逆，事之缓急，朝廷应当“灭发捻为先，治俄次之，治英又次之”。对外关系应采取“外敦信睦，而内示羁縻”之方针。同时，在呈递附件章程中，奕訢也初步谈及创办外国文字学校的打算：

查与外国交涉事件，必先识其性情，今语言不通，文字难辨，一切隔膜，安望其能妥协？从前俄罗斯馆文字，曾例定设立文馆学习，具有深意。今日久视为具文，未能通晓，似宜量为鼓舞，以资观感。闻广东、上海商人，有专习英、咈、咪三国文字语言之人，请敕各该省督抚，挑选诚实可靠者，每省各派二人，共派四人，携带各国书籍来京。并于八旗中挑选天资聪慧，年在十三四以下者各四五人，俾资学习。其派来之人，仿照俄罗斯馆教习之例，厚其薪水，两年后，分别勤惰，其有成效者，给以奖叙。俟八旗学习之人，与文字言语悉能通晓，即行停止。俄罗斯语言文字，仍敕令该馆，妥议章程，认真督课。所有学习各国文字之人，如能纯熟，即奏请给以优奖，庶不至日久废弛。

由此折可知，奕訢诸人此时的方案，尚属应急措施，断无长期培养外语人才之打算，况且仿照故例，不逾祖制，人数也十分有限，故并未引起士林之公然反对。同治元年五月十五日（1861年6月11日），学馆在东堂子胡同的总理衙门中正式开课，后定名为“同文馆”。之后，上海、广州的同文馆也在李鸿章、瑞麟等人的主持下相继开设。

伴随洋务运动之步步深入，兴办新式企业的地方督抚们逐渐意识到单纯培养外国语言文字人才，远远不能满足形势发展的需要，应当将同文馆的课程范围扩及西方天文算学、火器轮船制造之术方面。闽浙总督左宗棠上折要求开办求是堂艺局，延揽熟习中外语言文字洋师，“教习英法两国语言文字、算法、画法”，“选少年颖悟子弟习其语言、文字，诵其书，通其算学”，专门培养造船驾驶人才。

而甫任江苏巡抚不久的李鸿章更是不满于中央推行新政举措的过于迟缓，数次上书总理衙门，催促其早下决断。然而，李“每于总理衙门函中稍稍及之，朝廷即欲变计，亦恐部议有阻之者，时论有惑之者，各省疆吏有拘泥苟且而不敢信从者”。掣肘良多，致使当权者顾虑重重，畏葸不前。李鸿章不禁叹道：“千古变局，庸妄人不知，而秉钧执政亦不知，岂甘视其沉胥耶？”

其实，总理衙门并非毫无举措。同治五年八月二十四日（1866年10月2日），朝廷谕令精于数学算术的南海邹伯奇、海宁李善兰赴京师同文馆报到，以资差委。这无疑传达了一种讯息：京师同文馆开始搜求算学人才，以筹备添设天文算学馆之用。至此，同文馆课程变革已是箭在弦上，不得不发了。

## 高潮迭生

同治五年十一月初五（1866 年 12 月 11 日），奕訢上折正式请求在京师同文馆添设天文算学馆。奕訢首先简要回顾了几年来同文馆的兴办历程，然后切入正题：

因思洋人制造机器、火器等件，以及行船、行军，无一不自天文、算学中来。现在上海、浙江等处请求轮船各项，若不从根本上用着实功夫，即习学皮毛，仍无裨于实用。臣等公同商酌，现拟添设一馆，招取满汉举人及恩、拔、岁、副、优贡，汉文业已通顺，年在二十以外者，取具同乡京官印结，或本旗图片，赴臣衙门考试，并准令前项正途出身五品以下满汉京外各官，年少聪慧，愿入馆学习者，呈明分别出具本旗图片及同乡官印结，一体与考，由臣等录取后，即延聘西人在馆教习，务期天文、算学均能洞澈根源，斯道成于上，即艺成于下，数年以后，必有成效。至现在已设立三馆，仍查旧办理。诚以取进之途一经推广，必有奇计异能之士出乎其中，华人之智巧聪明不在西人以下，举凡推算、格致之理，制器、尚象之法，钩河摘洛之方，倘能专精务实，尽得其妙，则中国自强在此矣。

十二月二十三日（1867 年 1 月 28 日），奕訢再次上书，进一步充分陈述添设天文算学馆的理由，并煞费苦心地预计了社会上可能出现的三种反对意见，逐一加以辩驳。第一，或许有人认为“臣等此举为不急之务”。奕訢指出，中国宜谋求自强，至今日已是十分亟迫。近年来，像李鸿章、左宗棠这样的疆臣，深明“制洋器”之理，坚持“采西学”之道，在各自辖区挑选颖悟子弟，延聘洋人教习，传授外语、天文、算法、画法，初见成效。由此可见，追求西学乃是众人之共识，“固非臣等数之人私见”。何况购西人之火器、轮船，与学西人制器之原理相比，一为权宜之策，一为久远之谋，“孰得孰失，不待辩而明矣”。第二，肯定有人“以舍中法而从西人为非”。奕訢笑其孤陋寡闻，自作臆说。考镜源流，奕訢举例道：“西术之借根实本于中术之天元”，西方国家称之为“东来法”。只是因为洋人性情缜密，善于运思，故能推陈出新，驾于中国之上。但无论如何，“其实法固中国之法也”。天文、算学如此，其余学科亦莫不如此。“一物不知，儒者之耻”，如今添设天文算学馆正是欲使中土之学术重新焕发活力而已。第三，更有甚者，认为“以中国之人师法西人为耻”。奕訢认为此说尤谬。“夫天下之耻，莫耻于不若人”。环顾西洋各国，数十年来，孜孜不倦于制作技艺之讲求，而近邻日本也遣人赴英学其文字，究其象数，不出几年亦必有成。他国皆在走向富强，难道中国仍要“狃于固循积习，不思振作”吗？知耻不应自闭，而当后勇。况且，添设天文算学馆之目的在于使儒者明制器之理，并非从事低贱技艺之活，不必生疑。

有鉴于此，奕訢等人建议将投考范围进一步扩大到翰林院编修、检讨、庶吉士及进士出身之五品以下京外各官，年龄限制在三十岁以内，因为“该员等研经有素，善用心思，致力果专，程功自易”。该疏附有《同文馆学习天文算学章程》六条：①专取正途人员，以资肄业；②请饬各员常川住馆，以资讲习；③请按月考试，以稽勤惰；④请限年考试，以观成效；⑤请厚给薪水，以期专致；⑥请优加奖叙，以资奖励。

同治六年正月二十一日（1867年2月25日），奕訢又奏请以“老成持重，品学兼优，足为士林矜式”的徐继畬（1795—1873，字健男，号牧田，山西五台人。道光进士。先后任翰林院庶吉士、编修，广西浔州知府，两广盐运使、福建布政使等职，著有《瀛寰志略》，介绍外国历史地理情形）为总管同文馆事务大臣，“以专稽查而资表率”，以期打消报考者“专以洋人为师，俾修弟子之礼”的顾虑。以上三折皆顺利得到谕旨批准，添设天文算学馆之议似乎一帆风顺，未遇太多阻滞。

综览总理衙门三月内呈递的三折，体现出以奕訢为首的洋务派对西学认识的深化，已从早期的技术层面，上升至学理层面。选拔正途出身官员学习天文算学，可见其对西学之重视；对可能出现的反对声音的一一批驳，可见其对未来困难前景认识之清醒；推荐徐继畬为总管大臣，可见其防止物议沸腾之苦心。奕訢等人可谓是酝酿已久，颇费脑筋，实非短期行为，匆忙上阵。其勇于开拓西学之气魄，令人钦佩。但若细细分析诸篇奏折内容，仍有不少可议之处，供反对者作为把柄，加以指摘。第一，“专取正途人员”，一方面缩小了取才范围，使许多奇才异士难展才华；一方面也错误地估计了科举取士的实际效果。时值晚清，科举制度早是弊窦丛生，所选之才并非俱为饱学之士。而且科举以八股、策论取士，与天文算学实无多大关联，以正途人员学习天文算学，并非最佳方案。第二，“各员常川住馆”，也是甚不合理。既然馆中招取正途人员，势必他们绝大多数皆是成家立业之人。强令他们一律常住馆中，无疑等于迫使他们与家人、妻儿分离，不能尽孝子之道，不可享天伦之乐，这显然与当时的社会伦理道德背道而驰，必然会招致士人们的抵触。第三，“厚给薪水以期专致”更是直接同传统重义轻利的义利观相冲突。赴天文算学馆学习之人即可获得丰厚薪水，这在士林看来，无疑是诱导士人见利忘义，趋财弃德，同时也有抬高天文算学一艺而贬抑科举正途之嫌，当然是广大官绅所不能容忍的。倘若任其发展，不啻是在戕害正人君子，培植势利小人。第四，时人反对同文馆之议，其实最重要的原因还是根植于他们心中的“夷夏大防”的文化观。虽然，奕訢诸人欲图以“西学中源”论缓解国人对西学的排斥，希望以“夫天下之耻，莫耻于不若人”的民族主义情绪来激发民众学习西学的热情。但不可否认的是，“西学中源”论粗疏武断，饱学之士皆能识透其考证荒谬失实之弊病，不买其账；而民族主义情绪更是柄双刃剑，倘运用不当，只会将国人引向愈加排外反洋之境地，适得其反。毕竟以奕訢等人的思想水平，不可能从文化深层次上解答中西文化冲突问题。所以，“夷夏大防”实乃洋务派之“死穴”，他们唯恐躲之不及，又怎会从正面进行阐述呢？

总之，从奕訢等人将奏折呈阅同治皇帝那一刻起，保守势力已开始摩拳擦掌，以备抵制。一场规模浩大、影响深远的文化论争已不可避免，这是或早或晚、但注定要发生的事情。

是年正月二十九日（3 月 5 日），掌山东道监察御史张盛藻首先发难，上书抵制，揭开了“同文馆之争”的序幕。张盛藻极力反对选拔正途人士学习天文算学。他认为科甲正途者，实是国家栋梁，岂能徒习机巧末业？“若今正途科甲人员习为机巧之事，又藉升途、银两以诱之，是重名利而轻气节，无气节安望其有事功哉？”张主张撤销前议，责成钦天监衙门考取年少颖悟之天文生、算学生，送馆学习；至于轮船、洋器之技艺，则宜由工部遴选能工巧匠或军营武弁之有心计者演习即可。

张盛藻之论仅揪住“专取正途人士”一点，见识有限，且人微言轻，很快便被朝廷断然否决，“著毋庸议”。

一个小小御史的奏议可以不费吹灰、轻易驳回，但天下士林之物议却甚嚣尘上、无法平息。三月之京师，已是谣传遍地，好事者有对联云：“鬼计本多端，使小朝廷设同文馆；军机无远略，诱佳子弟拜异类为师。”官员们也是人心浮动，反应激烈。“湖南京官会议：由入馆从洋人肄业者不准入会院，其各部司员皆不得分印结。山西人亦从而和之。”流言如云，京城已被遮蔽得阴霾密布，暴风雨不日将至。

二月十五日（3 月 20 日），保守势力主将大学士倭仁披挂上阵，上折表示反对添设天文算学馆。倭仁（1804—1871），字艮峰，号艮斋，乌齐格里氏，蒙古正红旗人，河南开封驻防，官至文华殿大学士，谥号文端。倭仁久享理学正宗盛名，老成端谨，学问优长，颇受两宫太后器重，被命为帝师。他“辅导冲主，兢兢于君心敬肆之间，当时举朝严惮，风气赖以维持”。可知其在当时地位之隆，影响之大。他登场亮相，不啻是保守势力对弈訢等洋务官僚发起的总攻，论争也自此进入高潮。

倭仁开篇直奔主题，摆出了自己的立论基调：“窃闻立国之道，尚礼义不尚权谋；根本之图，在人心不在技艺。”可谓陈义甚高，持论甚正。然后他又从两个方面展开论述。首先，倭仁认为诸如天文、算学不必师事夷人。“天下之大，不患无才”，何苦为求一艺之末，奉夷人为师？即使得其精巧，也不过成就几个术数之士而已，无补于国家大计，却破坏了“夷夏大防”，岂不是得不偿失？其次，夷人是我国宿敌，断不能忘此深仇大恨。庚申之役，“凭陵我畿甸，震惊我宗社，焚毁我园囿，戕害我臣民”，此种血海深仇，我朝二百年来之未有。近日却要择中国之聪明俊秀，变而从夷，这不正坠入夷人圈套之中了吗？长此以往，“数年以后，不尽驱中国之众咸归于夷不止”。

倭仁之论虽义正词严，实空疏无用，且充满了极端排外的民族主义情绪。然而不可忽略的是，倭仁立论紧扣“夷夏大防”之传统信条，以此展开攻势，切中了洋务派的要害。近代中国文化论争中有一颇为有趣之现象，即每每涉及中西文化深层次的本末体用、存亡缓急等问题时，往往是由处在保守一端的思想派首先提出质疑，这恐怕同此派对于传统文化维系自身合法性的极端敏感有关。倭仁先是宣扬立国之本在人心不在技艺，指出人心为本，技艺为末，然后极言师事夷人的后果将是“以夷变夏”，亡国灭种，这不正是保守势力文化敏感的真实写照吗?

以倭仁的地位与学养，其言其论足以耸动舆论，朝廷对之极为重视。在奏折呈上的当日，两宫太后即召见倭仁，“始询同文馆事，倭相对，未能悉畅”。同时，将倭仁奏疏交由总理衙门处理。而京师的保守势力似乎也受到了倭仁上书的鼓舞，其活动更为放肆无忌。“京师口语藉藉，或粘纸于前门以俚语笑骂，‘胡闹胡闹，教人都从了天主教’云云，或作对句‘未同而言，斯文将丧’，又曰‘孔门弟子，鬼谷先生’。”上有朝廷重臣之危言耸听，下有市井绅民之冷嘲热讽，以奕訢为首的洋务派已是如坐针毡，不得不出面辩解。三月初二（4月6日），奕訢上奏了长长一折，重申添设天文算学馆之缘由与苦衷。针对倭仁的汹汹攻势，奕訢诸人避实就虚，绕开其奏折中关于“师事夷人”的追问，而是大倒苦水，申明自己公忠体国之心。奕訢指出：添设天文算学馆实乃不得已之举。庚申之变正是由于士大夫们空言误国所致，如今若想自强，必须“制洋器”、“采西学”。况且同文馆课程革新也不是一时心血来潮，“臣等复与曾国藩、李鸿章、左宗棠、英桂、郭嵩焘、姜益澧等往返函商，佥谓制造巧法，必由算法入手，其议论皆精有据”。并决定将相关函牍抄写一份呈给中央，“令倭仁详细阅看，备晓底蕴，以局外之议论，决局中之事机”。此外，弈訢还指明了倭仁奏疏言论的危害所在：“不特学者从此裹足不前，尤恐中外实心任事不尚空言者亦将为之心灰而气沮”，还望圣上明鉴。弈訢深悉自身不足，不在“夷夏之辩”上徒费口舌，而是四两拨千斤，避其锋芒，转移话题，体现其高明之处。相对于倭仁的高谈阔论、漫言无际，弈訢在辩术上无疑胜人一筹。双方的第一回合交锋遂告一段落。

未等总理衙门奏折的墨迹变干，倭仁就于三月初八（4 月 12 日）急匆匆再上一折，双方的第二回合之较量由此开端。篇首，倭仁继续抓住弈訢等人不愿回答也无法回答的“夷夏大防”问题做文章。朝廷“欲求制胜必求之忠信之人，欲谋自强必谋之礼义之士”，这是不辩自明之事。而如今“以诵习诗书者而奉夷为师”，送羊入虎口，“又安望其存心正大、尽心报国乎？”加之夷人心机最重，狡诈多端，他们正可借此时机实行“以夷变夏”之阴谋，怎能不让天下士人们痛心疾首呢？

继之，倭仁又对弈訢折中指责自己的言论会阻碍同文馆招生一事进行辩解。倭认为弈訢此言实在过激。“夫利之所在，众所必趋，既有薪水，又得优保，人亦何乐而不从？”自己仅是一夫之见，怎会震悚天下，万人景从？乍听起来，倭之辩驳似乎在理，然若用心考量时势，揆度政情，不难明白倭仁此话实是自谦之辞，甚或有欲盖弥彰之意。我们不妨从三个方面略加剖析：

第一，倭仁身为翰林院掌院学士，领袖群伦，对翰林和进士有着直接影响。单就进士而言，同文馆招生将正途人员年龄限制在三十岁以内，而这些进士大致是在 1862 年至 1867 年间登科入仕的。恰恰此间的三次会试，倭仁均有参与：1862 年会试倭仁为正考官，1863 年恩科会试倭仁为殿试读卷官和朝考阅卷大臣，1865 年会试倭仁为朝考阅卷大臣。可见，至1867年时，30岁之下的那些进士大都在倭仁的门生之列。恩师出面反对添设天文算学馆，学生们又岂敢冒着背叛师门的危险赴馆投考？

第二，倭仁作为理学正宗、士林表率，其言行举动也会对一般举人和贡生产生间接影响。广大举人、贡生们的人生理想不外乎是中进士、任翰林。倭仁身兼翰林院掌院学士、同治帝师和文渊阁大学士三重显赫要职，显然是天下士子之楷模，更是一种无形的是非判断标准。他出面阻挠同文馆招考天文算学人员，广大举人、贡生从自身前途考虑而不会轻举妄动，自是情理之中。

第三，倭仁上折言事并非个人行为，他只是发出了众多保守人士的心声。作为保守势力的执牛耳者，倭仁一人冲锋于激烈冲突之前台，但其背后却有许多志同道合者作为后盾，提供对策。在同文馆之争开始不久，另一位理学大儒吴廷栋曾致函倭仁，称"在今日大廷，惟先生与兰孙先生（李鸿藻）负天下之望"，以表遥为声援之意。在枢府之内，倭仁更是得到李鸿藻（1820—1897，字寄云，号兰孙，直隶高阳人。咸丰进士。历任编修、内阁学士、户部左侍郎、军机大臣、都察院左都御史）、翁同龢（1830—1904，字声甫，号叔平，江苏常熟人。咸丰状元。历任户部侍郎、都察院左都御史，刑部、工部、户部尚书，军机处兼总理各国事务衙门大臣，光绪帝师傅）、徐桐（1819—1900，字豫如，号荫轩，汉军正蓝旗人。道光进士。理学家。历任翰林院检讨、太常寺卿、都察院左副都御史）等人的全力支持。从《翁同龢日记》里的记载可见一斑：

（同治六年）三月二十日（4月24日），荫轩（徐桐）三日未入值，与艮峰相国（倭仁）至报房，并至其家商略文字。昨日有旨，倭某既称中国之人必有讲求天文算学者，著即酌保数员，另行择地设馆，由倭某督饬办理，与同文馆互相砥砺等词，总理衙门所请也。……访兰生（李鸿藻），点定数语。

二十一日（4月25日），甫出东华门，倭相邀余同至荫轩（徐桐）处，知今日递折，有旨一道，令随时采访精于算法之人，又有旨，倭仁著在总理各国事务衙门行走，与商辞折。出城，与兰生（李鸿藻）长谈。

二十二日（4月26日），还坐兵部朝房，与倭相议论，辞折未允也。

二十三日（4月27日），出偕倭、徐（徐桐）坐报房商前事。

二十四日（4月28日），遇艮翁（倭仁）于途，因邀至家，谈许久，……有顷兰荪（李鸿藻）来邀，艮翁在座，商酌无善策。噫！去则去矣，何疑焉。

二十六日（4月30日），艮老（倭仁）云占之得讼之初六，履之初九，去志决矣，相对默然。

《日记》中更耐人寻味的一则记载是值庙堂论争闹得不可开交之际，翁同龢正在家中仔细研读清初杨光先的著作《不得已》。杨光先以指控德国传教士汤若望图谋不轨、反对天主教及西历而名噪士林，被后人奉为“反洋英雄”，《不得已》是其奏稿与函牍的辑本。翁在此特殊时期翻阅该书，并对杨“争西洋算法，痛诋汤若望，著书反天主教之妖妄”的举动流露出赞许之情，其中意味不言而喻。

可见，当时保守势力方面的情形是一人在阵前搏杀，众人于营中擂鼓。倭仁经常同李鸿藻、翁同龢、徐桐等人一起交流意见，共商对策，渐有形成统一战线之态势。

言归正传。在篇末，倭仁抛出其最后通牒：

总之，夷人教习算法一事，若王大臣等果有把握使算法必能精通，机器必能巧制，中国读书之人必不为该夷所用，该夷丑类必为中国所歼，则上可纾宵旰之忧劳，下可伸臣民之义愤，岂不甚善。如或不然，则未收实效，先失人心，又不如不行之为愈耳。

倭仁掷给奕訢等人的是两难选择，应也不是，否也不能，其欲将同文馆之议置于死地的意图显露无遗。

面对倭仁的又一波攻势，奕訢等人的确感到些许措手不及。好在他们阵脚未乱，主持地方洋务的督抚们也纷纷致函总理衙门，加以声援，希望“朝廷坚持定见，不为浮言，则事可有成”。经过一番商讨，奕訢等人于三月十九日（4 月 23 日）呈上一折一片，以示回应。针对倭仁关于添设天文算学馆有无完全成功之把握的质问，奕訢等人承认：“臣等只就事所当办，力所能办者，尽心以办，至成败利钝，汉臣如诸葛亮尚难逆睹，何况臣等？是此举之把握，本难预期。”明显底气不足。然而，奕訢等人并未就此罢休，他们话锋陡然一转，抓住了倭仁原奏中“天下之大，不患无才，如以天文、算学必须讲习，博采旁求必有精其术者，何必夷人？”一句之破绽，吹响了反攻的号角。奕訢讲道，既然倭相折中认为天下定有精通天文算学之才，那么想必他心中也已有了中意人选。所以还恳请朝廷命令倭仁“酌保数员，各即请择地另设一馆，由倭仁督饬，以观厥成。若能如此办理，更属两得之道，裨益匪浅，彼时臣衙门原请奏办之件，即行次第裁撤”。此建议立即得到谕旨允准。双方的争论达至最高潮。于是，奕訢成功地置之死地而后生，转守为攻，将压力一并推到倭仁身上，之前的窘迫与尴尬大为减轻，其辩术颇有值得玩味之处。

此时的倭仁已呈骑虎难下之势。三月二十一日（4 月 25 日），倭仁无奈地奏称“并无精于天文算学之人，不敢妄保”。这也预示着经过两回合的鏖战，倭仁已无计可施，败下阵来。此刻，两宫太后（当然以西太后慈禧为主）的立场也渐趋明朗，站在了奕訢等人一边。在倭仁上折当天，朝廷仍命他“随时留心，一俟咨访得人，即行保奏，设馆教习，以收实效”。并且，更让倭仁难堪的是，清廷还谕令其在总理各国事务衙门行走。在保守势力看来，“以宰相帝师之尊，兼藩署奔走之役”，是“因之以必不能为之事，辱之以必不可居之名”。简直是奇耻大辱。倭仁自然无法接受，一再请辞，但都不得允准。两宫如此为难倭相，显然有其深刻用意。经过同治四年的罢斥恭亲王事件，奕訢的“议政王”权位被削夺，仅留军机大臣一职。遭此重创，奕訢锐气顿减，唯两宫懿旨是从。作为朝廷首脑，奕訢推行的每项举措都是经过国家元首两宫授意的，二者之间的目标应是基本一致的。同文馆事业自然不会例外。而此时三十几岁的慈禧太后正值掌权初期，尚有进取之心，她也希冀通过举办新政在内实现中兴大业，对外以示振作气象。照此看来，两宫与奕訢诸人代表了当时一股相对趋新的力量。而倭仁们则无疑是传统社会惰性势力的象征。二者相遇，从更大程度上讲，是趋新与守旧两种社会力量之争。为了保证添设天文算学馆计划的顺利进行，朝廷不惜牺牲重臣倭仁，予以人格羞辱和政治打击，以倭仁的下场来警告保守势力，认清形势，不要再公开同朝廷唱反调。当然，其中也不乏两宫借打压倭仁来平衡趋新与保守两派在朝廷力量对比的政治目的。

两宫此时方才表露其立场，也有甚为不妥之处。首先，以倭仁为首的保守官员同以奕訢为首的洋务官员的论辩，表面上看是意识形态之争，实际上还隐含着既得利益者同改革者之间政治权势的博弈，毕竟倭仁们不希望看到维持两百余年的科举选拔制度被奕訢们硬生生地在上面划开一道缺口。因此从一开始，双方之间的矛盾就十分激烈。而两宫却坐山观虎斗，等二者的争论已不可开交之时，方才出面干预，为时晚矣！此刻双方已如一锅开水，温度已到沸点，即使两宫扬汤止沸，暂时压住局势，但双方已暗自在心中结下“梁子”，彼此视作对头。作为最高统治者，其驭臣之术的精髓就在于容许不同声音，但避免意气之争，使大臣们能够理性地、客观地议论国事。所以，两宫本该在双方尚未剑拔弩张之时就加以调和。其次，对于倭仁，两宫采用打压的方式，其用意无非表明自己坚定的改革立场。然而，她们并未仔细斟酌这种简单粗暴做法的后果是什么。指斥、贬损重臣倭仁，看似矫枉过正，实际上是激化了矛盾，使保守势力更加愤愤不平，只会招致愈演愈烈的反弹。两宫仅仅在表面上树立了自己的政治权威形象，却没有考虑到藏在论争背后的利益分配问题，未能及时帮助双方求同存异，平息纠纷。得不到统治者安抚的保守一方又岂能善罢甘休？这样你死我活的争执、内耗，非但解决不了任何问题，反而只会使改革的道路愈加崎岖。是故，两宫对待保守势力的方式颇不足取，为以后屡屡上演的朝堂闹剧开了先例。

既然两宫的态度已经明确，倭仁的厄运也随之降临。先是朝廷一再对其为难，奕訢等人也有些得意忘形，继而落井下石。根据《翁同龢日记》，三月二十四日（4 月 28 日），倭仁上朝请辞，与奕訢口生龃龉，“几至拂衣而起”。次日（4 月 29 日），“倭相请面对，即日召见，恭邸（奕訢）带起，以语挤之，倭相无辞，遂受命而出。倭相授书时有感于中，潸焉出涕，而上不知也，骇愕不怡良久”。同朝为官，奕訢如此意气用事，步步紧逼，实在有失皇室风度。倭仁又羞又恼，已渐渐支撑不住，二十九日（5 月 3 日），倭仁站班后上马晕眩，坠马受伤（据有些清人笔记记载，倭仁“坠马事件”有诈伤嫌疑，类似于金蝉脱壳之计）。于是他以生疾为由坚持不去总理衙门上班，朝廷也无可奈何，遂于五月十二日（6 月 13 日），赏假一月，令其安心调理。六月十二日（7 月 13 日），朝廷又“准其开一切差使，仍以大学士在弘德殿行走”。倭仁终于得以从论争旋涡中彻底解脱出来。

## 余波未已

倭仁的退场并不代表论争的结束，恰恰相反，倭的狼狈遭遇却激起了保守人士的一致同情，不少人纷纷上书表示声援与支持，真可谓高潮虽过，余波未已。

三月十七日（4 月 21 日），通政使司通政使于凌辰奏称：朝野上下围绕添设天文算学馆一事的议论已呈水火不容之势，“今天文算学馆甫设而争端即启，争端启则朋党必成。夫天文算学本属技艺之末，其果能得力与否尚不可知，而先令臣子别开分门，开国家未有之风气，所关实非浅鲜”。于虽为保守中人，但其论并非杞人忧天，当时趋新与保守两股力量间的冲突已颇有党同伐异之色彩。四月十三日（5 月 16 日），成都将军崇实上折再度质疑“专取正途人员”一条，认为“惟议专取翰林院并五品以下由进士出身京外各官及举人、恩、拔、副、岁、优贡生员，俾充讲选，仍试策论等项，以定去留，似与事理未协”。五月十六日（6 月 17 日），候补内阁侍读学士钟佩贤更是以天时亢旱日久，请饬廷臣直言极谏，以资修省，公然批评朝廷：“倭仁谏设同文馆，谕旨令酌保数人另立一馆以难之。”

“后倭仁时代”，对添设天算学馆之议攻击最为不遗余力者并不是于、崇、钟诸人，而是位卑言轻的候补直隶州知州杨廷熙。杨廷熙于五月二十二日（6月23日）和六月初七日（7月8日）两次越职上书言事，由都察院左都御史灵桂代为转奏。杨之第一折，洋洋洒洒数千言，认为同文馆添设天文算学馆，“其事其理其言其心，有不可解者十焉”，其主要观点如下：

然而中国之可羞可耻者，未有大于西洋之流毒、西人之倡乱矣。……乃今日不耻不共戴天之仇，而羞不知星宿之士，何望大耻而务于小耻也！此臣之不解者一也。

夫以中国之大，养士之久，岂无一二知文明数学之士足以驾西人而上者哉？……而必自卑尊人，舍中国而师夷狄？此臣之不解者二也。

今不思破之之方，御之之术，窃恐中国将来之轮船机器较彼尤精，而用之不得其法，不得其人，未必不徒费钱粮，徒劳人力也。此臣之不解者三也。

善政未修于上，实学未讲于下，而尤令舍人事以习天文数学，此臣之不解者四也。

有自强之心，无自强之政，而徒震惊于外洋机器、轮船不可制，此臣之不解者五也。

夫洋人之于中国，敌国也，世仇也……圣贤之大道不修，士林之气概不讲，无一非西学阶之历也。此臣之不解者六也。

兹不操出奇之胜算，而为依样之葫芦，此臣之不解者七也。

臣思此事（指添设天文算学馆一事，笔者注），疆臣行之则可，皇上行之则不可……是西教本不行于中国，而总理衙门请皇上导之使行也，此臣之不解者八也。

兹惟于同文馆厚廪饩、广升途，何明于此而暗于彼，略其大而举其细也！此臣之不解者九也。

是其设立同文馆之初，未尝不明知此事之不当于天理，不洽于人心，不合于众论，而必欲溃夷夏之防，为乱阶之倡，此臣之不解者十也。

由是观之，杨所谓“十不可解”并未超出前面张盛藻、倭仁等人的观点范围，多有重复之处。但此一时彼一时，杨廷熙奏折的独特之处就在于其观点更鲜明，立论更系统，阐述更严密，举例更具体，指陈更有针对性。同时，其言论较之以往诸人，也有更趋深化的特点：杨提出“大耻”与“小耻”的观点，以“西洋之流毒”、“西人之倡乱”来抹煞“羞不知星宿之士”的合理性，此论证甚为荒谬；杨把洋人定位为“敌国”、“世仇”，由此便推导出即使其“多才多艺层出不穷”，中国出于“华夷之辨”、“尊卑之分”、“名器之重”，也不能学其一丝一毫的结论，这完全是一种盲目排外情绪的发泄，较之倭仁有过之而无不及；杨廷熙为了不使同文馆之议推行，竟敢公然向皇权挑战，天真地认为开馆设局“疆臣行之则可，皇上行之则不可”，可见保守势力对西学引入后带给传统文化秩序以威胁和破坏的恐惧心理是何其强烈；最后之“不可解”更是毫无根据地指控总理衙门大臣有蓄意“溃夷夏大防”之居心，真乃诛心之论，也映射出他们紧绷的神经已颇有些歇斯底里了。杨之第二折自诩为“御夷四策”（“轮船易制，宜多方访求其术”、“阴杜其传教之术”、“隐绝其罔利之源”、“修理江海要隘，精练水师，预为防御”）俱为书生之见，无须赘言。

杨廷熙对总理衙门充满敌意的奏疏引起了两宫的震怒。五月十九日（6 月 20 日）朝廷下达上谕，对杨廷熙严加训斥。朝廷质问其“痛诋在京大臣，是何居心？”而对于第八个“不可解”，朝廷更是大为光火地视作“甚属荒谬”，“普天之下，孰非朝廷号令所及，岂有疆臣可行而朝廷不可行之理！”另外，朝廷还怀疑杨折“系倭仁授意”，并借机指名道姓地再次打压倭仁，令其“假满后，即到总理各国事务衙门之任”。要之，保守势力“殿军”杨廷熙上折之举动非但没有扭转局势，反而牵累倭仁，赔了夫人又折兵。

反观洋务派一方，自从击退倭仁之后，便无心再与其他保守臣僚多作纠缠，而是着手经营同文馆事业。奕訢等人此时又有了新的苦恼：天文数学馆第一次招生时，“正途投考者寥寥”，出于无奈，只好将正杂各项人员一律收考。总计报考者才 98 名，至考试当天又有 26 人缺考，最后仅从 72 名考生中勉强录取 30 人。开馆半年后，天文算学馆通过例考淘汰了 20 名“学经半年竟无功效之学生”，最后仅剩可怜的 10 人。几经协商，奕訢等人遂决定将这 10 人与同文馆内学习外国语言文字的八旗学生合并，所谓的天文算学馆已是徒有其表，名存实亡了。

自是年 5 月至 8 月四个月间，洋务派仅有礼科掌印给事中周星誉上折论证添设天文算学馆的合理性，并提出“增官制”、“敛商权”与“广人才”三项建议与总理衙门的洋务事业相辅而行，以期达到“救时济变”之目的。

## 孤独智者

除却各执一端、势如水火的洋务、保守两股势力之外，神州之中也不乏冷眼旁观、洞若观火的智者，此时正赋闲湘阴的先觉人物郭嵩焘便就“同文馆之争”发表了其超拔于二者之上的识见。

虽然身处千里之外的湖南，郭嵩焘却依然心系天下，密切关注庙堂之争的发展动向。对于洋务、保守双方在朝堂之上剑拔弩张、口诛笔伐的情形，郭深表厌恶。在他看来，奕䜣与倭仁虽各持己见，皆似有理，实“同一懵懵，如群盲相遇于道，争辩哓然，而皆一无所见”，只给洋人徒增笑柄、提供谈资而已。而处于仲裁者位置的朝廷，却忽左忽右，始终不表露态度。“其意以是周旋洋人，又周旋士大夫，并无意考求实际。自来在官者之能事，如是而已。”“同文馆之争”闹到这般田地，实际上是三方昧于情势、互相攻讦所致。

总理衙门的奏折，“用意非不善也，而著语太谬”。阅其章程，“无一语不足喷饭”。究其原因，就在于奕䜣等人未能认真体察世态人心，所用方法失之武断，流于粗率，以至于自设陷阱，授人把柄，激犯众怒。

“专取正途人员”一项，“以为重其选以媚洋人，则亦天下士大夫之耻也”。把正途出身同人才想当然地画等号，无疑是“以正途科甲为名，是先导之使为虚浮也”。并且也致使许多怀有一技之长的专业人才埋没终生，最不可取。

至于考试制度，“一月一考试，三年一大考”，奕䜣等人本有“以西法与翰林大考并行”之意。但究其实际操作过程，只能用不伦不类来形容。月考对待身负科名的士大夫如同幼龄蒙童一般，几无自由钻研学问的时间，既是人格侮辱，也是精神折磨；大考则三年一届，成绩优异者便可升迁一级，平步青云；不甚理想者，则只好等待下一个三年之机会，耗费青春，此法实与科举无异。当科举制度已日渐丧失其人才甄别功能时，难道同文馆还有步其后尘的必要吗？

再就是待遇问题。厚给薪水，优加奖叙，总理衙门用心不可谓不良，然其方法，值得商榷。毕竟当时重义轻利仍是全社会一致认同与遵循的道德准则与价值观念，若骤加更改，“以利禄为名而眩使就之，君子必引以为耻”，势利小人则会趋之若骛，社会风气必然会因之败坏。到那时，“天文、算学所习者不可知，而耻心先以荡然矣”。

基于种种不满，郭嵩焘提出了自己的办馆方案：

> 开同文馆算学，召海宁李善兰为之都讲，而择西人精算学者二人，分东西两斋课之。大员子弟及各省州县才俊，皆准保送，斋各二十人为额，缺者补之。期年而小成，三年而大成。听西人教算学者，量才进退，都讲主之。三年一试，别其等第，授以职司。高第者得授官，而仍兼司馆职，总理衙门主之。而于火器营添设西洋制器局。其职司由同文馆生叙补。

对于保守势力的暂时失势，郭持“同情之了解”的态度。“倭仁理学名臣，而于古今事局多未通晓”，败给讲求洋务、立场趋新的奕訢，也在情理之中。只不过自此“老成蹇硕之风亦微矣”，又不禁让人对以后的世风人伦产生了一丝隐忧。

而对于当时朝廷，郭嵩焘却是牢骚满腹，怨气冲天，空自嗟叹：“方今天下，能推究夷情，知其所长以试控御之宜，独有区区一人，而不使一效其用。”其怀才不遇之遗憾可见一斑。然而，即使郭此时任职朝中，又能对“同文馆之争”的最终走向产生多大影响呢？

## 结　语

以奕訢等人于同治六年十一月初五日（1866 年 12 月 11 日）上呈奏疏为始，至周星誉六月十七日（1867 年 7 月 18 日）进折言事为终，“同文馆之争”横跨两年，延续八月，总计二百一十九天。细数这二百余天的论争，一浪接一浪，跌宕起伏，颇有值得回味之处。

一名成熟的政治家，在推行改革政策之前，必定会综合考虑社会中的种种不利因素，以制定能够最大限度减少阻力的方案，步步为营，争取尽可能多的盟友，而不是树敌无数，从而保障改革的顺利进行。而奕訢等人确实欠缺火候，自始至终，一种焦虑的情绪在他们心中翻涌，其举措相对于当时社会的整体知识水平和思想状况而言，实在是显得过于激进与粗率。专取正途，贬损名器；聘习洋人，逾违祖制；厚薪奖叙，有伤世风。不少条目越出了社会大众心理承受力的极限，招致他们强烈的抵触在所难免。奕訢等人虽凭借无上的皇权和巧妙的辩术暂时击退了保守重臣的进攻，但占绝对优势的保守势力并不会就此罢休，正是他们在朝野内外、市井乡间的造势鼓动，才使同文馆招生计划严重受阻，几乎泡汤。

而保守一方执着于传统文化的眷恋与虔诚，也是合情入理之事，毕竟他们生于斯、长于斯、扎根于此、受益于此，要他们承认自己文化上面的缺陷，否定自己存在的价值，从头学起，不但是困难的，更是痛苦的。“他们起而反对，在理，但背时。”何况他们提出的一些关系中国文化的深层次问题，也是值得时人与后来者认真思索的。实际上，他们对传统文化的信奉与固守恰恰是当时社会的常态，而作为“变态”的洋务趋新力量仍很弱小，若想取“常态”而代之，那是需要相当长一段时间方能实现的，“同文馆之争”仅仅初露端倪而已。质言之，论争双方最终是各耗元气，两败俱伤，这是一场没有胜利者的论战。

梁启超曾言世人心中“各自占一世界，而各自谓世界之大，已尽于是。此外千形万态，非所见也，非所闻也”。此句概括洋、保双方，至为恰当。作为后人，我们得以站在前人之肩回顾往事，后见之明，实不足自炫。“同文馆之争”之于中国早期近代化进程的影响，历来见解纷纭，褒贬不一。总之，开端也好，顿挫也罢，“同文馆之争”初次昭示出欧风美雨登陆中华大地后所引起的巨大文化震荡。山雨欲来，风先满楼，一百五十年的时光过去了，或许对论争本身所蕴含的中西文化冲突象征意义的再思考，才是我们重温它的动机之所在。

# 读书人是如何“变坏”的：三位“50后”的逐权之途

1886年6月11日，盛夏初至，骄阳似火，偌大个京城，居然无一丝清风。这一天，朝廷放榜，将公布殿试名次。湿闷的暑气令焦急盼望的士子们内心愈发躁动难耐。

苦苦等了一天，直到日头偏西，朝廷的喜报才姗姗来迟。天津籍考生徐世昌（1855—1939）恰外出拜客归来，于客栈门口见到上谕："徐世昌，第二甲五十五名，着改为翰林院庶吉士。"十年寒窗苦读终有回报，徐自然百感交集，热泪盈眶，于当天日记中写道："君恩高厚，受宠若惊，益当努力有为，以期报国承家也。"与此同时，在房中枯坐了一天的贵州籍考生陈夔龙（1857—1948），也接到上谕。点儿背的是，他考卷以一字之误，竟置三甲，以主事用，签分兵部。而一同中式的贵州老乡赵以炯、李端棨等，均入翰林院，差事清闲而补缺甚快，这令陈情何以堪！他不禁捶胸顿足，慨叹上天不加眷顾。要说反应最淡定的，尚属蒙古正黄旗考生荣庆（1859—1917）。听闻榜单，此君既未喜极而泣，也未愤愤不平，而是悠闲地倚在枕上翻看历代名人字帖。

按照清代仕宦惯例，若不出意外，二十年后（1906年），这三位"50后"士子应能位居要职，成为新世纪清廷倚仗的栋梁之材。果不其然，这三位科举同年日后皆腰金衣紫，出任朝廷高官。只不过，一入官场深似海，也许连他们都没预料到，几十年后的自己，居然蜕变为自己当初最厌恶的那类人。

## 贫寒与无奈

这三位士子，都是出身贫寒，毫无背景之人。

据说徐世昌呱呱坠地之际，“其状貌端秀，头角峥嵘，长老皆许为大器”。然而他的脑子似乎并不灵光，尤其是应试能力较差，科考每每积极参与，成绩次次名落孙山。白驹过隙，一转眼徐世昌已近而立之年，往日的那股锐气消磨大半，他也感到入阁拜相的理想似只是一个白日梦。一次，徐乡试结束，几位挚友相邀聚于相国寺。酒过三巡，菜过五味，有人问徐世昌将来有何志向，徐醉眼迷离，举杯苦笑道：“他日或大挑，或议叙，或幸成进士为即用令，若分省得河南，除杞县、太康，必师孟尝君广纳食客。”河南旧有“金杞县、银太康”之称，堪为各州县中之上等肥缺。可见徐世昌此时颇为务实，在他看来，能管辖一县、衣食无忧已实属难得，什么声名显赫、位极人臣之类是绝对不敢奢望的。陈夔龙亦然。八岁那年，陈父病逝。有人劝陈家三兄弟弃学经商，陈母应曰：“一息尚存，不忍使廉吏之子沦于驵侩也！”于是陈母以“纺绩得赀，藉供馆谷，往往机杼之声，与余兄弟诵读之声彻于达旦”。虽生活艰辛，陈夔龙倒也安之若素，日复一日挑灯勤读，希冀通过科考改变命运。起初陈之文运颇旺，连战连捷，19岁便高中举人。孰料好运却忽而戛然而止，“南宫累次报罢”，眼看就要迈入三十岁的门槛。与徐、陈情形相似，虽是旗人，但荣庆七岁丧父，家境凄凉，“陋巷逼迫，非复阀阅矣”。不过他天资聪颖，少年得志。要知道，27岁便高中进士，这在清末满蒙权贵中堪数凤毛麟角。

既然这三位既不是出自官宦世家，亦非坐拥金山银山之富豪，故他们唯有从基层做起，期盼凭真才实学来为朝廷效力，谋得升迁。只可惜理想很丰满，现实却总是很骨感。按照清制，每三年都要对翰林院庶吉士进行甄别考试，成绩优等者授编修，次等者授检讨，合格者改任各部主事或知县。如果成绩不及格，不好意思，那就请您继续学习，再等三年。徐世昌不通古学，文笔一般，自然不受时任掌院学士的翁同龢老爷子待见。徐在这个清水衙门一待就是六年，竟未曾获得过一次外出主持地方乡试的差事，甚至连当副手的机会都没有。好不容易结识了天津老乡王文锦侍郎，徐请他帮忙介绍新差事。王为人倒也通融，打算将徐推荐至南书房，孰料大学士潘祖荫认为徐不学无术，难堪此任，不予接纳，又将他撵回翰林院。当时翰林院有所谓“八红八黑”之称，“红翰林”自然是官运亨通的那一类，而“黑翰林”则是指仕途坎坷的官员们，徐即位列“八黑”之一。最令徐无奈的是，熬到第八个年头，他终于可以外放河南，谁承想还未等朝廷颁发委任状，母亲突然病逝，徐只得暂弃升官念头，回家奔丧，其霉运可谓冲天。

荣庆也好不到哪去。供职翰林后，荣庆之生活似乎未见任何起色。有清一代，京官最为清苦，他们时常入不敷出，只得借贷度日。彼时之荣庆，便是这般境况，于是便成为京城当铺和钱庄的常客。如光绪二十四年（1898 年）三月初八日，他“以马馆百五并贽银百五还大德通。己丑（1889 年）八月初一借款，其余二百，另为立据付息。负债累累，今始清二十分之一也”。同时，荣庆之仕途亦颇艰涩。据《清史稿》载，自高中后，他“迁转迟滞。荣庆当引见之时，或讽以乞假。谢曰：‘穷达命也，欺君可乎’”。要钱没钱，要权无权，十载京官，荣庆着实惨淡。

当然，最悲催的莫过于陈夔龙。这位老兄自从赴任兵部主事后，简直如坠入苦海而难以自拔。兵部在六部中堪称最差，按“京师习惯，以吏、户二部为优选，刑部虽瘠，补缺尚易，工部亦有大婚、陵工保案，以冀捷获，惟礼、兵二部为最苦。礼部尚无他途杂进，依然书生本色，最次莫如兵部员司，以常年测之，非二十年不能补缺”。这就意味着，即使再出色再优秀，陈熬到五十岁，充其量还是个六七品的小官。更让他恼火的事还在后面。32 岁那年，他枯木逢春，娶得第三任夫人。这女子来头甚大，其兄是许庚身，历掌几部尚书，曾任军机大臣，可谓当朝一品。同时连襟廖寿恒官居刑部左侍郎，政途一片光明，陈与之“重重姻娅，交谊弥敦”。不过，许庚身、廖寿恒虽身居要职，却极为爱惜羽毛，不愿为妹夫的前程走后门、冒风险。于是乎，陈氏毫无意外地陷于“埋首郎潜又十余载”之窘境中。

残酷的现实虽无声无息，但却告诉这三人一个铁一般的道理：书读得好，不等于官做得大；志向高远，也必须安全落地。

十年转瞬即逝，徐世昌、陈夔龙与荣庆，已接近或年届不惑，仕途的黄金年龄渐行渐远。要么改变自己，要么继续沉沦，人生的岔路口就在眼前。

## 诱惑与屈从

面对权力的黑光，相信很少有人能够拒绝诱惑，尤其对于长期处于政治边缘的人而言。1895 年前后，成为这三位“50 后”仕途的共同转折点。

徐世昌首先“脱贫”。该年秋，徐与其拜把子兄弟袁世凯重逢。眼见老大哥处境尴尬，袁世凯自然心有不忍，于是延请徐进入小站，掌管参谋营务。起初徐还犹豫不决，尚保留翰林院岗位。后眼瞅编练新军事业蒸蒸日上，其势头迟早会坐大，高升自然机会多多，徐索性辞去编修一职，全身心辅佐袁世凯，为其献计献策，结交各路人脉，于是稳坐北洋系第二把交椅。

陈夔龙自不甘人后，于次年“开窍”。陈之发迹，与北洋也颇有关联。甲午之后，久蛰西安数年的荣禄重回中枢，出掌兵部。而恰值同时，连襟廖寿恒接替故去的许庚身，进入军机。陈夔龙于是恳请廖代为向荣禄举荐自己。此刻位高权重的廖，一改往日做派，欣然允做说客，在荣面前一番美言。不久，荣禄便亲点陈同其赴津查办小站军民纠纷一事。小站是荣亲自指定的练兵试点，袁世凯乃荣一手提携的军事将领，说白了，这次赴津办案，纯属走过场。途中，荣问陈年岁几何，补缺约计何时。陈对曰：“行年已四十，到部亦十年，叙补名次第八。即每年出缺一次，亦须八年始能叙补。恐此生以冯唐老矣。”荣云：“观君骨相气色，五年内必有非常之遇。而部中补缺例须计俸，未可躁进。”所谓“骨相气色”，恐怕是三分经验七分忽悠，并不靠谱。然其弦外之音则至为明显：陈若听命行事，不节外生枝，保你补缺升官。吃尽官微言轻苦头的陈夔龙，自然参透荣之暗示，一路察言观色，唯唯诺诺。当检阅操练时，荣问陈：“君观新军与旧军比较何如？”陈答：“素不知兵，何能妄参末议。但观表面，旧军诚不免暮气，新军参用西法，生面独开。”荣曰：“君言是也。此人必须保全，以策后效。”其实若按兵部条例，仅新军擅杀营门外卖菜佣一条，袁世凯便可遭到严惩。但陈曲意迎合荣禄，在撰写奏稿时笔下留情，淡化过程，抹去罪证，终至此案不了了之。待此事办妥，回到兵部，排在他前面的七名竞争对手，要么病退，要么调走，要么受罚，要么弃权，于是陈名次飙至第一，顺利顶补缺位。可见荣禄已暗中运作停当。不久，荣禄更把参预北洋政务如此机要之事交与陈夔龙，将其引为心腹。

反观荣庆，此时他官途虽略露曙光，但在为官之道上似乎“进步”得有点慢。那他又究系凭何升迁？大致两点。其一，办事认真。一次，光绪口谕整理清秘堂藏书。荣庆不辞劳苦，亲力亲为，妥善安排下属分工办理，“从此旧书可保无遗”。不久，荣庆因整理之功蒙皇上召见，从而给光绪留下较好印象。其二，清廉自律。按理说，京官清苦，倘有他人孝敬，自应笑纳以解燃眉。荣庆则不然。终其一生，他洁身自好，殊为难得。但凡他人之礼，荣都一律拒收。清末巨贪周荣曜曾以厚礼向荣庆行贿，荣不为所动。荣坚拒贿赂，或许尚有防授人以把柄的考虑，不过此种作风确为他在官场换来极好的口碑。也正因十数年兢兢业业之奋斗，1899 年荣庆终于获得外放山东学政的机会。而此时徐、陈二人，在仕途上已将荣庆甩开了半条街。

截至 1899 年，徐、陈二位早已屈从于权力的魅影，一味追逐官位，将所谓家国社稷、担道抗势之情怀置诸脑后。而荣庆好像还经得起诱惑，未完全变质。然而，不到一年，他也成为权力的奴仆。1900 年初，时任山东巡抚的袁世凯拜访荣庆。此时恰逢荣母病重，袁热心为其推荐医生、馈赠物品。荣母去世，袁世凯先是“送经并焰口”，后待荣庆扶柩抵津，令“部下刘直牧永庆来吊，并代办火车一切”，实在是殷勤周至。其实荣庆对袁素无好感，但他明白，袁世凯背后的靠山是当朝大佬荣禄，与袁结好，便可攀上荣中堂这株参天大树。经过对道义与权势的一番慎重权衡甚或是痛苦的思想斗争，荣庆终抛弃了坚守半生的政治信仰，决心与权力合谋。一年后，荣庆便在荣禄的关照下，“奉旨署理仓督”。荣庆事后致函坦露心迹，表示不负栽培：“惟一点血诚，不愿让前人独步，而识力魄力，究不知撑到几分。”

放下了尊严，丢失了操守，突破了底线，背弃了理想，这三位“50

后”剩下要做的，便是在追逐名利的仕途上一路狂奔。1901 年，陈夔龙如愿外放河南布政使，获取吸金之肥缺。两年后，他升任河南巡抚。1903 年，载振出任商部尚书，特保授徐世昌为商部左丞。徐之前仅是六品官员，一跃成为三品商部大吏，这种超常规提拔干部之举，在整个清代也堪称异数。次年，他更是跃升为巡警部尚书。1902 年，清廷破格提拔荣庆任刑部尚书，旋即又调礼部尚书，复调户部，拜军机大臣、政务大臣。至 1905 年，荣庆晋协办大学士。仅仅六七年工夫，徐、陈、荣三人完成了普通京官需要数十年甚至一辈子都遥不可及的升迁之路。

## 官运与国势

身居高位，权倾一方，拥有如此绝佳之政治平台，正值五十出头的当打之年，这三位“50 后”完全可以施展其年轻时的宏大抱负。殊不知在威权体制下，权力场中之辈，由于屁股决定脑袋，他们往往眼光向上，更多从统治者的“最高指示”出发，其立足点无非四个字：“领导满意”。这在三人的政治行动中展现得淋漓尽致。

1906 年夏，围绕是否预备立宪之问题，京城内新旧两派针锋相对，势若水火。一派引袁世凯、端方为头领，力主学习西方，推行立宪；一派则以铁良、荣庆为魁首，极力抵制立宪，横加阻挠。然而极富讽刺意味的是，慈禧最终却将草拟立宪懿旨的重任交与荣庆。这期间，袁世凯频频私下拜访，以期凭私谊影响荣庆。孰料之后面世的懿旨，无非以“规制未备，民智未开”为由，堂而皇之地将立宪步伐无限期顺延。想必荣庆当时费尽心机、搜肠刮肚，完全是揣摩老佛爷圣意而已。

徐世昌之手腕，也十分高明。宣统元年，以载沣为首的那一批年轻皇室贵胄上台，他们对西方的武器、建筑、工艺、科技等颇为推崇。当时徐恰恰担任东三省总督，于是揣摩皇室心思，大搞形象工程。据曾在东北任职的丁士源爆料，“徐世昌赴东三省总督任时，携中央款二千万两，两年以来铺张颇甚”。单单建造奉天公署大楼一项，就消耗白银三十余万两，所盖“西式楼数十楹，缭以复廊，其中蒹幔几榻，灯屏皆用舶来品”。同时采购各种西式物品又花费十余万两，因而其办公场所之华丽宏伟，其他省份无能出其右者。一次载涛自欧洲考察归来，途经奉天，“见马路电灯军警无不备具，及驻宿公署，俨然欧式”，使他“直把沈阳作巴黎”，于是对徐世昌的市政工作大加赞赏。等他回京后，更是在载沣面前表扬这位“市政建设标兵”。当然，徐如此大张旗鼓地透支财政搞城建，自然有人看不下去。当时载泽掌管度支部，曾派人细察徐世昌的账目，发现其财政收支上存在巨大漏洞。于是几次上书载沣，请求彻查。此时载沣已把徐世昌树为全国学习的典型，相信“徐世昌是个好同志”，并未予以追究。

1909 年，陈夔龙出任直隶总督。下车伊始，便自我标榜曰：“所可以自慰者，厥有三端：一不联络新学家；二不敷衍留学生；三不延纳假名士。”可见其政治倾向极为保守。然清末局势已至不改革必死的地步，像陈这种官员，敌视新学，拒绝革新，只会激化矛盾，令问题愈加恶化。面对天津绅商学生之国会请愿运动，陈表面安抚，私下命军警强力弹压。一面极力“维稳”，他却一面上书中央，报喜不报忧，声称直隶一片安靖祥和。民怨得不到及时疏导，革命便喷薄而出，眼见大势已去，陈只得告病去职，清廷最后一任直督便如此黯然离场。

辛亥之后，这三位高官被迫“提前退休”，化身遗老。除了徐世昌于短暂隐居后再度出山，继续在政坛打拼外，陈、荣二人则躲入租界，依靠多年宦海经营下的丰厚积累，过着饶裕悠哉之寓公生活。当然，吟诗作赋、饮酒唱和之余，他们不忘叹一声前朝可惜，骂几句民国黑暗，却从不曾反省己过：难道唯权力马首是瞻的恶果，不恰恰是国势日颓，终致倾覆吗？

美国心理学家菲利普·津巴多曾以《圣经》中堕落天使路西法的寓言为例，指出人在具体而特殊的社会情境与权力系统之中，往往会走向恶的一面，此之谓"路西法效应"。该理论似对了解这三位"50后"士子的人生轨迹颇有启示。饱读儒家经典的徐世昌、陈夔龙、荣庆，在青年时何尝不愿为天下社稷、百姓民生贡献才智，然在专制制度下，权力黑洞之能量过于强大，几乎吞噬了一切，他们三人焉能幸免？

或许，在每个人心中，都住着一位天使与撒旦的合体，它名叫路西法。

# 谁都怕“猪一样的队友”：李、翁大佬之争与联俄制日破产

1896年10月3日，昔日北洋大佬、如今文华殿大学士李鸿章欧游归来，曾任驻日使馆参赞的黄遵宪闻讯立即亲赴津门，向李中堂求教外交局势。此刻李氏得意之情溢于言表，颇为自负地告诉黄："二十年无事总可得也！"半月后，光绪召见李鸿章，据说"垂询甚殷"，超过二刻。既然蒙两宫如此"温谕慰勉"，李氏心气愈加高涨，在给老友两江总督刘坤一的信中透露："越日遂有译署之命，未敢固辞。今日交涉，视前倍难，补救无从，唯有同分谤议而已。"不难看出，除了慨叹任重道远，其弦外之音乃因甲午一战跌入仕宦低谷的李鸿章，似再受重用，强势回归。

那李氏心中满满的自得究系来自何处？这全倚仗一份止住了他下滑运势的外交协定：《中俄密约》。

## 联俄制日，远东征服

中俄之所以会签订此密约，实为酝酿甚久、各怀心事之结果。

所谓"联俄制日"政策，滥觞于古代之"以夷制夷"思想。这本是春秋时代中原各国防御周边非华夏民族的一种策略，后为历朝君主所秉承，演化成对付国内少数民族之一贯手法，亦称作"以夷伐夷"或"以夷攻夷"。晚清以降，为应对各路西方列强之鲸吞蚕食，清政府将此策略常态化，即利用国际关系上各国间的矛盾，联合、利用或依附某国来对抗其他国家，谋取实现本国外交安全。

堪称黑色幽默的是，起初李鸿章曾将抵御西国的宝押在日本身上。李氏提出联日，“以东制西”，毕竟“日本距苏浙仅三日程，精通中华文字，其兵甲较东岛各国差强，正可联为外援，勿使西人倚为外府”。正鉴于此，1871 年，李力排众议，与日订立《中日修好条规》，其中规定“若他国偶有不公或轻蔑之事，一经知照，必须彼此相助，或从中善为调处，以敦友谊”。谁承想被清廷视为“同文同种”的友邦日本，居然玩的是外交讹诈之把戏。到了 1874 年，日本悍然出兵台湾，李鸿章大呼上当，指出“为今之计，似宜用以毒攻毒，以敌制敌之策，乘机次第与泰西各国立约，借以牵制日本”。1881 年中俄伊犁交涉期间，李转而主张联俄拒日。

而此时的北邻俄国，也正悄然制定一项“远东征服”计划。1885 年，俄国单方违背了英、俄之前诺言，进攻阿富汗北部边境，俄英矛盾由此激化。最终俄方惨败，中、近东侵略计划顿挫。这一切皆促使俄把扩张目光再度投向远东。NBA 流行的一句口号叫：“赢球靠防守”，此道理也适应于对外战略。俄国欲征服远东，首要须做好防御，此乃立足之本。故解决远东防御问题遂成为这一计划的关键所在。经过长期勘察与反复讨论，俄国官员认为，修筑一条横贯西伯利亚的大铁路，能解决这一难题，且最切实可行。此方案得到沙皇的大力支持。沙皇亚历山大二世曾言：“我阅读了西伯利亚总督的许多报告，我必须以遗憾和抱愧的心情承认，对于这块富饶的地区，政府以前实际上没有做任何事情来满足它的需要，它被忽视了，但现在是时候了，而且照旧是该采取行动的时候了。”同年，沙皇发布了修建西伯利亚铁路的命令：“要按最短的路程修建一条横贯西伯利亚的铁路。”19 世纪末主持俄国国务的大臣维特一语点破沙皇修路之个中三昧：

皇帝曾经想把俄国的实力扩大到远东，他之所以有这个念头，是因为他第一次出巡就到过远东。不过，他当时当然没有形成任何肯定的计划；他只是自发地想涉足远东、攫取那里的地方。

北极熊已虎视东北！

## 前门拒狼，后门引虎

对于俄国之野心，清廷中枢似浑然不觉。

1895年4月17日，中日签订《马关条约》。条约规定：将辽东半岛、台湾和澎湖列岛割让给日本。“辽东半岛”问题，严重挑战到俄之“远东征服”计划，自然引来其强烈反响。早在《马关条约》签订前，俄国政府就已有所行动。维特在得知日本有意染指辽东半岛后，立即向沙皇尼古拉进言：“除非我们准备面对一场战争，或放弃远东的广大市场”，否则“我们决不能容许日本在大陆上获得巩固的立足点”和“攫取中国领土的任何部分”。维特认为，日本占领辽东，其意图“主要是针对我们的，假如日本占领南满，对我们将是威胁”，况且“假如我们现在让日本人进入满洲，为要保护我们的领土及西伯利亚铁道，就需要数十万军队，并大大增强我们的海军”。总之，倘若当下置之不理，今后对于俄国远东利益，肯定遗患无穷，决不能坐视日本在中国为所欲为。维特还指出，如果俄国干涉辽东问题，阻止日本的侵占计划，“这样，我们就会成为中国的救星，中国就会尊重我们的效劳，从而会同意用和平方式修改中俄的边界”。于是俄国联合法国、德国，于《马关条约》签订当天，便命令三国军舰在日本海面游弋。不久，三国正式向日本提出外交照会，“劝”日本放弃辽东。

眼瞅着三国之军事警告步步逼来，已在甲午战争中耗尽国力、人力的日本，不得不对俄、法、德三国让步。在俄调停下，日本准许清政府以3000万两白银赎回辽东半岛。毋庸置疑，“三国干涉还辽”事件，是由俄国策划与导演的一出“狼口夺食”的大戏，其用意是阻止日本人破坏它的“远东征服”计划，绝非向中国“献爱心”。但在清廷看来，此举恰印证了李鸿章“联俄制日”的策略。在崇尚霸道与权谋的近代世界格局中，不管强国还是弱邦，若无几个像样的国际盟友，又焉能立足？俄国此番替中国出头，颇让四顾无援、苦苦寻求小伙伴的清廷，大有众里寻他千百度，蓦然回首，盟友即在不远处之慨。故三国干涉还辽的成功，使“联俄制日”的思想最终定型。故李鸿章的联俄策略，从理论上而言，具有积极意义。作为一个弱国，中国要想在西方列强的侵略下求生存，谋发展，实行以夷制夷，利用列强的矛盾的策略，是符合实际且迫不得已的。但从现实操作层面考量，该策略是把双刃剑，倘运用不当，就会陷入自伤筋脉、“制夷不成反被夷制”的窘境。

俄国自然参透了清廷的心事，于是快马加鞭，促成两国结盟。1896年4月，恰逢沙皇尼古拉二世加冕之期，按照外交礼节，各国皆应遣重臣前往祝贺。清政府拟派湖北布政使王之春前往，但俄以“王之春位望未隆，与各国遣使相形难于接待”为由，指定要清室王公或大学士前往，实际上暗示非李鸿章不可。而此时之李鸿章，正因《马关条约》之咎，虎落平阳，入阁闲居。于是俄使“赂通西后与李莲英，使改派鸿章，且请假以全权，办理还辽报酬事宜”。清政府考虑到沙俄干涉还辽有功，又是中国的债主，得罪不起，加之“联俄制日”亦是眼下外交战略题中必有之义，于是改派李鸿章为专使。李氏行前还特受到慈禧召见，谈话“至半日之久。一切联俄密谋，遂以大定”。用李鸿章的话来概括即“联络西洋，牵制东洋，是此行要策”。

为使李鸿章同意俄国在中国东北的筑路计划，沙皇可谓煞费苦心。他唯恐李鸿章先赴欧洲，于是派特使专程前往苏伊士运河迎接李鸿章，并给予李俄国最高礼节待遇。1896 年 5 月 3 日，中俄举行秘密会谈。在谈判过程中，俄方代表维特软硬兼施，一步步将李鸿章套牢。他一方面以“中国的救星”自居，声称“我们给中国带来了巨大的好处，中国依靠我们才能得以保持领土完整”，并再三强调“为维护中国领土完整，必须有一条路线尽可能最短的铁路，这条路线将经过蒙古和满洲的北部而达符拉迪沃斯托克”。另一方面，他又恐吓道，如果中国不同意“借地筑路”，那么“俄从此能再助中国矣”？可见维特已将真实意图和盘托出。这显然超出了之前清廷“联络西洋，牵制东洋”的预期。李鸿章自不敢答应。

维特未使李鸿章折服，于是沙皇尼古拉亲自出马。他单独召见李鸿章，表示：“俄国地广人稀，断不侵占人尺寸土地；中俄交情近加亲密，东省接路实为调兵捷速，中国有事亦便帮助，非仅利俄。华自办恐力不足。或令在沪华俄银行承办，妥立章程，由华节制，定无流弊。各国多有此事例，劝请酌办。将来倭、英难保不再生事，俄可出力援助。”此等承诺，确令李氏心动。何况中俄两国间谈判进展到这一步，李鸿章颇有些骑虎难下的尴尬，尽管“借地筑路”让人甚感棘手，但考虑到此行目的是为“牵制东洋”而“联络西洋”，若继续僵持，很有可能“东洋”还没被“牵制”反倒得罪了“西洋”，双方不欢而散，岂不是旧仇未泯，又添新怨，到头来竹篮子打水一场空？为争取“联俄制日”，李鸿章遂决心接受俄议。他在 1896 年 5 月 14 日给总理衙门的电文中极力劝说总署，“约文无甚悖，若回绝必至失欢，有碍大局”。后李虽在“借地筑路”问题上打算给俄国设置一些障碍，但维特巧施妙计，慷慨承诺如果建筑铁路一事顺利成功，将付给他三百万卢布以为酬劳，并为此制定了一份议定书。李当然不会跟财神爷过不去，遂调头做清廷工作，“俄既推诚，华亦推诚相与，勿过疑虑云……时促事烦，求及早请旨电复遵办”。

1896 年 6 月 3 日，李鸿章与俄国代表穆拉维约夫、维特分别在《御敌互相援助条约》（即《中俄密约》）上签字。

《中俄密约》涉及如下要点：

1 日本国如侵占俄国亚洲东方土地，或中国土地，或朝鲜土地，两国约明应将所有水陆各军，届时所能调遣者，尽行派出，互为援助，至军火、粮食，亦尽力互相接济。

2. 中俄两国既经协力御敌，非由两国公商，一国不能独自与敌议立和约。

3. 当开战时，如遇紧要之事，中国所有口岸均准俄国兵船驶入，如有所需，地方官尽力帮助。

4. 今俄国为将来转运俄兵御敌，并接济军火、粮食，以期妥速起见，中国国家允于中国黑龙江、吉林地方接造铁路，以达海参崴惟此项接造铁路之事，不得借端侵占中国土地，亦不得有碍大清国大皇帝应有权利，其事可由中国交华俄银行承办经理。至合同条款由中国驻俄使臣与银行就近商订。

5. 俄国于第一款御敌时，可用第四款所开之铁路运兵、运粮、运军械。平常事，俄国亦可在此铁路运过境之兵粮，除因运转暂停外，不得借他故停留。

该条约虽名为中俄两国“互相援助”，但实际两国权责并不对等。从长远看，如果中国真正履行条约，俄国在战时、平时都可以利用中国的土地、物资、港口等资源为己所用；而中国只有在战时且俄国履行条约的情况下，方有资格享受某些利益。俄国达到了西伯利亚铁路支线穿过中国东北的目的，将侵略矛头名正言顺地伸展到中国东北；而清廷从中得到的不过是俄国一句空头承诺。说穿了，俄国利用清政府急于求援心理，趁火打劫了一遭。《中俄密约》本质上，是一个不平等条约。

清政府本欲关上前门驱走豺狼，孰知后门洞开，引来了虎豹。

中国的阳谋，俄国了然于胸；俄国的阴谋，难道谙熟外交的李鸿章未识破分毫?

## 翁相补台，李相拆局

历史小说大家高阳先生于其作《同光大老》中，这般酷评李鸿章与翁同龢二人之关系：“李鸿章与翁同龢有不解之仇。这两家恩怨纠结，已非一年；使李鸿章切齿刻骨者，即是翁同龢明知北洋海军是纸老虎，偏偏逼着他开仗，以致一败涂地。其时又眼看翁同龢得君日专，而有张荫桓为助，居然主持洋务。旧恨新仇，妒愤交加，所以务为破坏……当时李鸿章只要想到翁同龢，就会血脉贲张，激动难平；因此，一切的一切，以拆翁同龢的台为主。翁同龢愈顺利，李鸿章在嫉妒且恨的心情下，破坏得愈厉害……怨毒之于人，甚矣哉！”

故甲午之后，淮军四零八落、大势已去，直督、北洋大臣职务又一并罢掉，李鸿章活脱脱一个“光杆大学士”。若想东山再起，李所能凭依的，唯有其纵横捭阖近四十载的外交经验。诚如高阳所言：“李鸿章一生事业，毁于日本；亟谋联俄制日，以为报复。”故李之极力达成中俄联盟，又隐伏其个人政治私念：借俄国之虎威，驱走其视为“豺狼”之翁同龢。此招堪称“险上加险”：一来凶险，二来阴险。

俄国之行，李鸿章给清廷埋了一颗定时炸弹。到了1897年，一记双响炮便让朝堂众人大为惊骇。当年11月1日，两名德国天主教徒在山东曹州被杀，这为德国入侵垂涎已久的胶州湾提供了最佳的借口。从东亚地缘政治上审视，胶州湾对于俄国也十分重要。就在3个月前，德皇威廉二世访问俄皇尼古拉二世，特意询问胶州湾问题。俄皇允诺若必要时，德国可以使用此港湾。自此，德俄两国已达成默契。无怪乎德国外交大臣亨罗艾认为“在全世界的历史上，没有一个政治问题，就像胶州湾问题一样，被两位君主如此坦白而诚恳地加以讨论”。狡猾的俄国人如同甲午年一样，以德国为前驱，待其与中国摊牌后乘机揩油。

11月14日，德国舰队驶进胶州湾。一日后，枢廷之上，居然仍是一派逍遥气象：翁同龢“邀礼邸过余便饭，钱、刚二公作陪，剧饮纵谈甚畅，自辰抵申正乃去”。除了恭王卧病不便外出，四大军机悉数齐聚翁府，打开陈酿，佐以佳肴，酣畅淋漓地聊了足足八个小时。与此同时，光绪陪着慈禧“诣圆明园课农轩”，视察重修进度。就在这滚雷即将破空轰鸣之际，李鸿章却在私底下忙得不亦乐乎。当日，李造访俄国大使巴伯洛夫，请俄对胶州湾一事给予援助。第二天，翁同龢方知德国入侵之事。可见，李鸿章在俄国必设有眼线，且其故意遮蔽讯息，不透露给中枢，就是欲为俄国出兵东北制造口实，从而将失职祸水引向翁同龢。

临此危局，翁同龢只得见招拆招，努力补台。通过交涉，德国公使海靖提出“竖碑、抚恤、革李秉衡职、赔偿、山东路矿及租胶州湾”六条要求。几度磋商，对于中方意见，“彼不允却不拂”，可知德方具有解决问题之诚意。稍后英国介入调停，总税务司赫德径直劝告翁：“此事若不速了，可忧者不仅兵费……各国添兵，意将何属？而中国不闻耶；抑闻而不省耶？”言下之意，再拖下去，中国必有豆剖瓜分之祸。恰值此际，德国亦有尽快促成和约之意，至12月7日，相关条款基本议妥，中德交涉看似已近尾声。

怎料翌日平地起惊雷，李鸿章居然私自邀请俄国向德国索取胶州湾，于是使得本趋明朗之局势再度复杂化。握此口实，俄国大举进军旅顺、大连，德国亦乐观其成，甚至向俄表示“现在你的敌人就是我的敌人……不管他是什么人”，态度转而强硬，推翻前议。两国合力玩起了双响炮。

事已至此，清廷只得“打落牙齿和血吞”，再度与虚伪的盟友俄国讨价还价。1898年3月27日和5月7日，李鸿章、许景澄等与俄国代表分别在北京和彼得堡签订了《旅大租地条约》和《续订旅大租地条约》，主要内容包括：

1. 旅顺、大连及附近水面租与俄国二十五年，如双方同意，租期可以延长。

2. 中国允许俄国将中东铁路修支线至旅顺、大连。

3. 清军不能在租借地里驻军，俄国对租借地有调动军队和治理地方权利。

俄国从而解决了三大问题：西伯利亚铁路支线穿过满洲；在中国东北拥有了旅顺、大连两大“不冻港”及利用中东铁路支线和西伯利亚铁路把中国东北和俄国连为一体。

梁启超曾追溯 19 世纪末列强瓜分中国狂潮之源头，指出“盖近年以来，列国之所以取中国者，全属新法：一曰，借租地方也，二曰，某地不许让与他国也，三曰，代造铁路也，而其端皆赖此密约（《中俄密约》）启之。”此一纸公文，给清末国人带来的，是一场弥天的黑暗梦魇。

## 谁人之手，铸此大错？

1901 年 11 月 7 日，李鸿章撒手人寰。俄国政府憾曰“此后中国再无助俄者”。两年后，“拒俄运动”爆发，俄国企图永久占据东北的美梦与清廷的“联俄制日”计划双双化为幻影。

清末政局之纷乱，向来让人感觉雾里看花、终隔一层。不过大体而言，无非与外患、内乱、改革、政争关联。只是愈绵延到最后，内耗权斗愈发激烈，甚或群僚可借公事之名，行倾轧之实。所谓国家利益，往往挂在口中，虚悬心头。走笔至此，不禁慨叹：引虎拒狼，无异玩火自焚，究系谁人之手，铸此大错？

# “法治，一个未完成的进行式”：沈家本与清末修律

1913 年 7 月 13 日，骤雨方停，碧空如洗，京师湖广会馆内，正在召开一场追悼会。会堂两旁，密密麻麻摆放着各式大小花圈，有的诔词曰："先生精研法学，沟通中外，著述之富，耄期不倦，培植后进，成就尤多，觥觥巨行，举世所仰"；有的悼唁云："纂修法典，熔铸东西，不为古囿，不畏俗嗤。" 其中最醒目的一副挽联写道：

任支那法系于一身合周汉唐元明以迄清朝酌古准今岂徒考据词章融通国粹

识世界大同之主义参英美法德日而成新律治内安外宜乎环瀛裨海洋溢声名

如许祭辞所推崇之人，即于清末开启中国法律近代化的法学名家沈家本。虽曾沟通中西法系，融汇新旧律例，沈氏一生却对中国传统律法向近代法理转变之蹇滞念念不忘，耿耿于怀，用其言所形容为："创法难，变法尤难。" 缘何至此？不妨从清末修律一事讲起。

## 无“一成不变之治法”

庚子年，八国联军攻入北京，慈禧太后仓皇西逃，途中不仅威严丧尽，而且饱尝了颠沛流离之苦，狼狈不堪，斯文扫地。她不无辛酸地自述其经历：“连日奔走，不得饮食，既冷且饿，途中口渴，命太监取水，有井矣而无汲器，或井内浮有人头，不得已，采秫秕秆与皇帝共嚼，略得浆汁，即以解渴。昨夜我与皇帝仅得一板凳，相与贴背共坐，仰望达旦。”痛定思痛之余，那拉氏不得不反思治国之策，“自播迁以来，皇太后宵旰焦劳，朕尤痛自刻责，深念近数十年积习相仍，因循粉饰，以致成此大衅，现在议和，一切政事尤须切实整顿，以期渐图富强。”这意味着拉开了清末十年新政改革之序幕。1901 年 1 月 29 日，那拉氏以光绪帝的名义在西安颁布上谕，下诏变法，承认在“万古不易之常经”外，无“一成不变之治法”。也承认“中国之弱，在于习气太深，文法太密，庸俗之吏多，豪杰之士少，文法者庸人，借为藏身之图，而青吏倚为牟利之符，公事以公牍相往来，而毫无实际，人才一以资格相限制，而日见消磨，误国家者在一私字，困天下者在一例字”。结论即“大抵法积则敝，法敝则更”、“法令不更，锢习不破，欲求振作，当议更张”。修律一事遂提上日程。

同时，面对清廷有意修律与西方法理接轨之举动，列强纷纷示好。如英国首先承诺中国倘进行法律改革，即放弃领事裁判权。其后，美国、日本、葡萄牙也相继做出类似承诺。虽此承诺仍是镜花水月，却极大地刺激了清政府的修律热情，成为晚清修律的直接动因。

1902 年 2 月，清廷下诏：“中国律例，自汉唐以来，代有增改。

我朝《大清律例》一书，折衷至当，备极精详。惟是为治之道，尤贵因时制宜，今昔情势不同，非参酌适中，不能推行尽善。况近来地利日兴，商务日广，如矿律、路律、商律等类，皆应妥议专条。著各出使大臣，查取各国通行律例，咨送外务部。并著责成袁世凯、刘坤一、张之洞，慎选熟悉中西律例者，保送数员来京，听候简派，开馆纂修，请旨审定颁行。总期切实平允，中外通行，用示通变宜民之至意。”

据该上谕，袁世凯、张之洞、刘坤一连衔上疏奏称，西方各国“其变法皆从改律入手”，中国改革亦概莫能外，为此举荐沈家本、伍廷芳主持修律馆。不久，清廷下诏：“著派沈家本、伍廷芳，将一切现行律例，按照交涉情形，参酌各国法律，悉心考订，妥为拟议，务期中外通行，有裨治理。”从此，沈家本开始其主持修律的生涯。

## “法学之讲求，乌可缓乎？”

清廷委派沈家本担此重任，可谓知人矣。沈家本，字子惇，别号寄簃，清光绪年间进士，早年入仕，历任天津知府、刑部左侍郎、法部右侍郎、修订法律大臣、资政院副总裁等职。考取功名后，沈“专心法律之学”，成绩斐然。每逢刑部重要案件及重要奏稿，堂官皆点名交由沈处理，可见当时他“以律鸣于时”殆非虚言。沉潜郎曹诸多年，沈有关律学成果频出，一发而不可收，先后撰成《压线编》《律例偶笺》《律例杂说》《刑法杂考》《秦谳汇存》《驳移汇存》《学断录》《刑案汇览》《读律校勘记》等书，为中国古代律学研究的深入做出了极大贡献，从而也确立了自己清代律学大家的地位。但就是这样一位精通律例、才干俱佳的人才，入刑部近三十年，却迟迟未得重用，仍是司员。后来由于刑部尚书薛允升的推荐，沈家本才结束几十年的刑部司员生涯，升为天津知府。

庚子之变后，经过两个月的长途奔波，沈家本于 1901 年 2 月底到达西安。国难识忠臣，朝廷先任命其为光禄寺卿，不久就改任刑部右侍郎，后又改任左侍郎，从此他长期主政刑部。劫后余生的沈家本重归刑部，感慨甚多，于国于己，于是写诗以“努力勿懈怠”自勉。

沈氏所主持修律大业，堪称“前无古人”之举。中华法系自战国李悝《法经》以降，在秦汉初具规模，至隋唐达到系统之境界，影响深远。而后在宋元明清时期又有若干发展，虽历代王朝法典递相传习演进，但在两千多年中整体上没有实质性的变化。而这套中华法系，其内核实乃一“礼”字。何谓“礼”？《礼记》有云：“礼事起于燧皇，礼名起于黄帝。”起初属于古老中国的一种社会现象。西周年间，周公制礼，实际上是将这种上古时代的社会习惯借助礼系统化、规范化，建立一套贵贱尊卑的等级秩序和制度。历史学家瞿同祖先生曾指出：“儒家所主张的社会秩序是存在于社会上的贵贱和存在于家族中的亲疏、尊卑、长幼的差异，要求人们的生活方式和行为符合他们在家族内的身分和政治、社会地位。不同的身分有不同的行为规范，这就是礼。儒家认为只要人人遵守符合其身分、地位的行为规范，便可维持理想的社会秩序，国家便可长治久安了。因此儒家极端重视礼在治理国家上的重要性，提出礼治的口号。”儒家这套礼治理念，经过与先秦法家思想的融合，实现了儒法结合，即形成了法典化的礼。故后世儒者尽量将儒家之“礼”掺入法典，达到援礼入法之效，经过数百年努力，使得《唐律》“一准乎礼”，终究完成了法律的儒家化，礼教的法典化。

故沈家本所要破除的，正是这种被儒家礼教层层包裹的中华法典，说到底，他要撼动祖宗之法，重建近代法律。

此既是时势所迫，亦是沈氏之追求。沈家本认为，“世未有无法之国而能长治久安者”。治国必须有法，倘若立法不善，也等于无法。故立法当立善法。善法确立，方能推行法治，强国富民。他以日本为例，正是“明治以来，采用欧法”，于是“君臣上下，同心同德，发愤为雄，不惜财力，以编译西人之书，以研究西人之学，弃其糟粕，而撷其英华，聚全国之精神，胥贯注于法律之内，故国势日张”。反观清末中国，“法律之学世皆懵暗，自古已非，积习相仍，于今为甚”。故复兴中国法学并使之近代化之急迫与必要，显而易见，难怪沈氏呼吁“法学之讲求，乌可缓乎？”

## “究其真是，何旧何新”

根据慈禧“参酌各国法律”、“务期中外通行”的修律方针，沈家本指出“参考古今，博缉中外”、“专以折冲樽俎，模范列强为宗旨”，提出“会通中西”的修律原则。

修律之初，沈家本与伍廷芳决心先从翻译外国良法入手，用重金广揽翻译人才，大量译介德、日、英、美、法等近代强国的民、商、刑、诉讼等法，为着手修律做准备。在积极介绍外国法的同时，沈家本还派人前往日本及欧洲各国进行考察，实地了解资本主义法律制度，聘请外国法学专家来华讲学，并参与法律制定。这些举措使近代西方国家的法政学说，有系统、成规模地引入中国，极大地推动了修律工作的展开。经过一段时间的引进与比较，沈家本最终选择了大陆法系，并以德、日为蓝本。究其缘由，大致因为首先德日两国社会情况和法律传统心理与中国颇为近似。当时的直隶总督袁世凯曾讲：“各国政体，以德、日为近似吾国。”德日传统专制统治相对较长，历经数次改革，但在政治上仍保留帝制，经济上没有触及地主利益，此恰是摇摇欲坠的清王朝所梦寐以求的改革模式。其次，毋庸置疑，德国法是欧洲优秀的法律之一，它对罗马法之传统既有继承，更有发展，又促使德国经济、军事飞速发展，成为欧洲后起之秀。当然最重要的直接启示在于，日本明治维新后，在大量模仿德国法的基础上，制订了自己的法律。明治维新使日本一跃而为世界强国，从地理位置上看，中日两国一衣带水，从法律传统上看，同出一源，皆属中华法系。故学习日本，条件便利，顺理成章。

随着修律的深入开展，专业法律人才问题愈渐突出。因此，迅速培养精通中西法律的人才，以应修律之需，便成为当务之急。沈家本等人多次上奏朝廷，陈述培养法律人才的重要性和紧迫性。在获得朝廷批准后，他们积极筹备办学，终于在1906年9月成立了中国近代第一所中央官办法律学校——京师法律学堂。自京师法律学堂设立后，全国各省纷纷兴办法律学堂，如江西法政学堂、湖南速成法政学堂、湖北法政学堂、奉天法政学堂、吉林法政学堂等。伴随示范效应之扩展，于大量培养法律人才的同时，也带来了现代法律知识的传播及先进法律理念的变革，从此中国的法学教育步入了急速发展的全新阶段。

光有良法与懂法之人，尚不能达成良法之治，立善法须天下之人共守之，法治才能圆满，而法律之遵守更需要全社会人人皆养成法治素养与意识。为此，1910年10月，在沈家本的支持与推动下，中国近代第一个全国性的法学学术团体——北京法学会成立。沈被推选为首任会长。次年5月，法学会刊物《法学会杂志》创刊，中外法学家纷纷为之撰写文章，法律研究渐趋热潮。中华民国成立后，《法学会杂志》复刊，沈家本欣然为之撰写了《法学会杂志序》。他深情期望“异日法学昌明，巨子辈出，得与东西各先进国媲美者，斯会实为之先河矣”。

凡涉改革之事，往往是理想很丰满，现实很骨感。自修律始，至清覆灭，沈家本一直同各种反对势力进行博弈，其中礼法之争最具代表性，亦贯穿始终。

自 1906 年始，沈家本先从删改清朝最基本的法典《大清律例》着手，对旧律进行改造。《大清律例》颁行于乾隆五年，沿用一百多年，改动不大，已不合时宜。删改《大清律例》，首要是废除凌迟、枭首、戮尸、缘坐、刺字等酷刑。沈氏上书朝廷，“刑法之当改重为轻”，为“今日仁政之要务”，将死刑缩控于斩决、绞决两项，并减少死刑条款。带着条陈，沈彻夜不眠，并让家人准备了一个厚厚的垫子，若不能废除如许恶法，就一直跪下去。清廷也认同刑律与立宪关系密切，新刑律尤为宪政重要之端，于是应允批准。

尽管沈家本为修律大臣，全面主持修律工作，但由于修律涉及中国古代法律制度的重大改革问题，势必牵一发而动全身，随着修改《大清律例》工作之深入，每每触及旧制度与旧观念之要害处，反对势力之反弹在所难免，史称“礼法之争”。礼法之争中的礼指礼教，法指法理。法理，是西方资产阶级的法学用语，中国古代法律中并无此词。只是伴着近代西学东渐，这一用语渐被中国法律学者所采用。按照沈家本的解释，法理就是“法律之原理”。以沈家本为代表的法治派，主张从旧刑律中，废除“子孙违反教令罪”和“和奸罪”，却遭到以劳乃宣为代表的礼教派的激烈反对，他们认为这种删除不仅是几个罪名的存废问题，而是关系到传统道德、礼治的兴败问题。因此，这场激烈的争论，实际上已升格为中西文化冲突的层面。据参与其事的董康记述，当资政院法典股审核新刑律相关争议时，“新旧之争，关于此点较前尤剧，所谓甚嚣尘上也。反对之领袖为劳乃宣，被选为资政院议员。康因兼职宪政编查馆科员，政府遣派出席，被咨询……时邀至法律股辩论，几于舌敝唇焦”。议场之辩论，因礼法双方情绪失控，导致秩序大乱。最后，因观点始终无法调和，只好采用投票法表决。后因资政院会期时间已过，新刑律全文在议场并没有全部议完。新刑律虽由清王朝上谕颁布，然关于“和奸无夫妇女罪”一条也终因礼教派占优势而获通过，这说明以法救国、依法治国之路阻力重重，举步维艰。一言以蔽之，礼教和法理代表两种不同的法律思想。前者乃传统儒家法律思想，以维护宗法制度；后者是西方近代法律思想，以维护“人权”为号召，进而希冀实现资本主义制度。

朝堂争辩虽告一段落，可是礼法之争却以另一种形式继续进行。礼教派甚至对法理派提出弹劾，沈家本被迫于1911年2月辞去修订法律大臣和资政院副总裁之职。

虽修律大业戛然而止，壮志未酬，不过在沈家本的主持下，清末制定各类新法律草案的成绩依然显著。短短数年，起草的主要新法有《大清新刑律》《大清商律草案》《刑事民事诉讼法草案》《法院编制法》《违警律》《大清监狱律草案》《大清刑事诉讼律草案》《大清民事诉讼律草案》和《大清民律草案》数十种之多。速度之快、效率之高、涉及之广让人叹为观止。沈家本领导中外法学家合力起草的各部门法打破了中华法系的传统体制，贯穿于其中大量民主进步思想的法律原则，实现了巨大的变化。例如民法中的契约自由原则、私有财产所有权原则，刑法中的罪刑法定原则、罪刑相应原则，诉讼法中的公开审判原则、法庭辩论原则、证据原则以及近代法治国家的律师制度、独立审判制度、公司法制度等。尤其关键的是，在各重阻力之下，中国第一部具有近代意义的专门刑法典——《大清新刑律》草案终于在1907年初稿完成。《大清新刑律》打破了有两千年传统的诸法合体的编纂形式，删除了附例及与刑律无关的条文，改为“总则”、“分则”两编，取消了“十恶”罪，废除了“八议”、“减”、“请”、“官当”等维护官僚利益的特权，实行罪刑法定原则，改刑罚为主刑和从刑。这已深具现代意义。

## 法治，一个未完成的进行式

时光总让人感慨如白驹过隙一般，清末修律事件距今已有百余年，然其影响与启示依然触动着一代代的中国人。20世纪40年代，时执教西南联大的著名法学家蔡枢衡先生曾如此剖析新法为何不能与中国社会相适应：“20世纪中国的环境虽然围绕着近代的现代的工商业社会，中国社会自身对内却还保留有浓厚的农业社会色彩，用不着把个人作单位、把竞争作前提、把法治作理想的近代的现代的法律。换句话说：现实的中国社会并不十分需要现代中国所有的各种法律。”祖宗之法已然分崩离析，而社会上的“传统”与“潜规则”却照旧我行我素，此即近代中国的法律与社会。此种魅影似于21世纪也未能全然消退。是故法治，仍是一个未完成的进行式，沈家本所念兹在兹的“创法难，变法尤难”七字诀，想必会继续在我们后人耳边萦绕……

# 强人政治的迷梦

民国“问题人物”曹汝霖在其长达40万字的回忆录中，曾披露有关溥仪即位的一则秘闻：

冲帝四岁，由摄政王抱登太和殿，坐上御座，受百官朝贺。按理四岁冲帝，应该懂事，做皇帝，受朝贺，更应喜气洋洋，岂知冲帝坐上宝座，即大哭不止，摄政王一面哄冲帝说：一会儿即完了，一面催百官速行礼。太和殿院中，本装有品级铁牌，每逢朝贺大典，百官依品级牌肃立，名曰肃班。品级牌前后左右，各相距四尺，故行礼时，从容正齐，不至拥挤。这次因冲帝大哭，摄政王催速行礼，百官正在肃班之时，听了警鞭三响，即仓卒行大礼，因互相拥挤，有朝帽花翎挤歪者，有阁肩带斜者，亦有老年大员于行礼时互踩朝裙几至不能起立者，如此大典，竟杂乱无章，笑话百出，在无秩序中礼毕，亦是不祥之朕兆。摄政王的“一会儿就完了”一语，竟成语谶。

第二天，便有一句流言在京城内外风传：“不用掐，不用算，宣统不过二年半。”曹氏的记载，或许仅是一条莫须有的政治段子，然其中所反映的时人心态，却是再真实不过。为什么大家都觉得清朝快完了？这还得从半个月前的“大事件”讲起。

# 伤不起的“预言”

1908年11月15日清晨五点半，天尚未亮，在军机处供职的许宝蘅刚赶到西苑门，迎面远远看见一辆鹅黄色的吉祥轿，他心中不禁“咯噔”一声。果然不出所料，匆匆走进直房，许看到放在公案上的光绪遗诏，方知原来皇帝已于昨日“龙驭上宾”。强抑住悲恸之情，许氏继续处理手头公务。孰知到了中午十一点，许又听闻慈禧太后“危笃”。“十一时中两遘大丧，亘古所未有，可谓奇变”，他内心的恐慌与迷茫情绪再也无法按捺，竟然“缮写各旨时心震手颤，莫知所主”，完全乱了方寸。

无独有偶，时任侍读学士的恽毓鼎于当天下午顿觉天色突变，“阴风凄惨”，不到五点，外面便已黑成一片。夜里十二点半，正在卧榻熟睡的恽氏，被仆人一阵急促的敲门声惊醒。未来得及披上棉袄，一份新出的邸抄便让其感到热血涌头，两眼发黑，五雷轰顶，天晕地旋，“两日之中再遭巨变”，恽彷徨无措，无法成寐。余下的几日里，恽氏脑海中浮现的全是往昔慈禧对其的恩典画面，“追思及此，不觉伏地大恸，悲不能起”。

一般京官尚且如此哀伤与慌张，那些位居中枢的权臣们，尤其有天塌下来的惊恐之情。如军机大臣荣庆，居然一连好几天“神志昏迷”，对于手中的公务、官报及谕旨，全然集中不了精力，一再延宕搁置。

京城上下，可谓阴云密布，气氛凝重。而地方上却是另一番让人哭笑不得的景象。两宫殡天，清廷规定“国有大丧……一月之内禁止婚嫁，百日之内不准动音乐，并不准剃头。各州府县，大村小庄各门楹联，均令洗刷，各铺户账本亦令更换蓝鉴，且禁妇女穿红色衣服，并除簪珥二十七日”。然而太原的老百姓不愿因皇帝太后们的白事而耽搁了自己家的红事，继续敲锣打鼓、披红戴绿，该娶媳妇的娶媳妇，该嫁姑娘的嫁姑娘。

更加雷人的是，按照朝廷谕旨，湖北各署官员当于 17 日纷纷赴紫阳桥奠所哭灵，各大员还须亲自哭临牌位。为了保证哭得煽情，哭得逼真，哭得到位，哭得悲戚，各大员不约而同地怀揣一把胡椒粉，“到灵位前以手摸两眼，即大声喊叫而流涕矣”。武汉学堂的青年学子们，居然拿新任摄政王载沣开起了忤逆不道之玩笑。他们戏谑道：“清代开国以摄政王多尔衮兴，此次必以摄政王亡也。噫！宋朝得天下于小儿，亦失天下于小儿，是同一理耳。”

官心紊乱，民心思变，这即是慈禧与光绪死后不久的真实写照。

外国势力很快便洞察了慈禧之死所造成的清政府权力真空状态。1909 年初，时时关注中国政局的日本政坛元老伊藤博文判断：“中国在三年内将会发生革命。”

这是一句听起来多么令中国官绅深感伤不起的恶毒预言。然而它又是那么地一针见血：慈禧之后，清廷已回天乏术。

## 老佛爷的“黄昏”

毋庸置疑，晚清最后的五十年，一直处于强人政治模式之中，而那位政治强人，非慈禧莫属。英国《泰晤士报》记者布兰德和著名汉学家白克浩斯曾经在《慈禧外传》中对这位女强人的个人魅力大加推崇：“她的个性与生涯，必将让她在已经成为世界历史上标志并支撑着伟大性质的统治者当中占有一席之地。她一生的非凡成就，其铁杆拥护者们的忠诚奉献，是不能以平常的分析或比较来轻易解释的；但毋庸置疑，它们主要归功于那种被称为魅力的神秘而不可思议的品质，这种显然无关于道德、伦理、教养之类，无关于我们所谓的文明；她的吸引力是普遍的，它对大多数人类的影响是不可抗拒的。正是这个女人的个人魅力，结合了她的强烈的活力与平易近人，为她赢得了尊敬，往往还赢得了喜爱，甚至赢得了那些有充分理由谴责其手段、否定其原则的人。这种个人魅力，这种微妙而有磁性的气质，无疑就是那种惊人力量的奥秘所在。”

诚哉斯言，慈禧的个性与禀赋恰恰让她成为驾驭传统威权体制的不二人选。她精明强干，在残酷的政治角逐中积累了丰富的阅历与经验。同时慈禧还具有强烈的权力欲，无时无刻都要求他人对自己绝对服从，将大权紧紧握在手中。这种家长制人格，正是强人政治最典型的特征。与之形成鲜明对比的是，作为国家最高统治者的皇帝，无论是同治还是光绪，在个人气质上皆文弱而缺乏主见。据说光绪皇帝打小有一个最大的爱好，就是捏翁同龢的乳头，若是有一天没得乳头可捏，光绪连觉都睡不踏实。曾有一次，翁同龢请假回乡扫墓一个月，结果导致了没乳头可捏的小光绪严重失眠。李鸿章也曾指出“皇帝随人奏折而转移”。后强而主弱，于是清廷最高层权力结构存在着一种特殊的组合，即慈禧与光绪共同分享皇权的合法性。

也正是这种最高权力结构的二元化格局，使得慈禧必须承担起引领清政府政治航向的重任。

再牛的政治强人也是人，也有他老去的那一天。其实早在庚子事变中，慈禧已心力交瘁、疲态尽显。在逃往西安的途中，当军机大臣王文韶携带印信徒步三天赶来时，慈禧“立命入对，相持而泣”，边哭边说：“此后国家唯汝是赖！”女性所特有的脆弱无助此刻暴露无遗。归銮后，她更趋于老态消沉，岑春煊曾回忆："太后晚年，锐气尽销，专以敷衍为事，甚且仅求目前之安。期以及身不变而已。不遑虑远图矣。"除了颐养残年，慈禧做得最多的，便是托孤。1905 年的六月初一，体仁阁大学士那桐赴仁寿殿汇报工作。对于政事已颇显倦怠的慈禧，十分反常地对那桐说道："尔近来办事甚历练，将来朝廷大事全依仗你了"。这预示着要逐渐对政权放手。

传统专制体制向现代民主政体的转型，强人政治往往是国家构建中必须经历且难以跨越的一个阶段。然而，强人长期掌权，便导致整个权力系统的循环停滞，犹如人体血液流动不畅而引发管道淤塞，一旦有变，轻则瘫痪，重则毙命。

慈禧决定大撒把，这意味着清末政治航道大脱轨的来临。

## 摄政王的手段

慈禧离世，载沣登台，清廷进入后威权时代。

政治强人慈禧留给年轻的摄政王两份宝贵的政治遗产：一份是势在必行的改革，一份是代价太高且不合时宜的强人政治。作为生活在 21 世纪的人，我们的后见之明自然是希望载沣推进未竟的改革，莫做政治的强人。然而，对于一个 26 岁的"80 后"而言，政局如此动荡，改革何其艰难，缺少现代政治素养的摄政王，唯一能想到的办法，就是通过加强中央集权来搞改革，这意味着穿旧鞋走新路。

不妨看看载沣上台后的诸多手段。他首要所需解决的问题，就是整治皇亲臣僚中的各种"不服"，树立个人的权威形象。第一把火便是修理恭亲王溥伟。溥伟，其祖父就是大名鼎鼎的"老六"奕訢。

溥伟虽属载沣的侄辈，却年长他三岁，且颇有才干，是慈禧生前身边红人。据说早在庚子年，慈禧动了废黜光绪的念头，就曾把溥伟作为后备人选之一。慈禧弥留之日，他彻夜待在宫内，等候新的任命，可见他自认是储君的最有力候选人。孰料最终结果却出人意料，胜出的居然是三岁娃娃溥仪，这令溥伟心中十分不爽。不过，即使继位无望，慈禧的另一道口谕也让溥伟颇感慰藉。当时确定皇位继承人后，载沣曾极力推辞，搞得病榻上的老佛爷很不高兴，于是愤然曰："如果觉力不胜任，溥伟最亲，可引以为助。"虽说只是慈禧的一句气话，但在旁人看来，这意味着一旦太后殡天，溥伟将顺理成章地入主军机处，辅佐小老弟溥仪。让年富力强且权力欲极强的溥伟参与朝政，无异于引狼入室，万一他怀有异心，不但载沣身家性命难保，恐怕也会殃及自己的宝贝儿子溥仪。所以等宣统登基后，载沣决心给溥伟一个下马威。他先是任命载涛、铁良等人为总司稽查宫廷门禁大臣，加强皇宫保卫工作，以防生变。继而联手隆裕太后，以宣统名义，下发诏书，要求"懿亲宗族，尤应懔守国法，矜式群僚。嗣后王公百官，倘有观望玩违及越礼犯分，变更典章，淆乱国是各情事，定即治以国法，断不能优容姑息"。短短不及百字的谕旨，已满是杀机。溥伟也只得知趣地退出这场权力角逐。

赢得"宫廷保卫战"，载沣并未懈怠，而是马不停蹄地向权臣袁世凯开刀。历来认为载沣收拾袁世凯，是要替光绪复仇。其实这仅是表因。要知道慈禧死后，各国列强一致认定袁世凯乃中国"唯一的强有力的人"，只有他能弥补政坛权力真空。况且，若想树立权威，巩固统治，就必须握有军权，当时袁世凯统领北洋六镇，天下半数军队听命于他。所以不除掉袁世凯，载沣就不能独揽军政大权，也便不是名副其实的摄政王。所以载沣采取折中之举，让袁世凯"下岗待业”。

消除了心头之恨，载沣又调过头来处理叔嫂关系。虽然贵为摄政王，载沣却并不能事事做主。因为在慈禧死前，曾立下一道懿旨，“遇有重大事件，必须请皇太后懿旨者，由摄政王随时面请施行”。这硬生生在载沣头上安插了一位上司——隆裕太后，明摆着是给了隆裕干预朝政的机会。时光似乎恍然又回到了五十年前，太后垂帘与皇叔执政双轨并行。起初，载沣碍于情面，尽量敷衍。后来不承想隆裕越管越宽，居然开始私自决定军机大臣的任免问题。这下子可激怒了载沣，他决定“零容忍”，不再同嫂子周旋，径直搬出慈禧的那道懿旨，告诫隆裕：只有朝廷重大事件，太后才应该出面商议，这些具体政务，不必烦劳大驾。虽然没有明说，但大家心知肚明，载沣是想劝隆裕安守本分，不要越位。隆裕为人色厉内荏，一见载沣强硬起来，也就不再逞强多事。

肃清皇室异己，罢黜朝廷权臣，理顺叔嫂关系，通过这一套相当给力的组合拳，载沣暂时抓紧了大权，树立了个人权威。

## 潘多拉的魔盒

政治学家戴维·阿普特曾这样描绘政治强人的生命轨迹：“发展中国家‘英雄式’的领导人将权力个人化以满足自己的欲望，即使有一天这一荣耀破灭也在所不惜，这就是最终的下场。”既然载沣要效仿慈禧式的强人政治，那么他就必须将权力紧紧攥在自己手心。只是外甥的魅力与能力都不及其姨妈的十分之一。先天不足致使其只得任人唯亲，极力巩固其脆弱的地位，打击那些能力与资源胜过自己的权力精英，于是一场权力角斗场“强者选弱者，弱者挤强者”的闹剧正式上演。短视的载沣，打开了潘多拉的魔盒，灾难接踵而至。

罢黜了袁世凯，载沣意犹未尽，又以荒唐的理由清退了重臣端方，以干部年轻化的名义剥夺了铁良、善耆等人实权。结果便是干部年龄结构的严重失调及官员任免的极不合理。像李鸿章、张之洞、鹿传霖、刘坤一这样的 20 后、30 后官员已大半凋零。彼时，50 后老当益壮尚能饭，60 后精力充沛是骨干，70 后锐气十足需磨炼，这本是属于他们干事业的年代。然而，朝堂之上，放眼望去，净是昏聩的 30 后、稚嫩的 80 后与尸位素餐的庸臣们。

贤才遭弃，亲贵却横行。为保住大清江山，载沣不得不起用一批少壮派的皇室成员。载涛掌管禁卫军，后入主军谘处，载洵出任海军大臣，载泽把持度支部，控制财政。

可惜这几位公子哥都不是当官的料。

载涛是位“戏疯子”。掌管陆军后，载涛将操场变戏台，终日演练所谓的战阵，自信能练就虎狼之师。然而，真的要领兵打仗了，载涛却露了怯。武昌起义后，隆裕召开御前会议，商议镇压革命方案。众人争执不下，而载涛却一言不发。太后心想平日载涛训练军队，应该有御敌之策。于是回过头来问跪在一边的载涛：“你是管陆军的，你知道咱们的士兵怎么样？可否一战？”载涛一听，连忙趴下磕头，答道：“奴才练过兵，没有打过仗。”值此千钧一发的节骨眼上，载涛终于算是说了句实话。

载洵是个“购物狂”。因为统领海军，所以载洵便经常以考察国外海军为由公费出国旅游，短短几年间走遍了欧美各地。在他看来，那种异国风情比北京城的老玩意儿不知道新鲜刺激多少倍。每到一处，载洵都不忘大肆 Shopping 一番，回国后他的行李也是最多，装的都是新采购的时尚洋货。并且人在海外，载洵还时常忘记自己皇族身份，丢人现眼。一次他到纽约一家饭店喝酒，请洋妞为其唱歌助兴。席终，载洵像暴发户一般拿出一沓美元塞给歌女，对方笑而却之，搞得载洵很是尴尬。第二天，美国报纸便把载洵喝酒泡妞的丑事绘声绘色地大肆渲染。载洵可谓自取其辱。

载泽也非善类，典型的“招财童子”。作为财政部长，他在管理国库之余，没少往自己腰包搂钱。由于贪污数额巨大，不久便有人上折揭发载泽的劣迹。载沣立即召载泽进宫，把奏折扔在他面前，问他有无此事。载泽也不敢隐瞒，于是据实回答。载沣叹了口气，说：“既确有此事，则不必交查可矣。”自己侵吞大量公款，载沣岂能不加以查办？载泽本以为载沣开玩笑，于是回府后整理账目，准备主动认罪。谁知过了几天，真的没人来追查此事，朝廷也没给自己处分。于是载泽之后敛财更加肆无忌惮。

这帮弟兄，成事不足，败事有余。改革之所以失败，他们个个脱不了干系。载沣自然也没有成为政治强人，到头来落得个孤家寡人的下场。皇族内阁、保路运动及武昌起义，最终让清王朝走向末路。强人政治的迷梦破灭了，载沣可以安心地回家抱孩子了。

耐人寻味的是，清亡的教训似乎没有令国人彻底觉悟。进入民国，无论是袁氏当政，还是蒋家王朝，强人政治的游戏依然流行，人们仍旧乐此不疲。究竟何时才是梦醒时分？

走笔至此，笔者愿以身边一位长者的话作结：

立国之道，十年伟人，百年制度，千年文化……

# 被诅咒的龙椅：
# 众人眼中的“洪宪复辟”

英年早逝的民初著名记者黄远庸曾在袁世凯就任民国大总统初期，对其为人有过一番精到判断。在黄看来，袁氏长处有五：其“之为人，意志镇静，能御变故，其长一也。经验丰富，周悉情伪，其长二也。见识闳远，有容纳之量，其长三也。强干奋发，勤于治事，其长四也。拔擢才能，常有破格之举，能尽其死力，其长五也。”然其不足更多，一言以蔽之，作为一名“新智识与道德”皆不具备的旧官僚，袁倘不与时俱进，“在世界历史上，虽永不失为中国怪杰之资格，终将为亡国之罪魁”。其实黄之论断，当是基于一种深厚的共识：世界大势已是民主共和，袁氏若逆流而动，问鼎紫禁城中龙椅之时，亦是被钉上历史耻辱柱之日。1916 年的“洪宪复辟”，恰可视作黄氏政治预言的应验。

## 失道之罪魁：新学生眼中的袁世凯

1915 年初，京城已弥漫着复辟的气息。1 月底，民国政府授予各级官员上、中、少卿、大夫等名衔。于是乎政客们皆以此为荣，纷纷衣冠道贺，宾客请宴，显得比平常还忙。众人还将政府颁发的喜报悬之寓壁，竞相夸示。此等景象，令在京求学的青年学子吴宓大惑不解，国势举步维艰，战事尚未结束，“日来中日交涉，益见侵迫。当局只以爵赏虚恩，牢笼多士。而举世亦互相颠倒，沉沦于醉梦之中”。更险些将吴氏“雷倒”之事接踵而至，他的一位同学的兄长，居然上书政府请求恢复科举制度，“如此类者，宁非怪异？满清之亡，亡于官吏，官吏岂民国之福哉”？

民国肇建，社会力量结构不免新旧杂陈，作为青年学生，他们大多为新势力的代表。毕竟其生也晚，对于传统教化模式接触尚浅，而又被新知识新理念深深吸引，故他们眼中的帝制与复辟，自然属于不伦不类、违背共和大道之举。

至9月6日，袁世凯发表《对于变更国体之宣言》。久已传闻之事，终已坐实，青年学子们之反应堪称强烈。如湖北学子朱峙三在武汉目睹旧文人、新官僚们纷纷上书劝进，“中杂许多卑劣肉麻之语”，不禁慨叹“伤哉！文人无行也”。一天课后，朱氏与同学谈论即将复辟为帝的袁世凯逸事，大家认为其人其行与三国之曹操无异。到了年底，学生们再度课后议论，听闻“县公署候省署电报，报北京登极大典事”，大家“相与叹息久之”。朱氏自忖“孙文为造成民国之人，袁氏为恢复帝国之人。两人非凡人，但期望以后百姓不遭殃耳！日本二十一条，袁氏轻俏接受。甚矣！视天下为私物，以人民为牺牲品矣”。可见对新式学子而言，政体之变，意味着观念之极度倒退，袁氏俨然已突破学生心中坚守共和的底线。

较之远在鄂中感慨良多的朱峙三，人在京师的吴宓自然心中之苦痛更为剧烈。9月份，吴氏已深深嗅到满城复辟的味道，“近日君主政体之议大兴。营私趋炎者，至明目张胆，言戴总统为帝”。而政府居然不加阻止，反倒推波助澜。如此不计后果的倒行逆施，到头来还是百姓吃苦，吴写道：“哀我共和国民，劫运沉沦，不知将伊于胡底也。”既然帝制一事如鲠在喉一般令吴宓不能忘怀，他自然很难安心上课，故品评国事便成为学生们热议内容。一次，清华同学们预测帝制恢复后的局面，政府将“常使幼稚愚暗之国民，永远欣慕专制之毒鸩，共和再建，愈增困难。我国民百世而下，沉沦奴劫，返顾若辈之肉，其足食乎？”

那为何芸芸大众对于复辟反应漠然甚或有趋从之心？此疑问在吴氏脑海反复盘亘。一日课间，他似有顿悟，认为根源仍在人之思想未能启蒙，智识仍要发展，“苟民智开明，民德淬发，则旋乾转坤，事正易易。不然者，虽有良法美意，更得人而理，亦无救于危亡”。吴宓之反思，已大体接近日后新文化人的主张。

与国内学子隔海相望，后来的新文化领袖胡适此际仍在美国留学。听说袁世凯欲图称帝的消息，胡适应美国《外观报》之邀，撰写题为《中国与民主》的短评，从学理上驳斥复辟之说。在胡看来，其实袁世凯大可不必故弄玄虚，重启帝制，因为“按照现行宪法，可以保险地说，中华共和国总统所拥有之权力，要比世界上其他任何一个统治者包括恺撒和沙皇大得多”。总统可以解散立法院，可以签署法律、可以宣战缔和，可以任免官员，可以赦免减刑，可以兼任军队总司令，可以接见各国大使，可以与外国签约……“在这长长的政府权力单上，一个君主头衔还能在其上再添加些什么呢？”况且民国总统可以终身连任，且唯有他可以提名总统继任者，甚至提名他儿子或孙子为候选人亦符合程序，“那么在名义上将‘总统’改为‘皇帝’，这能给他多带来些什么呢？”

故胡适指出，袁氏复辟，无一利却有百害，最大的隐患便是走向了中国广大青年的对立面。“不管袁总统之独裁达到何等程度，他还有一般的常识，知道应当避免使用某些字词，因为那会招致青年一代之反对。”值得注意的是，“青年”一词到了民国，已独具一股魔力，成为可以震慑官方的话语资本或力量资源，这恰说明新式学生群体的壮大与崛起。故胡正告袁氏：“倘使袁先生真如西方评论家所形容的那样，他是一位精明之政治家，那么，他就该明白，只要他采取帝制，立刻就会在全世界人面前信誉扫地，言行不一，甚至极有可能招致暗杀之危险。”

1916 年 6 月 7 日，得知袁世凯去世，胡适立即挥就《死矣袁世凯》一文，历数其一生之过，认为“袁氏之罪，在于阻止中国二十年之进步。今日其一身之身败名裂，何足以赎其蔽天之辜乎？”想必胡之评论也道出了如吴宓、朱峙三等青年学生的衷肠：袁氏身后，带走的不过是一场复辟闹剧。正所谓“破山中贼易，破心中贼难”，对于学生们而言，告别紫禁城中的帝制并不是难事，难的是如何真正使人们告别心中的那座紫禁城与那一袭诱人的龙袍与皇冠。

## 逆势之枭雄：旧士绅眼中的袁世凯

曾在旧朝任职的恽毓鼎此刻身在京城，但以遗老面目自居。1915 年 3 月 5 日，恽氏翻阅《大中华杂志》，当看到蓝公武力辟复古之谬一篇，其登时怒不可遏，认为“持论之谬乃更甚。世界犹是世界，人犹是人，乌得谓处此中外棣通之时，便可置人道于不顾，于旧道德礼教忠孝节义之外，别造一做人之方”。三天后，恽又慨叹民国乱象众多，而当政者起初“大声疾呼以歆动吾民者，铲专制之淫威，享共和之幸福”，然而时至今日，“横征暴敛，更甚于前，密似牛毛，苛逾虎猛，朘脂膏，罄锱铢，以供暴兵冗官之吮嘬”，似还不如清廷官员体恤民情。

身处基层甚至乡间的地方一般士绅虽无法闻知高层运作之动向，但仍能凭亲历之事感知时局动荡，进而指责当权者无道。如山西士绅刘大鹏因本地文庙破败、民生凋敝，禁不住发出一通议论，所谓革命党“突然蜂起，革我清之命，改称民国，号曰共和，而乱臣贼子乘势行其素志，窃据神器，号令天下，暴敛横征，民不堪命。民国四年，改民主为君主，此举一行，而乱党又藉口弄兵，宣告独立，扰民不安，则是以以贼攻贼，以暴易暴，民不聊生，无治安之日也，岂非孔孟之学不行而洋学是尚之所致乎？吁！可畏也已”。从刘氏话锋中，不难看出袁世凯在其心中，不过是引来社会不安之“暴贼”而已。

1915年夏秋之际，袁氏加快了复辟步伐，种种迹象表明帝制将昨日重现，不可逆转，广大士绅也因之出现了明显分化。到12月16日，北京各界推举袁世凯，“称其大功六，宜为皇帝”。袁世凯也自称无可推诿，令其党筹备一切，且遣告各公使：“并未实行，请勿误会。”郑在日记写下“观之使人眦裂发指”一句，其反袁态度可见一斑。

恽毓鼎的立场则出现180度大转弯。8月16日，杨度、孙毓筠、严复、刘师培、李燮和、胡瑛成立筹安会，议复中国为君主。之前对袁持批评态度的恽氏忽然指出“此救时第一义也”。理由是清廷亡于所谓议会立宪，民国也行将因党同伐异而陷入绝境，况且“改共和为君主，与吾衷固非刺谬也”。可见恽氏所谓遗民，并非前清之“遗”，而是帝制之“遗”，一旦有风吹草动，政体变色，像他之辈即再度伺机出山。

心动之后便是行动。9月13日，恽毓鼎收到大总统令，出任政治咨议，“并送来任命状一纸，月支薪二百元”。恽氏感喟不已，写道：“寡妇再醮，自此始矣。”12月13日，恽早上七点钟便身着大礼服进入新华门，亲眼见证了袁氏登基的历史一幕：

八钟诣居仁堂朝贺新君，朝列为内廷全班（内史监、政治讨论会），平政院肃政厅全班，各部总次长、各局长，只百余人。新君出立于宝座前，群臣向上三鞠躬，新君答礼，面谕以不得已而受拥戴之意。谕毕先一鞠躬，群臣鞠躬而退。

恽氏入仕新朝仅三月，南方诸省已硝烟四起，讨袁旗帜插遍大江上下。3 月 22 日，袁世凯迫于无奈，撤销帝制及洪宪年号，仍称中华民国元年。此时恽尚能体察袁之苦衷，赞曰“元首不惜屈己从人以救中国，自是可敬”。不过思来想去，自己毕竟是背弃逊清旧朝，投入洪宪新朝，谙熟历史的恽毓鼎，深知个人节操有亏，且江河日下的朝局，更令其惴惴不安。4 月中旬的一个夜晚，他结合历代王朝兴衰，思考数月之事，“凡一朝之末，首发难者必无好结果，以其造劫数，戕生灵，天亦恶之也。有不嗜杀人、豁达大度之真主出”，才有可能扭转乾坤。冥想的结果，恐怕袁世凯并非真主，却是开启“中国之祸”的罪人。或许正从此时起，恽毓鼎由挺袁派再度回到批袁派。5 月 1 日，恽氏在日记里已出现“项城失威信于北，民军争权利于南，土匪横行，生民蹙蹙靡骋”的文字，若细思之，不免隐含悔上贼船的情绪。

## 乏术之故交：身边人眼中的袁世凯

1915 年 12 月 10 日，任职于北京政府的许宝蘅三点钟抵达众议院，“观国民代表投国体问题票，参观人甚多，拥挤不堪”。这种景象令他不免心生一丝不妙的直觉。

感觉不妙的非仅许一人，徐世昌亦然。说到了解袁世凯之人，莫过于其哥们徐世昌。早在10月初，徐氏见苦劝无效，坚决辞去国务卿一职。待12月份政府正式任命陆征祥接替己之职务，徐深感“卸却仔肩，颇觉爽适”。

徐氏之所以固辞高位，是由于其不愿陪袁世凯上演复辟丑剧。然眼瞅老弟在称帝的不归路上愈走愈远，他心中还是颇为之惋惜。1916年1月26日，徐在日记中记道：

世界上有三种有志之人：一为有志仙佛之人，一为有志圣贤之人，一为有志帝王之人。求为仙佛之人多则国弱，求为圣贤之人多则国治，求为帝王之人多则国乱，世之操治化教育之权者盍审诸。

想必此刻徐之内心当是万流奔涌，又恨又怕。恨的是袁世凯不听劝告，帝制自为；怕的是小老弟众叛亲离，不得善终。

4月下旬，时局已极其险峻。按照许宝蘅的描述，“现在局势危急，莫知所措……各省则观望徘徊，无真实主义，或则思乘机攘得禄利而已，中央已威信隳丧，运掉不灵，而意见尤复参差，覆巢之祸，直在眉睫”。

也就在此时，身为政府要员的曹汝霖拜访袁世凯。只见“时已4月下旬，天气和暖，项城犹御棉袍，横倚在长沙发上。见余至欲起坐，余即请止。见项城颓唐情形，问系何病？他说腰部酸痛，不能起坐，亦不想饮食，此病好久了，只是近来更甚”。袁向曹打听徐世昌与段祺瑞的行踪，曹答曰：“东海去天津，芝老时住西山，间又住团河，都未见过。”袁长叹一声说，“自我病后，他们也没有来看我，到此时，老友都怕见我了”。言罢，其唏嘘不已。曹汝霖见袁世凯这种沮丧神气，“不胜感叹真有英雄末路之感”。

基于情感，曹汝霖即刻坐火车到天津拜访徐世昌，告知袁世凯现状不佳，请其回京，与段祺瑞定一方策，共谋大局，向袁进最后之忠告。徐氏叹曰：“你可以随便进言，我与芝泉，与项城关系太深，反不便随便进言。项城不察情势，惑于那班急功好利之徒，成此僵局。那时我在京时，未尝不遇机讽劝，芝泉亦一再示意，何如忠言逆耳，终不听从。我与芝泉岂愿离伊不问，实由于屡言不听，多言反伤情谊，只好不问，不得已也。”又道：“此时见他亦无济于事，我想伊已有了主意，尚不到发表时候。我所担忧者，他经此打击，身体恐将支持不了。”此语日后果然成谶！

最熟悉的身边人都不愿为袁奔波，此情此景，真真是“众叛亲离、无可奈何”这八个字的最佳诠释。

民国肇建不及四载，忽遭倾覆危机。而决心复辟之人，即时任大总统的袁世凯。于是乎，众人的目光皆投射在紫禁城内的那尊龙椅上面。虽身份不同，立场各异，然他们都对其称帝之举明里抵制或暗中贬斥。众意好似产生了莫名的力量，对那龙椅施了诅咒般的魔法，不及百日，袁氏便匆匆结束复辟丑剧，走向了宦涯与生命的尽头。整整一百年后，再度回顾这个特殊时刻，禁不住想起美国著名天才史学家约瑟夫·列文森的一则论断：“旧有的儒家与君主制之间的紧张关系消失了。然而，正是这一消失把残存者带向了死亡。因为幽灵般的君主制和幽灵般的儒教在枯萎中最终联合了起来，它们虽然彼此不再干扰，但生活也同样不再干扰他们。”毕竟，在那个时代，世间已无所谓的“真命天子”！

# 参考文献


**史籍类：**

那桐：《那桐日记》，新华出版社 2006 年版；

鹿传霖：《鹿传霖日记》，《文物春秋》1993 年第 3 期；

警民：《徐世昌》，《近代中国史料丛刊》第四辑，台湾文海出版社 1966 年版；

谢兴尧点校：《荣庆日记》，西北大学出版社 1986 年版；

吴相湘主编：《中国现代史料丛刊》第 1 辑，台湾文星出版社 1962 年版；

徐世昌：《韬养斋日记》，天津图书馆馆藏；

赵尔巽等撰：《清史稿》，中华书局 1977 年版；

赵德馨、吴剑杰主编：《张之洞全集》，武汉出版社 2008 年版；

贺葆真：《收愚斋日记》，国家图书馆馆藏；

张謇：《张謇全集》，江苏古籍出版社 1994 年版；

陈寅恪：《陈寅恪集》，三联书店 2001 年版；

胡思敬：《退庐文集》，南昌退庐刊本 1924 年版；

郑孝胥：《郑孝胥日记》，中华书局 1993 年版；

林纾：《畏庐续集》，1934 年刊本；

陈旭麓、顾廷龙、汪熙主编：《辛亥革命前后》，上海人民出版社 1981 年版；

黄远庸：《黄远生遗著》，近代中国史料丛刊三编（第二十一辑），台湾文海出版社 1985 年版；

梁漱溟：《梁漱溟全集》，山东人民出版社 1993 年版；

王铁崖：《中外旧约章汇编》，三联书店 1957 年版；

冯桂芬：《校邠庐抗议》，上海书店出版社 2002 年版；

《筹办夷务始末》（咸丰朝），中华书局 1979 年版；

顾廷龙、戴逸主编：《李鸿章全集》，安徽教育出版社 2008 年版；

梁小进主编：《郭嵩焘全集》，岳麓书社 2012 年版；

《翁同龢日记》，中华书局 1981 年版；

《左宗棠全集》，岳麓书社 1996 年版；

梁启超：《饮冰室合集》，中华书局 2003 年版；

《胡适全集》，安徽教育出版社 2003 年版；

唐浩明主编：《曾国藩全集》，岳麓书社 2011 年版；

徐世红主编：《沈家本全集》，中国政法大学出版社 2010 年版；

许恪儒整理：《许宝蘅日记》，中华书局 2010 年版；

《恽毓鼎澄斋日记》，浙江古籍出版社 2004 年版；

胡香生、严昌洪整理：《朱峙三日记》，华中师范大学出版社 2011 年版；

吴学昭整理：《吴宓日记》，三联书店 1998 年版；

赵烈文：《能静居日记》，岳麓书社 2013 年版；

**笔记类：**

许指严：《十叶野闻》，山西古籍出版社 1997 年版；

陈夔龙：《梦蕉亭杂记》，中华书局 2007 年版；

李孟符：《春冰室野乘》，山西古籍出版社 1997 年版；

龙顾山人：《南屋述闻》，中华书局 2007 年版；

胡思敬：《国闻备乘》，中华书局 2007 年版；

陈灨一：《睇向斋秘录》，中华书局 2007 年版；

中央文史研究馆编：《新编文史笔记丛书》第三辑，上海书店 1994 年版；

徐一士：《一士类稿》，辽宁教育出版社 1997 年版；

瞿兑之：《故都闻见录》，山西古籍出版社 1997 年版；

刘成禺：《世载堂杂忆》，山西古籍出版社 1997 年版；

**著作类：**

龙翔、泉明：《最后的皇族》，北京大学出版社 2011 年版；

文昊编：《他们是怎样当官的》，中国文史出版社 2005 年版；

辜鸿铭：《旷世怪杰——名人笔下的辜鸿铭，辜鸿铭笔下的名人》，东方出版中心 1998 年版；

［英］李提摩太：《亲历晚清五十年——李提摩太在华回忆录》，人民出版社 2011 年版；

［法］托克维尔：《旧制度与大革命》，商务印书馆 1997 年版；

郑怀义、张建设：《末代皇叔载涛传》，文化艺术出版社 2006 年版；

沈云龙：《徐世昌评传》，台北传记文学出版社 1979 年版；

汪国垣：《汪辟疆诗学论集》，南京大学出版社 2011 年版；

朱羲胄编：《林畏庐先生年谱》，上海书店 1989 年版；

张玉法：《民国初年的政党》，岳麓书社 2004 年版；

蒋廷黻：《中国近代史》，上海古籍出版社 1999 年版；

李细珠：《晚清保守思想的原型——倭仁研究》，社会科学文献出版社 2000 年版；

熊月之：《西学东渐与晚清社会》，上海人民出版社 1995 年版；

杨念群：《“何处是江南？”：清朝正统观的确立和士林精神世界的变异》，三联书店 2010 年版；

曹汝霖：《曹汝霖一生之回忆》，中国大百科全书出版社 2009 年版；

［美］约瑟夫·列文森：《儒教中国及其现代命运》，广西师范大学出版社 2009 年版；

［法］埃米尔·迪尔凯姆：《自杀论》，商务印书馆 1996 年版。